浙江省文化研究工程指导委员会

浙江文化名人传记精选修订丛书

原 主 编：万 斌

执行主编：卢敦基

天一阁主

范钦传

戴光中 韩波 著

浙江人民出版社

图书在版编目（CIP）数据

天一阁主 ：范钦传 / 戴光中，韩波著. -- 杭州 ：浙江人民出版社，2024. 12. -- ISBN 978-7-213-11618-6

Ⅰ. K825. 4

中国国家版本馆CIP数据核字第20246SF825号

天一阁主：范钦传

TIANYIGE ZHU FAN QIN ZHUAN

戴光中　韩　波　著

出版发行	浙江人民出版社（杭州市环城北路177号　邮编　310006） 市场部电话:(0571)85061682　85176516
责任编辑	郦鸣枫
责任校对	杨　帆
责任印务	程　琳
封面设计	王　芸
电脑制版	杭州天一图文制作有限公司
印　　刷	杭州富春印务有限公司
开　　本	710毫米×1000毫米　1/16
印　　张	15
字　　数	229千字
插　　页	6
版　　次	2024年12月第1版
印　　次	2024年12月第1次印刷
书　　号	ISBN　978-7-213-11618-6
定　　价	66.00元

“浙江文化研究工程成果文库”总序

有人将文化比作一条来自老祖宗而又流向未来的河，这是说文化的传统，通过纵向传承和横向传递，生生不息地影响和引领着人们的生存与发展；有人说文化是人类的思想、智慧、信仰、情感和生活的载体、方式和方法，这是将文化作为人们代代相传的生活方式的整体。我们说，文化为群体生活提供规范、方式与环境，文化通过传承为社会进步发挥基础作用，文化会促进或制约经济乃至整个社会的发展。文化的力量，已经深深熔铸在民族的生命力、创造力和凝聚力之中。

在人类文化演化的进程中，各种文化都在其内部生成众多的元素、层次与类型，由此决定了文化的多样性与复杂性。

中国文化的博大精深，来源于其内部生成的多姿多彩；中国文化的历久弥新，取决于其变迁过程中各种元素、层次、类型在内容和结构上通过碰撞、解构、融合而产生的革故鼎新的强大动力。

中国土地广袤、疆域辽阔，不同区域间因自然环境、经济环境、社会环境等诸多方面的差异，建构了不同的区域文化。区域文化如同百川归海，共同汇聚成中国文化的大传统，这种大传统如同春风化雨，渗透于各种区域文化之中。在这个过程中，区域文化如同清溪山泉潺潺不息，在中国文化的共同价值取向下，以自己的独特个性支撑着、引领着本地经济社会的发展。

从区域文化入手，对一地文化的历史与现状展开全面、系统、扎实、有序的研究，一方面可以借此梳理和弘扬当地的历史传统和文化资源，繁荣和丰富当代的先进文化建设活动，规划和指导未来的文化发展蓝图，增强文化软实力，为全面建设小康社会、加快推进社会主义现代化提供思想保证、精神动力、智力支持和舆论力量；另一方面，这也是深入了解中国文化、研究中国文化、发展中国文化、创新中国文化的重要途径之一。如今，区域文化研究日益受到各地重视，成为我国文化研究走向深入的一个重要标志。我们今天实施浙江文化研究工程，其目的和意义也在于此。

千百年来，浙江人民积淀和传承了一个底蕴深厚的文化传统。这种文化传统的独特性，正在于它令人惊叹的富于创造力的智慧和力量。

浙江文化中富于创造力的基因，早早地出现在其历史的源头。在浙江新石器时代最为著名的跨湖桥、河姆渡、马家浜和良渚的考古文化中，浙江先民们都以不同凡响的作为，在中华民族的文明之源留下了创造和进步的印记。

浙江人民在与时俱进的历史轨迹上一路走来，秉承富于创造力的文化传统，这深深地融汇在一代代浙江人民的血液中，体现在浙江人民的行为上，也在浙江历史上众多杰出人物身上得到充分展示。从大禹的因势利导、敬业治水，到勾践的卧薪尝胆、励精图治；从钱氏的保境安民、纳土归宋，到胡则的为官一任、造福一方；从岳飞、于谦的精忠报国、清白一生，到方孝孺、张苍水的刚正不阿、以身殉国；从沈括的博学多识、精研深究，到竺可桢的科学救国、求是一生；无论是陈亮、叶适的经世致用，还是黄宗羲的工商皆本；无论是王充、王阳明的批判、自觉，还是龚自珍、蔡元培的开明、开放，等等，都展示了浙江深厚的文化底蕴，凝聚了浙江人民求真务实的创造精神。

代代相传的文化创造的作为和精神，从观念、态度、行为方式和价值取向上，孕育、形成和发展了渊源有自的浙江地域文化传统和与时俱进的浙江文化精神，她滋育着浙江的生命力、催生着浙江的凝聚力、激发着浙江的创造力、培植着浙江的竞争力，激励着浙江人民永不自满、永不停息，在各个不同的历史时期不断地超越自我、创业奋进。

悠久深厚、意韵丰富的浙江文化传统，是历史赐予我们的宝贵财富，也是我们开拓未来的丰富资源和不竭动力。党的十六大以来推进浙江新发展的实践，使我们越来越深刻地认识到，与国家实施改革开放大政方针相伴随的浙江经济社会持续快速健康发展的深层原因，就在于浙江深厚的文化底蕴和文化传统与当今时代精神的有机结合，就在于发展先进生产力与发展先进文化的有机结合。今后一个时期浙江能否在全面建设小康社会、加快社会主义现代化建设进程中继续走在前列，很大程度上取决于我们对文化力量的深刻认识、对发展先进文化的高度自觉和对加快建设文化大省的工作力度。我们应该看到，文化的力量最终可以转化为物质的力量，文化的软实力最终可以转化为经济的硬实力。文化要素是综合竞争力的核心要素，文化资源是经济社会发展的重要资源，文化素质是领导者和劳动者的首要素质。因此，研究浙江文化的历史与现状，增强文化软实力，为浙江的现代化建设服务，是浙江人民的共同事业，也是浙江各级党委、政府的重要使命和责任。

2005年7月召开的中共浙江省委十一届八次全会，作出《关于加快建设文化大省的决定》，提出要从增强先进文化凝聚力、解放和发展生产力、增强社会公共服务能力入手，大力实施文明素质工程、文化精品工程、文化研究工程、文化保护工程、文化产业促进工程、文化阵地工程、文化传播工程、文化人才工程等“八项工程”，实施科教兴国和人才强国战略，加快建设教育、科技、卫生、体育等“四个强省”。作为文化建设“八项工程”之一的文化研究工程，其任务就是系统研究浙江文化的历史成就和当代发展，深入挖掘浙江文化底蕴、研究浙江现象、总结浙江经验、指导浙江未来的发展。

浙江文化研究工程将重点研究“今、古、人、文”四个方面，即围绕浙江当代发展问题研究、浙江历史文化专题研究、浙江名人研究、浙江历史文献整理四大板块，开展系统研究，出版系列丛书。在研究内容上，深入挖掘浙江文化底蕴，系统梳理和分析浙江历史文化的内部结构、变化规律和地域特色，坚持和发展浙江精神；研究浙江文化与其他地域文化的异同，厘清浙江文化在中国文化中的地位和相互影响的关系；围绕浙江生动的当代实践，深入解读浙江现象，总结浙江经验，指导浙江发展。在研究力量上，通过课题组织、出版资助、重点研究基地建设、加强省内外大院名校合作、整合各地各部门力量等途径，形成上下联动、学界互动的整体合力。在成果运用上，注重研究成果的学术价值和应用价值，充分发挥其认识世界、传承文明、创新理论、咨政育人、服务社会的重要作用。

我们希望通过实施浙江文化研究工程，努力用浙江历史教育浙江人民、用浙江文化熏陶浙江人民、用浙江精神鼓舞浙江人民、用浙江经验引领浙江人民，进一步激发浙江人民的无穷智慧和伟大创造能力，推动浙江实现又快又好发展。

今天，我们踏着来自历史的河流，受着一方百姓的期许，理应负起使命，至诚奉献，让我们的文化绵延不绝，让我们的创造生生不息。

2006年5月30日于杭州

目录

第一章　藏书人从耕读起　/ 001

第二章　一朝解袂守随郡　/ 013

第三章　平生义分明秋霜　/ 024

第四章　清廉有术起苍生　/ 037

第五章　友人期许喻砥柱　/ 048

第六章　八桂灵香草辟蠹　/ 057

第七章　忧时乐书东海滨　/ 069

第八章　崇山广川疲奔走　/ 079

第九章　悲亲叹友愤倭乱　/ 093

第十章　勤王安民掣肘多　/ 106

第十一章　福祸回旋不可测　/ 118

第十二章　天一阁名有新说　/ 134

第十三章　满纸烟岚见性情　/ 147

第十四章　私秘深闭非其旨　/ 162

第十五章　耽书藏籍吾道在　/ 174

第十六章　晚景凄凉情何堪　/ 187

第十七章　石破天惊赖“四库”　/ 205

第十八章　天下藏书只一家　/ 218

大事年表　/ 227

参考文献　/ 233

修订后记　/ 234

第一章　藏书人从耕读起

书籍是记录和传播知识的重要工具，也是人类文明发达的重要标志。为了传播知识、传承文明，就必须典藏书籍。我国早在商周时期，就有了国家藏书。已知最早的“国家图书馆馆长”，是被尊为道家鼻祖的老子，当时被称为“守藏室之史”。延至春秋时期，私人讲学之风兴起，于是就有了私人藏书。儒家学派的创始人孔子，成为历史上文献可考的第一位私人藏书家。战国时期，诸子蜂起，为私家藏书的发展准备了适宜的土壤，此后逐步形成一个藏书系统，与公家藏书并行不悖、互为补益。

秦始皇统一六国，悍然焚书，古代典籍遭受第一次大规模毁损。但在如此高压血腥环境之下，仍有许多藏书家甘冒杀头危险，将大量典籍藏于夹墙、地窖、山洞等处，为中国典籍的流传存留了至为宝贵的火种。

西汉帝国兴起，改秦之败，广开献书之路，征集对象主要就是民间私人藏书，“百年之间，书积如丘山”。可以说，正是这批珍贵的先秦遗藏，奠定了国家藏书的基础，也恢复了百家之学，并由此繁衍出以后历代无数的典籍。诚所谓“野火烧不尽，春风吹又生”，藏书家的贡献，真是巍如泰山。

此后，私人藏书又经历了数不尽的岁月沧桑、兵燹动乱、荣衰起伏、朝代嬗替，却始终不绝如缕，就像枝蔓虬劲、脉络丛生的长青藤，表现出顽强蓬勃的生命力。发展到魏晋南北朝，由于纸的使用已十分普遍，典籍载体发生了巨大变化，人们通过传抄的办法制作写本书，丰富自己的收藏。这种简便易作的写本书，引起了图书生产的革命，而图书流通量的增加，又激发了藏书家收藏的积极性。在文献中可以查证的私人藏书家，当时已达22人。

但就宁波而言，那时还绝对谈不上“文献之邦”，而是地广人稀，荒凉偏僻。西晋时，朝廷曾让石季甫来做宁波地方官，竟吓得他“上下愁苦，举家惨戚”。幸亏文学家陆云写了一封《答车茂安书》，说明宁波是个好地方：“遏长川以为陂，燔茂草以为田，火耕水种，不烦人力。决泄任意，高下在心。举钑成云，下钑成雨，既浸既润，随时代序也。官无逋滞之谷，民无饥乏之虑，衣食常充，仓库恒实。”石季甫是车茂安的外甥，看了这封信，才放心赴任。然而，此信也清楚地表明，当时宁波尚处于刀耕火种阶段，藏书之类的雅事，老实说，甬上人家还没有这方面的能力和兴趣。

宁波出现真正意义上的私人藏书家，始于两宋。北宋时以楼郁和陈谧最有名气，南宋有东楼（楼钥）和碧沚（史守之）两大藏书楼，开创了浙东私人藏书风气之先河。其后有袁桷的清容居，称雄于元之浙东。延至大明朝，当时以丰坊的万卷楼居第一，如今则数范钦的天一阁，为世界上三个最古老的图书馆之一，傲视宇内，独占魁首。

北宋楼郁，字子文，四明“庆历五先生”之一，考中皇祐五年（1053）癸巳科进士，亦为鄞县楼姓始祖。他的道德学问，受到王安石的敬重，特地请来掌教县庠，前后达30年。他在家中藏书万卷，好读不倦，自六经至百家传记无所不读。陈谧，字康公，嘉祐八年（1063）癸卯科进士及第。时人称其“尘埃满匣空鸣剑，风雨归舟只载书”。他与子陈禾、孙陈曦三代同好，都以藏书为乐，积累惊人。

南宋楼钥，字大防，隆兴元年（1163）癸未科进士，累官至参知政事、资政殿大学士。他素好藏书，凡精椠著本、刻本、抄本，必一一收藏，亲手校雠。至晚年为得潘景宪的《春秋繁露》一书，辗转访求，获而后快。于月湖南岸建东楼，藏书逾万卷。史守之，字子仁。出身豪门，但耿介清正，中年隐居月湖，朝廷屡诏不应。宁宗特御书“碧沚”二字赐之，遂为碧沚亭。他藏书最富，碧沚与东楼，在月湖南北遥遥相峙，人称“南楼北史”，对后世浙东的藏书文化产生了深远的影响。

元代袁桷，字伯长，出身名门，家中世代为官，师事王应麟，精史学，习掌故，长考据，通诗文，工书法，青年时就出任丽泽书院山长，后被荐为翰林国史院检阅官，升至侍讲学士。他继承曾祖父袁韶、祖父袁似道和父亲袁洪三世素业，其清容居广藏书卷，元朝以来甲于浙东。

明代的丰氏万卷楼，历史最为悠久，可以上溯到北宋的丰稷。此人官至枢密直学士，死后谥清敏。终其一生，除勤政为民，“以枢密之贵，独处一室，恬无他好，惟以图史自娱”[①]，开创了家族藏书之业。丰稷之孙治，监仓扬州，死于金难，高宗赐以恩恤。丰治之子谊，官吏部，以文名。丰谊之子有俊，以讲学与象山陆九渊、慈湖杨简相善，亦官吏部。丰有俊之子云昭，官广西经略。此后延续七代而至丰庆，官河南布政。其子丰耘，官教授。丰耘之子熙，官学士。丰熙之子即丰坊。丰氏家族历宋元明共十六代人，始终不懈地积聚图书，因此万卷楼收藏之富甲于江浙。有学者计算过，其存续的时间长于天一阁。

然而，这些名重一时的藏书楼，在天一阁崛起时均已灰飞烟灭。俱往矣，数风流人物，还看范钦。

与这些藏书家相比，范钦可谓出身寒微，家中也没有藏书渊源。就外部条件而言，他似乎不能成为声名最显赫的古代藏书家。

宁波的开化发展，说来有趣，全赖中原三次大乱——魏晋的“永嘉之乱”、唐末的“安史之乱”、北宋末年的“靖康之难”——使中国经济文化中心逐渐南移。特别是最后一次，引发了中国历史上最大规模的北人南移潮，“四方之民云集两浙，百倍常时”。南宋定都临安（今杭州），宁绍地区突然由江南僻壤一跃而成藩屏王畿，身价陡涨。官僚士夫、名门望族，纷至沓来、竞相占籍。发展到后来，竟然出现了“满朝紫衣贵，尽是四明人”的局面。

鄞县范氏始祖范宗尹，就是在“靖康之难”期间南下的。他原籍湖北邓城，进士及第，随宋高宗南渡，扈驾至临安，建炎年间参知政事，官拜尚书右仆射兼知枢密院事。范宗尹有5个儿子，次子公麟，娶丞相魏杞之妹为妻，门当户对，恩爱异常。魏家住在鄞县，于是他也定居于此，成为鄞县范氏事实上的第一代。但因范宗尹的官大，后代便硬推他为鄞县范氏一世祖，委屈公麟退居二

① 〔宋〕袁燮：《丰清敏祠记》。

世祖。范公麟也确实没有什么本事，全靠父亲的恩荫，获封一个奉议大夫、都水司员外郎的虚衔。

范公麟的大哥公麒，仍在老家邓城；三弟公骥，则定居湖北枣阳；两个小弟弟也到了浙江，后来迁往台州仙居，均已无从查考。而鄞县这一支，人丁颇为兴旺，官运却不甚亨通，再也没有出过大官，由宋而元至明，300多年来，只出过1名进士、3名举人（包括拔贡），还有两人被举荐为贤良方正，做过诸如承直郎黄门给事、常州推官、余姚教授、国学司计、御史台照磨等“芝麻绿豆官”。但范氏各房，尽管早已沦为寒门，却始终坚持“耕读传家”，企盼着“朝为田舍郎，暮登天子堂”。

公元1506年农历九月十九日，范钦诞生于范氏老宅，地点不是现今天一阁旁的司马第，而是在县城西门外的后莫家漕。

范氏宗族按“福禄承延孟，仲季定仍弘，元亨恒泰益，谦节复颐丰”二十字排序辈行。范钦是第十六代谦字辈，同辈中已有54个兄长，所以在族谱中称为“行谦五十五”，字尧卿，号东明。

这一年，适逢中国历史上最荒唐的皇帝之一——明武宗朱厚照——正式登基，在明代纪年表上，称为正德元年。

朱厚照（1491—1521）乃弘治皇帝孝宗的独子，出生的时辰很好，又是嫡出，得到正史的交口赞扬，说他貌似开国皇帝朱元璋，神采焕发，有玉一般的气质。还说他天资聪颖，自幼喜欢学习，尊师长，善作诗，能度曲，俨然一副好孩子模样。其实大谬不然，作为备受宠爱的天之骄子，武宗养成了终生脱不去的顽童习气，好动爱玩，桀骜不羁。

鲁迅先生曾经说过，“其实唐室大有胡气，明则无赖儿郎”。此话用以印证朱厚照，当真是一针见血，不折不扣一个“无赖儿郎”。

朱厚照贪玩喜武，天生不是什么读书的料。太子时期还比较老实，一旦称帝、君临天下、无人能真正挟制时，自然而然就为所欲为起来。

比如专门灌输儒家圣学孔孟之道的经筵日讲，本来是每个皇帝日常必行的功课，朱厚照却嫌其枯燥无味，刚开经筵，就以各式各样的理由逃课，三天打鱼两天晒网。没讲几天就关门大吉了。

可是，皇帝贵为九五之尊，一言一行关乎国家体统、社稷安危，岂可如此儿戏？何况弘治皇帝驾崩时，把这个宝贝儿子托孤给内阁大臣刘健、谢迁和李东阳，千叮万嘱道：东宫聪明，但年尚幼，先生辈可常常请他出来读书，辅导他做个好人。因此，大学士刘健等上谏言曰：

……自（经筵）开讲以来，不时传旨暂免，计一月有余，进讲之数才得九日而已。……且中间暂免之日，多以两宫朝谒为词，近又云择日乘马。臣等愚见，以为乘马等事，似与讲学两不相妨。至于慈宫问安，往来不过顷刻……今以顷刻之问安而废一日之学业，恐非所以慰慈颜、承尊意也。

朱厚照即位时，年方十五，是个“未成年人”，正玩得兴高采烈，哪里听得进这些？到了五月，索性让司礼监传旨，说是天气炎热，暂免读书，等到八月天气转凉了再听也不迟。也就是说，皇帝给自己放暑假了。

大孩子贪玩也贪睡。朱元璋曾留下“以乾清宫为正寝，晚朝毕而入，清晨星存而出。除有疾外，平康之时不敢怠惰，此所以畏天人而国家所由兴”遗训，朱厚照却常常睡懒觉、高卧不起，早朝不是迟到，就是暂免，后来就干脆不上朝了。

这可急坏了起大早苦苦等候的廷臣们。正德元年（1506）六月，顾命大臣刘健、谢迁等又上言道：

伏睹近日以来，视朝太迟，免朝太多，奏事渐晚，游戏渐广。兹当长夏盛暑之时，经筵日讲俱各停止。臣等愚昧，不知陛下宫中何以消日？奢靡玩戏，滥赏妄费，非所以崇俭德；弹射钓猎，杀生害物，非所以养仁心。鹰犬狐兔，田野之畜，不可育于朝廷；弓矢甲胄，战斗不祥之象，不可施于宫禁。夫使圣学久旷，正人不亲，直言不闻，下情不达，而此数者交杂于前，则圣贤义理何由而明？古今治乱何由而知？

朱厚照虽然至高无上，究属“未成年人”，刚刚登基，还真被臣属的责备给问住了。他认错道：“朕闻帝王不能无过，贵改过。卿等所言，具见忠爱之诚。朕当从而行之。”群臣一听，大喜过望，抓住时机，赶紧建言，催促朱厚照重开经筵日讲。上书曰：“五月内，该司礼监传旨：‘以炎热暂免读书，至八月以闻。’缘自八月初旬以来，恭遇大婚礼事，未敢奏请。即今大礼已毕，天气渐凉，正宜讲学。”

朱厚照一时找不到借口，只好答应：“九月初三日日讲。”

对贪玩成性的大孩子来说，圣贤义理、古今治乱，毕竟敌不过放鹰犬逐狐兔，满地乱跑，放肆瞎闹的诱惑。经筵日讲才开了一个月，朱厚照的猴子屁股就坐不住了，又下旨停免日讲，放长假到翌年二月再说。这回的理由是天气冷了，吃不消，要放寒假。

由此看来，正德元年的农历九月，似乎是当朝皇帝仅有的最为安分、正儿八经坐下来读书的一个月。而范钦恰好在此时来到人间，似乎也恰好在预示：他将与书结下不解之缘。

明代臣僚，素以社稷江山国家安危为重。他们不依不饶，苦苦劝谏皇帝改邪归正。顽皮的孩子往往聪明过人，朱厚照渐渐掌握了这班书呆子的脾气特点，不再惧怕，笑嘻嘻地只是不理。过了一年，他索性在宫中盖起了“豹房”，从此和一班奸佞小人混在一起，朝夕处此，不复入大内，同时开始任用阉宦。中国历史上恶名最著的太监之一刘瑾，就是在那时得到了武宗的宠幸，开始对朝廷群臣百般摧折。

朱元璋是很注意借鉴前朝得失的。他鉴于历朝历代因太监而亡国灭家的经验教训，对宦官限制极严，曾立下规矩：不许宦官读书识字，不许兼任外臣文武衔，不许穿戴外臣所穿戴的冠服，品级不得超过四品，等等。可惜朱厚照是个不肖子孙。刘瑾早在他孩提时代就小心伺候，善解帝意，千方百计献媚讨好，让皇上日夜不休地沉湎于声色犬马。他把朱厚照哄得龙颜大悦，把太祖遗训扔到九霄云外去了。

刘瑾每天给朱厚照安排许多寻欢作乐的事，等他玩得正起劲的时候，便送上大臣的奏章请求批阅。朱厚照哪有心思处理？不耐烦地说：“我要你们干什么？这些小事都叫我自己办？”一挥手，把奏章撂给了刘瑾。

这正是刘瑾求之不得的。打那以后，事无大小，他不再上奏，明目张胆，假传正德皇帝的意旨，独断专行。

刘瑾有一个核心集团，号称“八虎”。他自己不通文墨，大臣的奏章全让他的同党、亲戚处理。一些王公大臣，知道送给武宗的奏章，皇上是看不到的，因此，有什么事上奏，就先把复本送给刘瑾，再把正本送给朝廷。民间流传着这样的说法：“北京城里有两个皇帝：一个坐皇帝，一个立皇帝；一个朱皇帝，一个刘皇帝。”

日久天长，忠心报国的大臣们忍无可忍了，乃伏阙上疏，力斥“八虎”，并报告武宗天象有变：“近者地动天鸣，五星凌犯，星斗昼见，白虹贯日，群灾迭现，并在一时。”言下之意是连老天爷也看不下去，发怒了，希望陛下惕然醒悟，赶紧罢黜宦官。

朱厚照这才有所表示，打算将“八虎”贬到南京去。但谢迁、刘健认为“君子小人不并立”，须“除恶务尽”，坚持要将他们处斩。为了让皇帝下定决心，当时京城的九卿六部联合起来，准备第二天集体劝谏武宗杀掉刘瑾。

然而，人心隔肚皮，谁也料不到，吏部尚书焦芳竟把大家给卖了。当天晚上，他密告刘瑾上述决定。刘瑾一听，大惊失色，急忙召集其他七人，到武宗面前哭求，再加上一番挑拨刺激，竟让朱厚照相信了那是谢迁、刘健的阴谋，目的是使其陷于孤立。

翌日早朝，当文武百官以为皇帝一定会把“八虎”砍头时，没想到圣旨却是任命刘瑾入掌司礼监兼提督团营。其余人也分据要地：丘聚掌东厂、谷大用掌西厂、张永督十二团营兼神机营、魏彬督三千营。同时，还通知谢迁、刘健告老还乡。

司礼监在明朝内宫至为重要。百官向皇帝上书，要先送内阁，由内阁辅臣作出初步的处理意见，叫作“票拟”，再交给皇帝批阅。皇帝用朱笔在奏章上批示，叫作“批红”。皇帝如果惰于政事，便让司礼监宠信的太监代笔，或记录下皇帝的话，然后让内阁起草，甚至口头传达给有关大臣。刘瑾入掌司礼监，控制了批红，就有了直接篡改圣旨的机会，愈益专横跋扈、肆无忌惮。

对于差点儿让他身首异处的大臣们，刘瑾恨之入骨，一旦大权在握，立刻滥施淫威赶走了率众上书请诛他的顾命大臣。愤犹未释，他又将谢迁、刘健等53个“反对党”的“臭名”榜示朝堂，并召来群臣跪于金水桥，当众宣判他们的罪状。这一举措，也开创了明朝内官把朝臣打成朋党的恶例。

谢迁是浙东余姚人。当时浙江省应诏举荐的怀才抱德之乡贤全都来自余姚，是谢迁的老乡；当初起草诏书的，偏偏又是刘健。于是，“城门失火，殃及池鱼”。刘瑾假传圣旨道：“余姚隐士何多？此必徇私援引。”他将那几个隐士下了诏狱，逼迫他们交代谢迁、刘健的徇私勾当。问不出什么，就将那几个隐士发配到边疆戍边，让他们去做“真隐士”。接着，刘瑾又假传了一道空前绝后、滑天下之大稽的诏书：以后余姚人不得选京官，著为令！

整人到了这等地步，刘瑾仍未解恨，又想把这两个前大学士逮捕、抄家。幸亏李东阳死力疏解，刘瑾总算退而求其次，仅追夺谢迁、刘健等人的诰命，并追回皇上赏赐的玉带服饰。同时被夺诰命、贬黜为民的，共675人。

追夺诰命的圣旨下达时，谢迁已经回到余姚泗门老家，正与人下棋。他谈笑自若，遵旨照办。别人都惶惶不可终日，担心有更大的灾祸临门，谢迁却照常赋诗饮酒，当真可谓“宰相肚里能撑船”。

谢迁为成化十一年（1475）乙未科状元，弘治八年（1495）入内阁参政，不久加兵部尚书、东阁大学士。他目光敏锐，长于论辩，与刘健、李东阳共理国政。朝野的评语是“李公谋、刘公断、谢公尤侃侃”。他的弟弟也是进士出身，官至广东布政使；儿子为乡试解元、殿试探花，官至吏部左侍郎。这样的家庭，全国罕见。后来刘瑾伏诛，谢迁官复原职。

另一位余姚籍的大名人——王阳明——遭遇可比谢迁惨多了。他当时在留都南京做小京官。南京的六科给事中和十三道御史，看到谢迁、刘健被罢官，乃仗义执言，联名交章上疏，请屏“八虎”，请留刘健、谢迁。结果，正好撞到刘瑾的枪口上，一律予以“廷杖除名”——把他们逮到北京或南京，脱下裤子，打三十军棍，开除公职，斥为百姓。

据《明史》记载，因刘瑾“横甚，尤恶谏官，惧祸者往往自尽”。有大智慧的王阳明却以大无畏的精神挺身而出，上了封《乞宥言官去权奸以章圣德疏》。其后果可想而知。正德元年（1506）十一月，他被刘瑾投入诏狱。在那暗无天日的大牢里，王阳明过了一个大年。万幸的是，他保住了性命。春节过后，因皇恩浩荡，从轻发落，他被差遣到贵州龙场驿当驿丞。

刘瑾哄住皇帝的法宝，主要是靠敛财。他公开卖官鬻爵，索贿纳贿，钱财的一部分供武宗嬉游淫乐，一部分中饱私囊。对于拒绝合作的官员和百姓，他一律指控为贪污，严惩不贷。见大家噤若寒蝉，他更加无法无天，竟动了篡位之心，私刻印玺，暗造弓箭，企图寻机夺位。

然而，多行不义必自毙，终于连刘瑾的自己人也跳起来，堡垒从内部被攻破了。正德五年（1510），“八虎”之一的太监张永向朱厚照揭发了刘瑾的17条罪状。第二天，朱厚照亲自出马，抄刘瑾的家，居然发现了印玺、玉带、弓箭、盔甲等禁物。在刘瑾经常拿着的扇子中，也发现了两把匕首。朱厚照勃然大怒，相信了刘瑾企图谋反的事实，下令将他凌迟处死。

凌迟是一种极其残酷的刑罚，死囚犯要在三天内接受千刀万剐，且不能立刻死去，挨够三天才能断气。当然，刘瑾是罪有应得。受过其害的人家纷纷拿出一文钱，买他已被割成细条块的肉蘸盐吃下，以解心头之恨。

朱厚照收回权柄，从此不再旁落。客观地讲，他的政绩固然乏善可陈，却也并无暴政，六部奏事，一从所请，比较通情达理。只是20岁的小伙子，正当青春期，精力充沛，追求刺激，渴望冒险，也致使身边佞幸构连，争着逢迎，谄谀相尚，窃宠希福。

他烦透了沉闷的皇宫和无聊的政事，开始微服行游京师，甚至千里巡边，搜掠妇女；回宫见到大臣们，仍然嬉皮笑脸，望之不似人君。他还曾接见葡萄牙使者，学葡萄牙语，在街上遇见葡萄牙人，说葡语取笑。当时的海上贸易政策灵活，往来也比以前频繁。直到嘉靖朝，海禁才重新严格起来。

正德十四年（1519），远在江西南昌的宁王朱宸濠造反。这位多动症皇帝大喜过望，因为可以借口到南方去游玩了，而且，他自小好射尚武，征伐疆场威风凛凛的感受，非安坐掖门之内所能体会。于是，他传旨决定“亲统六师，奉天征讨”，同时异想天开，自封为总督军务威武大将军、总兵官、镇国公，并“写制敕俾其便于行事”。他要过把大将军的瘾。

朱厚照御驾亲征，一行人浩浩荡荡，从北京到涿州，大军走了四天。忽然传来捷报，说是南赣巡抚王阳明，不等御驾光临，就已经平定了叛乱，活捉了宁王。

朱厚照大为扫兴。但大好的游玩良机就此放弃，他也于心不甘，便又下了一道令人匪夷所思的旨令：隐匿捷报，继续南行。一路上他大肆扰民，索取美女，足足闹了大半年，才勉强同意北返，途中继续游玩。

不料乐极生悲，在清江浦垂钓时，朱厚照的坐舟忽然倾覆，遂使圣躬不豫。

正德十六年（1521）初春，朱厚照病死于北京，寿仅而立。临终时颁遗诏曰："朕以菲德，绍承祖宗丕业，十有七年矣。图治虽勤，化理未洽。深惟先帝付托，今忽遘疾弥留，追弗能兴。夫死生常理，古今人所不免。惟在继统得人，宗社生民有赖。吾虽弃世，亦复奚憾焉！"

当范钦成熟后，他对这位先皇帝的看法，却远低于武宗遗诏的自我评价。他认为，正德年间，原先纯正的社会风气被败坏了：

> 成化弘治之间，人竞矜奋，号称乂安。其后道化陵夷，流风相煽。老成者谓之迟钝，直方者谓之强愎，宽大者谓之阘茸，退让者谓之软懦。薰莸不分，举措倒植。（《赠刘大尹膺奖序》）①
>
> 殆正德中祀以来，长者沦谢，淳风散佚，民间倡为浇竞，以机智相高，驰骛声利，转向薰染，以为当然，无复曩时之遗，其人亦鲜长年如前所睹。（《寿李君八十序》）②

相比朱厚照短暂而荒唐的皇帝生涯，范钦却健康而茁壮地成长着。

《鄞范氏族谱》中有一篇《明通奉大夫兵部右侍郎东明范公墓志》，作者是明太子太保、武英殿大学士沈一贯。此人系范钦的同里晚辈，曾为范钦的《天一阁集》作序。然而看墓志的内容和文笔，显然是假冒名人的赝品。其中谈到范钦出生时，祖父"梦龙集于房"，因此格外看好他。四岁时，祖父亲自"教之诵古诗歌，能通大义。喜曰：此儿必能成吾志"。但据范钦后来的自述，显然并

① 《天一阁集》卷二一。

② 《天一阁集》卷二〇。

非如此。他在《祭讱斋叔父文》中说：

某少也孱，往来叔父寝闼，妪煦抚摩，饮食必偕。乃业书，书不习；已而肄于文，文又不谙。我父嘱之叔父，规诲引喻，靡间寒燠，某稍稍开悟，因缘随叔父校艺……[①]

在这里，范钦坦承自己小时候体质很弱，悟性也差，读书习文，一开始都不怎么样，全靠叔父讱斋先生谆谆教诲，才逐渐开窍。不过，他进步很快，大约在正德皇帝驾崩前后，已经补为宁波府学的博士弟子员，即通常所谓的秀才或生员，进入了封建社会功名仕途的初级阶段。

这是相当了不起的成就。他的祖父范沂（字成甫，号养晦，1450—1516），也只达到这一阶段，正德七年（1512）才由岁贡任江西饶州德兴县司训。所谓岁贡，是指每年由地方学校贡入国子监的生员。这说明范沂没能考取举人，后来因“学行端庄，文理优长”，被宁波府学或鄞县县学贡入国子监深造，再经礼部考试合格，授予了这个小小的教职。据说，他“以身表率，集诸生于学舍，而肄之课文、艺程、勤惰”。可惜他只教了4年就死于任上。“卒之日，诸生蒲伏扶丧，越境乃返。”

范钦在另一篇关于姑妈的文章《寿父姑柯太令人九十序》中说：

先大父司训公，配大母徐太令人，生我姑暨我父缮部公，归济川公，姑黄宜人，叔父西塘、讱斋两公。大父方绩学，十九在外，值族侮，姑与我父护持大母。久之，大母仙逝，姑年十九，乃归柯。我父年十六，朝夕作劳，奉大父，恤诸弟妹。[②]

可见，范沂在获得岁贡之前，为养家糊口，长期在外设馆授徒，因家中清

① 《天一阁集》卷二七。

② 《天一阁集》卷二〇。

贫，经常受到族人欺负。范钦的父亲范璧（字伯瑞，号西畴，1480—1554），因是长子，小小年纪就得辍学干活，朝夕劳作，还要保护家人，没有时间读书学习，因而未得到任何功名。后来，借儿子范钦的光，他被诰封为工部营缮司员外郎，因此文中称之为“缮部公”。

范钦的两位叔父——范琚（字伯廉，号西塘，1486—1551）和范瑫（字伯良，号讱斋、讱庵，1487—1544）——也都没有功名，后来也都享儿子的福，范琚恩授七品散郎官，封文林郎；范瑫获赠屯田司郎中，晋奉政大夫。

范钦中举，时在嘉靖七年（1528）。据《嘉靖七年浙江戊子科乡试录》记载，他位列第70名。这次乡试，与众不同。明代的乡试主考官，原先是由各省布按二司会同巡按御史从现任教官中选拔的，要求年富力强、持身廉谨、精通文学。但因教官位卑势轻，有司常侵夺其权，贿买钻营，怀挟倩代，割卷传递，顶名冒籍，弊端百出，不可穷究，不少人上疏要求改用京官。就在前一年，嘉靖皇帝突然从善，决定选派京官充任各省主考。可以说，这是一次相对过硬、舞弊较少的乡试。主持浙江戊子科乡试的，是从仕郎工部给事中陆粲、承德郎兵部主事华钥等官员。

乡试的情景颇为恐怖。据时人记述，无论寒暑，诸生解衣露立，接受搜检，上穷发际，下至膝踵，至漏数箭而后毕。考场内，东西立瞭望军四名，诸生无敢仰视。四顾离立、倚语者，则朱钤其牍，以越规论，文虽工，降一等。文章优劣只凭考试官之所好而定，虽宿学不能以无恐。乡试每3年一次，按时间计算，范钦是在第二次乡试时通过这道“鬼门关”的。

范钦中举，年仅23岁，这在当时是相当了不起的成就。明代的举人，在社会上拥有一定的地位，有了对地方事务的发言权，还有了朝廷所给予的减免差役的特权。而更重要的是前途有保障，可以参加更高一级的会试了。捷报传来，不是亲的也来认亲，范氏族内更没人来欺负他家了。

明代科举制度规定，每逢丑、辰、未、戌年的二月，由礼部官员在京城举行会试。范钦中举的第二年，嘉靖八年（1529）己丑，是会试的一年，他是否曾进京参加会试，没有相关的资料可考。但可以肯定的是，范钦实现“朝为田舍郎，暮登天子堂”的梦想，是在下一个大比之年。

第二章　一朝解袂守随郡

嘉靖十一年（1532）二月，范钦赴京参加壬辰科会试。明代科举考试录取的标准，主要是看考生阐述经义的八股文章。八股文只能依照题义，揣摩古人语气，“代圣贤立言”，绝对不许发挥自己的见解。文章的格式也有非常刻板的限制。结果，在320名中试贡士中，范钦名列第178位。

新科贡士，将由皇帝亲自在殿廷策问，称作殿试。范钦对会试的名次不甚满意。在三月十五日的殿试策问时，他毫不怯场，超常发挥，最终被评定为二甲第38名。加上一甲3名，范钦在《嘉靖十一年壬辰进士登科录》中位居第41名，超越会试排名，成绩着实骄人。

在同榜登科的进士中，与范钦是浙东同乡且名著后世的，有钱德洪与王龙溪，均为王阳明的衣钵传人。同年中后来官做得最大的，是余姚人吕本，官至少傅兼太子太傅、礼部尚书、武英殿大学士。但殿试期间和范钦最接近的，是慈溪人张谦（字子受），他俩同被派在礼部观政。时隔38年，他俩重逢于宁波，提起那风华正茂，意气昂扬的金榜题名日，范钦的激动之情仍溢于言表，《忆昔行赠张子受长宪》有：

忆昔射策麒麟殿，众中始识春风面。
天街上苑日追随，青袍白马谁不羡？
琼玖本为上国珍，金兰况是同乡彦。
经过复有王与周，翩翩意气擅风流。

致身直拟侔稷契，摛词端不让枚邹。
一朝解袂赋河梁，我守随郡君为郎。[①]

这最后一句“我守随郡君为郎”，是指观政结束后，朝廷对于他俩的任命。张子受留在京城为刑部主事，范钦则外放任湖广随州知州。

所谓“观政”，是指新科进士必须先到六部及诸司观看别人如何行政，经过一段时间的训练，再安排具体职务。这是朱元璋为完善科举制度而创的一个新招。他求贤若渴，为求取德才兼备之士而开科取士，结果却大失所望，新科进士大多缺乏实际工作能力。他在恼怒之下，下令停罢科举达10年之久，重新开科时，便想出了观政的办法，类似于今天的实习，期满合格方许转正。这对提高进士的行政能力和素养，应该说是颇有助益的，但到嘉靖年间，由于士风、官风日趋颓坏，观政制度已经流于形式了。

范钦身为二甲第38名进士，且锐意进取，办事干练，观政期满竟没有留京而被外放，似乎令人费解。探究起来，可能与宦海风波有关。因为朝廷中“一荣俱荣，一损俱损”的现象比比皆是。查阅光绪《鄞县志》，通过其中一段关于黄宗明的传记资料，也许能破解范钦被外放的谜底。

黄宗明，字诚甫，号致斋，是范钦姑父黄宗钦（济川）的弟弟，曾参与嘉靖初年著名的“大礼议”，坚定地支持世宗朱厚熜，因而得以平步青云。范钦登科时，其已荣任兵部右侍郎，可以说是范钦最显赫的亲戚。不料，据传记称：

（嘉靖十一年）冬，编修杨名以劾汪鋐下诏狱，词连同官程文德，亦坐系。诏书责主谋者益急。宗明抗疏救，且曰：连坐非善政。今以一人妄言，必究主使，廷官孰不惧？况名榜掠已极，当严冬或困毙，将为仁明累。乞宽名罪。帝大怒，谓宗明即其主使，并下诏狱。

这就是说，黄宗明正直敢言，批评嘉靖皇帝对杨名一案处置不当、轻罪重

① 《天一阁集》卷四。

罚，还搞株连，惹得朱厚熜勃然大怒，乱加罪名，将他打入诏狱，随后远远地贬往福建任右参政。

范钦说过："济川黄公，某之大父婿也，往来甚昵；继游公弟致斋先生之门。"由此可见，范钦与黄宗明是亲戚加师生的关系。黄宗明被贬时，范钦恰巧也被外放，在北国隆冬的寒风中离开了礼部衙门。这样的安排，让人不能不联想到"一损俱损"的官场悲剧。

明朝官制，"重内轻外"的风气非常普遍。进士初授京职或外职，对其今后的仕途影响极大。时人评论："进士初选美官，则惟循资而可立登要地，一除外职，则虽有才而或终滞下僚。"[①]因此，进士多乐内恶外，朝廷对进士也每加优容，逐步形成了"进士既登第，悉集都下，而官之诸司"的惯例，"间有疏俊少检者，则授之州、县长，若谪官然"。[②]

被外放的进士，会千方百计设法逃避。但从范钦"一朝解袂赋河梁，我守随郡君为郎"的诗意来看，他对"重内轻外"的官场陋习似乎并不介意，而是高高兴兴走马随州的。

今天人们知道随州，或许是因为那里出土了一套我国迄今所见数量最多、重量最重、音律最全、气势最宏伟的战国早期青铜乐器"曾侯乙编钟"。1978年春夏之交，这套编钟在随州城西的擂鼓墩曾侯乙墓中发掘出土。全套65件编钟，每件都能发出两个乐音，音质纯正、音色优美、音域宽广，能旋宫转调，演奏各种采用和声、复调以及转调手法的乐曲。钟上还有篆书铭文，共2800余字，全面反映了公元前5世纪中国在乐律学上达到的领先水平。钟体为铜木结构，由两列三层漆绘木质横梁联结成曲尺形，中下层横梁各有3个佩剑铜人分别用头、手顶托，并通过横梁的方孔以及子母榫牢固衔接。全套钟架由245个构件组成，可以拆卸，设计精巧，结构稳定，出土时依然矗立。楚音韶乐形制精确，方能保证音律精准，这在今天也不易办到。合理的金属成分配比和规范的外形尺寸，以及工艺上的特殊处理，使编钟能发出令人赞叹的音响效果。当

① 〔明〕胡世宁：《应诏陈言疏》，《胡端敏公奏议》卷一。

② 〔明〕马中锡：《送张宏仁尹郏县序》，《东田文集》卷二。

这件沉埋了2400余年的国宝再现人间时，世人无不为之倾倒，将其誉为中华民族文化艺术之瑰宝，世界音乐史之奇迹。

其实，即使没有曾侯乙编钟出土，随州在中国历史上也早有名气。“神农尝百草”的故事家喻户晓，而神农氏的出生地传说就在随州北部的厉山。随州是神农氏的故乡。此外，随州也是隋代帝王建国的滥觞之地。

随州位于湖广北部，明代属德安府。全境被群山列水所怀抱，有120多座名山奇峰，130多条大川秀水，又恰好处于北方黄河流域和南方长江流域的交接地带，西通宛洛，南达吴越，地当荆豫要冲，扼阻襄汉孔道。顾祖禹《读史方舆纪要》曾作如是描绘：“随北接黾厄，东蔽汉、沔，介襄、郢、申、安之间，实为重地……义阳、南阳之锁钥，随实司之。又其地山溪四周，关隘旁列，几于鸟道羊肠之险，洵用武者所必资也。”诚然，历史上如岳飞抗金，赵彦直、孟珙等人抗元，莫不以随州为用。

正因为地理区位如此重要，随州历来是举足轻重、影响一方的战略重镇。范钦初涉政坛，就来管理这样一个南北交通之咽喉，驿道之中枢，军事之要冲，经济文化沟通之经络的州城，也许是朝廷看到了范钦在观政期间表现出来的才干，给予他格外优待罢。

范钦是个急性子，从吏部接过行移勘合，便轻装简行、走马上任，去当亲民之官——知州。知州在本辖区内的地位最高，素有“小君”之称，号为“百里之侯”。范钦是第一次担任行政长官，又是初来乍到，非常慎重，首先便巡视了州署。

随州州署在城内西隅，建于明洪武二年（1369）。中间为直堂、大堂，左为廨舍，右为库所。堂的东西分设六曹，分置诸吏。州同署在堂东，州判署在堂西，吏目署在仪门以东，刑狱在仪门内西侧。州城内外设有各种仓库。大仓在城内，预备仓在州北，便民仓在州南半里。除州学外，还有阴阳学设于州东，医学设于州东南，惠民药局建于州东。

他又登上城楼，巡视随州全城。

随州是兵家必争之地，城池建造得格外牢固，有内城、外城、护城壕和护城堤。郭外土城（外城），为元时所建，周长5里45丈、高2.3至2.5丈，自东起转南再转西，有进后门、龙会门、聚奎门、阳和门、汉东门、顺德门、玉波门、霖雨门，汉东门上筑有汉东楼。内城为砖城，与州署同建于洪武二年。周围625丈，计3里175步、高2.5丈。设南门、北门、西门，均建有门楼，南门城楼右侧设有钟楼，还建造了敌台23座、女墙950座。控内外城的护城壕，修造于成化年间，长700.5丈、深1丈。护城堤则筑于弘治年间，当时亦再次浚修护城壕。

看到随州城的整体规模雄伟壮观，固若金汤，范钦相当满意。然后，他开始考察州城的行政。

明代的州级政务机构，知州为最高行政长官，下有州同、州判，吏目等官员作为佐助和僚属。州同、州判分管财粮、司法刑狱、巡捕和农田水利赋役诸事。吏目则协助掌管刑狱和官署事务。州衙依照制度规定，分设三班六房。所谓三班，一是壮班，专司值堂站班，兼捕捉缉拿人犯；二是快班，专管维持治安，缉捕盗贼；三是皂班，职司护卫、仪仗。所谓六房，则有管理一州财务、钱粮、赋税、徭役、田亩、粮租、粮务、契约的户房；管理祭祀、学校、礼俗的礼房；管理缉捕盗贼、递解罪犯、邮传驿站的兵房；管理刑狱、诉讼、司法的刑房；管理河道、水利、城工、桥梁的工房等。这一切，无逃乎吏、户、礼、兵、刑、工之事，所以知州有“六部之事系于一人”之说。

范钦上任不久，对他有教育之恩的叔父讱斋公专门来信、叮嘱道：

> 尔毋黩货，毋妮（昵）势，毋小人是狎，毋虐无告，毋负尔君，毋斩尔养晦大父之泽，毋背尔父之教；茂树声绩，为我生气，是亦我显庸也。[1]

当时，许多士人争取功名一当高中，便要连本带利地往回捞，渎职贪污是常事。何况科举花费极高，中产之家几无以堪负。连出身名门的王世贞也承认：“余举进士，不能攻苦食俭，初岁费将三百金，同年中有费不能百金者。今遂过六七百金，无不取贷于人。”金钱主要用在宴请交结之上，贽见大小座主，会见同年及乡里，官长酬酢，公私宴酌，连座主的仆徒与内阁吏部之舆人，也必须

① 《天一阁集》卷二七。

赏劳。此外如裘马之饰，也万万不能节省。讱斋公在范钦初任地方官的关键时刻，告诫他不可贪图钱财，不可趋炎附势，不可亲近小人，不可虐待弱势群体，不可背弃耕读家风，实在是送给范钦的一件最佳礼物。

范钦寒窗苦读时，也是耗尽了家中资财，幸亏妻子贤惠，变卖首饰支持，如若其意志薄弱，也很难不打歪主意，利用权势，蝇营求利。范钦阅后，悚然动容，从此将其视为宦途上的座右铭，“不敢逾佚”。他晚年自豪地说过：“结发事明主，黾勉遵畏途。”

随州处于万山丛中，计有田7667顷48亩7分、塘591顷72亩7分、地2472顷36亩2分，合计为10731顷57亩6分，需要向官府缴纳赋税8837石7斗8升7合。这对老百姓来说，是极其沉重的负担。早先有位知州李充嗣，看到啼饥号寒的民众，深感自己于世无补，颇为痛心，曾赋诗自责：“明时愧我叨民牧，尚有饥寒洒泪人。”

州官职繁任重，辖内之事，无一不管。朱元璋说过：“州县之官，宜宣扬风化，抚字其民，均赋役，恤穷困，审冤抑，禁盗贼，时命里长告戒其里人，敦行孝弟，尽力南亩，毋作非为，以罹刑罚。行乡饮酒礼，使知尊卑贵贱之体，岁终察其所行善恶而旌别之。”①但是真的做起来，却会遇到重重阻力和障碍。上面的各种行政机构，都能干涉州县事务。下面的吏胥，则是新到任的州官施政第一难。除不能不对他们施以官威，还或多或少地要看他们的眼色行事。处在这样的位置，宦途上布满了荆棘，而且到处是陷阱。

范钦年轻得志，锐气正盛，不怕职繁任重，决意有所作为。虽然国家赋税不能随便减免，但在自己的权力范围之内，还是能为民众做些事的。他精简行政机构的冗员，青黄不接时开仓赈贷，开源节流，利用交通便捷发展商贸经济，采取种种措施以宽苏民困。

随州居民，素有难治之说。范钦深知言教不如身教，以身作则，清廉自守，事必躬亲，秉公执法，不为左右所影响，使胥吏们不敢徇私枉法，老百姓得以安居乐业。对于败坏伦常的奸徒，范钦尤予严惩，不管他是什么身份，哪怕衣

① 《明太祖实录》卷一六一。

冠士子，也要召至公堂痛打不贷，甚至有当堂毙于大板之下的。

除了关心民间疾苦、社会治安，平时范钦很注意与民同乐。

在立春前一天，根据当地风俗，官吏要迎春于东郊，远近老幼杂处、观礼欢呼，以竞观为乐。立春之日，官吏亲击鼓三，然后鞭土牛，称之为“击春鼓”。范钦是壬辰冬季抵随州的，一到立春，二话不说，认真执行，表现出色。不过，他更重视当地的另一个风俗“乡饮酒礼”。这是一项旨在申明朝廷法令，敦序长幼之节义、和睦乡里的礼仪活动。酒礼的主持人由州官担任，位于东南；乡里致仕官充当大宾，位于西北；再选两位年高德劭之老人，位于东北与西南。众宾序齿，德高望重者居上，谨笃者并列，依年岁大小列坐。以期能序长幼，论贤良，别奸顽。

范钦“兼济天下”的四海志，从随州肇始。而他的聚书与刻书事业，也是在这里起步的。

他为博取功名，对八股文下过极大功夫，但绝非爱好所在，恰如敲门砖，敲开了，也就扔在一边。实际上，他的兴趣极其广泛，几乎无书不愿阅读——这从天一阁藏书的五花八门可以想见——只恨家门清寒，没有丰富的藏书可供寓目。因此，当他由一介寒士成为一州之长，聚书的欲望也就与日俱增，对于书籍的编辑印刷也有了浓厚的兴趣。

奇怪的是，范钦一生如何聚书，相关资料极其少见。他的《天一阁集》，几乎只字未提。随州时期，也付阙如。目前可以确定的，至少有一部天一阁藏的《随州志》。王国维跋云：

> 《随志》二卷，四明范氏天一阁旧藏，明钞本，无撰人姓名。……所纪事起于洪武十三年，讫于嘉靖十一年。……书中知州事最后者，为范大夫钦。而此书出于范氏，疑即范侍郎或其宾客所为。……此书疑亦范侍郎知随州，日手录明代故事，编年为书。而即以随之长吏为记事纲领……全书文字雅驯，又多遗闻，且为数百年仅存旧帙，读者勿以地志视之可也。

王国维的怀疑是很有道理的。理由有二：

其一，朱元璋在建立大明王朝之初，为显示统一之功、了解各地民情，洪武三年（1370）即命儒臣编修一统志，随后又诏令天下编纂地方志书。明成祖朱棣即位后，对纂修地方志书更为重视。永乐十年（1412）颁布了《修志凡例》十六则；永乐十六年又颁布《纂修志书凡例》二十一条，诏令各级地方纂修志书并送呈中央。于是，天下州郡县纷纷从事地方志书编纂。但在范钦上任之前的随州，据有关资料显示，虽然朝廷三令五申，却没有出版过随州地方志。而方志中的一些基本内容，如关系农业生产发展的水利、与征收田赋有直接关系的户口，涉及到贡品的土产，以及有关社会教化的学校等，都与地方官员的考绩密切相关，新官上任后必须了解掌握。于公于私，范钦都有必要着手编写《随州志》。

其二，《明史・艺文志》的记载中，只有颜木编修的《随州志》2卷。颜木是在嘉靖十六年（1537）、受随州知州任德所请编修这部志书的，内容为随州、应山二县之事，体例也打破传统的分类体，仿效《春秋》作编年体。所以，无论从时间、内容还是体例来看，天一阁藏《随州志》都不是颜木所编。根据上一条理由，最有可能的作者，非范钦莫属。何况在他看来，一个地方长官，必须熟悉方志中的所有内容。范钦对地方志的爱好与收集，想必也是从那时开始的。

颜木是随州名人，也是范钦在随州的忘年知己。他早在范钦出生第二年就已中举，正德十二年（1517）进士，性嗜读书，勤于考索，文思精劲。居北京时，与黄冈王廷陈齐名，人称“楚两杰”。补任许州知州，后来荐调亳州。有个姓石的武人恣肆一方，他予以严惩，不料权贵枉法，反坐中伤，被免职归家。颜木经此磨砺，愈益自信自励，树风立言、屹然表正于淮汉之间。他说，能阻止我的功名，不能错乱我的脚步；能罢免我的官爵，不能迫使我不学习。我将树立品德，撰写文章，以作后世模范，为淮河汉水之间的表率。他家居20余年，每天都有记述，吟咏不断。著有《家政集》《七礼解》《选诗评》《烬余稿》等书。

范钦主政随州，颜木曾静观默察其所作所为，深表钦佩，赠言道：“子也临我，律身如干，持法如钟，词采如弼，祗严庄重，惠厚宣朗，闵旱赈贫，擿奸涤弊，民怀吏畏，盗贼屏迹……执此以往，虽天下可也。”（《送甬东先生擢缮部序》，转引自王国维作《随州志题跋》）而且，他还促成范钦刻印了平生第一部书籍——《王彭衙诗》9卷。

《王彭衙诗》9卷，如今只有南京图书馆收藏，内有陈嘉言写于嘉靖十四年的跋语：

> 王子关中人，名讴，字舜夫，别号彭衙山人。正德丁丑（1517）进士，为冬官主事，改秋官员外郎，转山西按察司佥事。所向以文章饰吏事，杰然为当世所重。逾三年以疾归而亡，春秋才三十有六也。嘉言素善王子而爱其诗，因于乃兄青门子求所遗稿，得一十二册，携以入楚，请于汉东子体别之，而托范守钦刊诸木。

陈嘉言以及王彭衙，并非范钦的同辈人，也素不相识，他何以会跑到随州请范钦刻印呢？唯一能够说得通的理由，便是颜木与王彭衙是同榜进士，很可能还是知交好友，于是陈嘉言便通过颜木托付范钦了。范钦之所以刻印《王彭衙诗》，除了对书籍的爱好和朋友间的交情，很有可能还与明代官场中非常流行的“书帕本”习俗有关。

何谓“书帕本”？明代袁栋在《书隐丛话》中说：“官书之风至明极盛，内而南北两京，外而道学两署，无不盛行雕造。官司至任，数卷新书与土仪，并充馈品，称为‘书帕本’。”顾炎武的《日知录》也说：“昔时入觐之官，其馈遗一书一帕而已，谓之‘书帕’。自万历以后，改用白金。”这表明，“书帕本”是明代前期的官场习俗，这不仅反映了当时刻书之盛，也是官场比较清明的象征。明初朱元璋整顿吏治，严刑峻法，官吏贪污纳贿，动辄处以极刑。中国历来是个礼义之邦，礼尚往来万不可省，“书帕本”便应运而生。但这种“君子之交淡如水”的礼品，自万历之后就失去了市场，朱元璋痛恨的贪污纳贿竟成了官场习俗。

范钦刻印《王彭衙诗》，想必也是为自己即将离任而准备的礼物。

明代官制，三年一任，期满考察，或升或降。范钦在随州任上，虽然政绩卓著，内心深处总觉得这个“庙”小了一点，希望另谋高就。这从他的《秋日阁望》可以看出：

楚地三年客，江乡万里台。
清秋频怅望，何日好归来？
塞北深烽火，郊墟半草莱。
登临何意绪，迟暮次邅回。①

按当时对州县官考最的评价标准，贤能的州县官应具有奉公守法，不避权贵，呵护子民，清廉自持，善理繁剧，明于公断，招抚垦殖，捕盗招亡，设学施教，歼寇全城，息讼止争等条件。范钦无一不具备，于是在嘉靖十五年（1536）夏，经朝廷考察，由吏部铨叙并奏呈皇上批准，升任工部员外郎。

是年春季，随州新来了一位州判，姓曹名逵，字履中，号沙溪，江苏太仓人。他原为监察御史，因弹劾朝中宰辅，反遭其害，谪司随州判理。他和范钦共事虽仅数月，为人处世、工作作风都不谋而合，也是深得民心。可惜时间更短，翌年冬，擢升南城大尹而去。

后来的州官，政绩一个不如一个，没人能与他俩相比。随州人十分怀念范钦和曹逵，专门立了一块"随州范曹二使君去思碑"。《随州范曹二使君去思碑记》曰：

嗟乎！烦暑之下，得荫而息；风雪之会，望舍而趋。若承之以嘉林、投之以连邸，有以解纾其棘。谓非若人之幸喜者哉！吾州之民，昔有沈隐中，虽愿治，乘艰则废。范使君至，严左右之防，簿书讼牒，手自缄识，幽枉阏滞，宣之使达。悯其费耗，则节省里甲，樽节夫骑；忧其困乏，则金有赎羡，谷存赈贷；辨其邪枉，则鬻贾以时，衡量必谨；端其习俗，则淫邪是黜，童蒙攸启。复季祠之侵地，散金矿之聚徒。贼民必根株悉拔，而藏形匿影者，捕之不休。斁伦虽衣冠不假，甚至召于庭下，棰之立毙。曹使君复以谏官攻弹时宰，谪司判理，弗激弗诡。任事之日，别异奸慝，

① 《天一阁集》卷五。

穷诘潜寇；公退之候，群以生徒，授以经旨。间摄蕲水，六事具举。

彼人爱之，为立生祠。虽其为郡，时相后先，至于刚明凝重，不狎小人，接遇士流，外宽内介，干托不行，强御不吐，二君所同也；廉慎清苦，门户悄然，迁官之日，文书衣物，数箧而已，二君所同也。前行后承，甲立乙守，保其无告，全乃委记。销积暑于长荫，蔼和气于蔀屋，使四境之内无复暍慄之虞，谓不在于后人也哉。民思不置，上其状于大夫阎在邦与别驾刘作、郡幕李江，咸曰：是诚不可以无纪。于是乎纪之。

范子名钦，字尧卿，号东明，鄞人，嘉靖壬辰冬任州守，丙申夏迁缮部员外郎，历郎中，今至袁州太守。曹子名逵，字履中，号沙溪，太仓人，监察御史，丙申春左迁州判，丁酉冬擢南城大尹。皆一时名进士，名位未涯云。①

确实，随州人老也忘不了范钦，而范钦也投桃报李，将其视若亲人。他在晚年写过一首五律《会戴文学即事》，旁边特别注明“戴，随州人”。诗曰：

相违四十秋，来对泮池头。
一语宦游事，伤心骨肉俦。
望穷神欲溟，气结泪长流。
分手登车去，炎风塞道周。

有明一代，当过州县官的难以统计，在地方史志中，大都记其姓名、出身、为官年月。在《名宦》《官师》《乡贤》等传中，通常也会有几人入传。近年有学者说过：“方志浩如山海，一个人尽其功力也不能遍阅。本人多年翻阅方志四百余种，摘录州县官名录万余人，其有事迹者才千余人。”②可见范钦初涉仕途便出手不凡，表现出良好的素质和政绩。

① 清同治《随州志》卷三二《艺文下》。

② 柏桦：《明代州县官的施政及障碍》，《东北师大学报（哲学社会科学版）》1998年第1期。

第三章　平生义分明秋霜

嘉靖十五年（1536）初秋，金风送爽马蹄疾，范钦踌躇满志，来到阔别近四年的北京城。由地方官变成京官，再进步那就起点高、台阶平，可一展宏图了。此外，根据明代的官员封赠制度，京官的父母和妻子可以获得相应的诰封。范钦的父亲范璧获封工部员外郎散阶，其母亲和妻子则被封为宜人。这是他对父母养育之恩和爱妻相夫教子的最好报答。

工部是中央政府的六部之一，古称“司空”，掌管天下百工营作、山泽采捕、陶冶、屯田、榷税、河渠、织造等政令。行政长官是尚书，副长官是左右侍郎；下设营缮、虞衡、都水、屯田四司；各司设郎中1人，正五品；员外郎2人，从五品；主事3人，正六品。

范钦所在的营缮清吏司，负责宫府、器仗、城垣、坛庙等工程营造、修理等事务。他的具体工作，是分管内外庙宫。

嘉靖十六年，嘉靖皇帝朱厚熜下令扩建内阁直舍。据《明世宗实录》载：

> 以内阁规制未备，命太监高忠率官匠诣阁，相计修造事宜。乃与大学士李时等议，以文渊阁之中一间，恭设御座，旁四间各相间隔，而开户于南，以为阁臣办事之所。阁东诰敕房内装为小楼以贮书籍，阁西制敕房南面隙地，添造卷棚三间，以容各官书办。

这项并不宏大的工程，在内阁制度史上却是一件大事，堪称正式奠定了内阁制”。这在范钦的生活史上也是一件大事。这项工程刚巧由他负责，他也碰到了平生第一个大难关。

工部是油水很肥的机构，但范钦时刻牢记叔父讱斋公的教诲，不贪赃枉法，不依附权势，不亲近小人，不虐待无告，不辜负君亲之教。尤其在经济上，虽然经手的钱财像流水一样，他坚持做到“常在河边走，就是不湿鞋”。别人倘若以权谋私、贪污贿赂，中饱私囊，他也决不答应。

但在肮脏的官场中清廉自守已经难能可贵，要做到刚正不阿，更是谈何容易！根据天一阁藏明嘉靖刻本《奏进郭勋招供》刑部奏折，范钦在监督内阁扩建工程时发现：有官员冒充各种名目，来工部支领银钱，且数额巨大，高达数十万两。经过侦查，居然都是奉命行事，其后台是权倾朝野的武定侯郭勋。

他又发现：“（郭）勋因修理团营教场官厅，随行拨军五百名，春秋两班，做工三个月，乘要料取银，不合令孙聪、陈球分付每营止留一百名做工，二十四名写字，其余三百七十六名每月每名取包工银一两，每年每营共计干工银二千二百五十六两，共十二营，计该银二万七千零七十二两”；“又山陵并各工所派拨官军做工，春秋两班亦各三个月，勋不合令孙聪、陈球将春班杨勋等八千员名、秋班于宗舜等二千员名，每月每名索取干工银一两二钱，俱送勋，不舍枉法入己，随将各军俱卖放去讫”；又捏造前项“各卖放官军做工花名文册，令陈球等赴各仓盗支各官军粮赏，每名行粮米二石四斗、赏米一石二斗。每年共干工银三万六千两，米三万六千石，俱勋枉法入己”。

范钦发现后，着实吃一大惊。《大明会典》规定：“管军官吏酷害军人、克减月粮、将无作有、以有为无者，许旗首军人奏闻即将害人的官吏抄没家财。”郭勋所为，不是明知故犯、监守自盗吗？

然而郭勋何许人也？他是皇亲国戚，与皇室的关系非同一般。高祖营国公郭英，是大明王朝的开国功臣，其胞妹事明太祖为宁妃；两个女儿分别嫁给朱元璋第十五子辽简王朱植、第二十四子郢靖王朱栋；长子郭镇，尚永嘉公主为驸马都尉。而郭勋本人，又是当朝皇帝跟前红得发紫的宠臣，因为他在著名的“大礼议之争”中，坚定不移地站在朱厚熜一边，使之取得了胜利。

嘉靖初年的“大礼议之争”，是给朱明社稷埋下了无穷祸患的重大事件。

正德皇帝朱厚照年轻风流，但万万想不到，他费尽力气撒播“龙种”，却没能完成封建皇室的头等大事——传宗接代。没有办法，只好“兄终弟及”，把皇位拱手给同祖父异父母的堂弟朱厚熜（1507—1567），即后来的世宗嘉靖皇帝。

朱厚熜是以亲王的身份入承大统的。其父兴献王朱祐杬（1476—1519），乃宪宗成化皇帝朱见深第四子，与孝宗弘治皇帝朱祐樘为同父异母兄弟。成化二十三年（1487）册封为兴王，弘治七年（1494）就藩于湖广安陆州（今湖广钟祥）。他比武宗正德皇帝早死两年，谥号为献。朱厚熜继位后，第一件事便想确立自己的正统地位，他仿效朱元璋追尊四世祖的先例，极力追尊自己的生父为正宗皇帝，不料，遭到绝大多数臣下反对，引发激烈争论。因为这是朝廷礼法之至大者，故名“大礼议之争”或“大礼议”。

当时，以大学士杨廷和为首的前朝老臣，认为朱厚熜这样做有悖于传统礼法。小宗入嗣大宗，是几千年来封建宗法制度规定的天经地义，历史上从来没有以小宗继承帝位而不入嗣大宗的先例。也就是说，朱厚熜应称伯父朱祐樘及其妻子为父母亲，而改称自己的父母为叔父母，大宗才算不绝。

然而，偏偏有个在礼部观政的新科进士张璁，看透了这个新皇帝的心思，投其所好，提出一个“继统不继嗣”的主张，说朱厚熜是继承堂兄的帝位，不是继承伯父的帝位。是入继帝统，不是入继大宗。朱祐樘有他自己的儿子，如果一定要大宗不绝的话，不应该为朱祐樘立后，而应该为朱厚照立后，所以朱厚熜不必改变称呼，完全应该尊兴献王为皇考，而尊孝宗为皇伯考。

一个微不足道的小人物，竟敢跟首辅老臣唱反调，气得他们一纸命令，把张璁贬到南京任刑部主事。谁知南京的另一个刑部主事桂萼，也想抓住这一机遇巴结世宗，上疏赞同张璁的主张，认为应该尊朱祐杬为皇伯考。当然，他也被骂了个狗血喷头。

“桀黠有智”的郭勋，深知张璁的主张正中朱厚熜的下怀，至于儒家教条，在政客眼里不值一提。当朱厚熜孤立无援、最需要重量级人物支持之际，他在众大臣中率先站出来，力排众议，明确表示赞同张璁、桂萼的主张。果然，“世宗大爱幸之”，视其为自己人，让他掌管兵权，先后提督最精锐的团营。[①]

嘉靖三年（1524）四月，朱厚熜正式追尊父母为“皇考恭穆献皇帝”“圣母章圣皇太后”，并在兴都钟祥（今湖北钟祥）为其父建造了规模庞大的皇帝陵寝——显陵，完成了自己的昭穆体系。

但是，大臣们也不肯罢休，群起抗命，200余人跪在文华门前放声痛哭。在朱厚熜看来，这不是向自己示威吗？登时怒火中烧，下令逮捕134人，投入锦衣卫诏狱，第二天又逮捕近百名官员。四品以上夺俸，五品以下人廷杖，其中16人竟死在杖下，其余或削籍、或贬官、或发戍到蛮荒边区。

“大礼议之争”对嘉靖一朝的政治影响深远，此后君臣隔膜，彼此猜疑。朱厚熜老是疑心所有大臣要联合起来跟他作对，后来干脆不再临朝听政。自1540年到1566年逝世，朱厚熜只跟群臣见过4次。平时完全靠“票拟”（宰相签注意见）和“朱批”（皇帝红笔批示），跟外廷保持联系。

防止受挫者东山再起，维护取得的尊严，是朱厚熜在很长一段时间内考虑问题的出发点。这就便宜了郭勋，使他坐收渔利，圣眷极隆，怙宠骄恣。其中最典型的就是发生在嘉靖六年（1527）的李福达案。

李福达，民间最有势力的秘密宗教组织之一弥勒教的教主，武宗正德年间密谋起义，事败后潜逃返回山西老家。他改姓易名为张寅，又贿赂县中大户人家认他为同宗，编入家谱。嘉靖初，李福达挟大批金银财宝入京活动，结交权贵，买得了太原卫指挥使的官位。其成功的关键，便就在于攀上了郭勋。

不料乐极生悲，李福达从京城回山西时，被仇家薛良认出并告发。代州官府经详细审讯和确认，判定这个张寅确为当年的要犯李福达，遂以谋反罪上报都察院。

此案一发，郭勋以为凭借其权势和地位，足以大事化小，小事化了，便动用关系为李福达说情求免。不久，山西巡抚毕昭为此案平反，认定薛良诬告，张寅并非李福达。不巧的是，案子未结，毕昭就丁忧去官。前往山西巡按的御史马录再审，又把案子翻了回去。郭勋无奈，只得致书马录，请他高抬贵手。

---

①《明史》卷一三〇《郭勋传》。

殊不知马录铁面无私，反而上疏劾郭勋庇奸乱法，“交通逆贼，明受贿赂。福达既应伏诛，勋亦无可赦之理”。又说，“凡谋反大逆，宜服上刑。知情故纵，亦从重典。今勋移书请托，党护叛逆，不宜轻贷”。

此案涉及皇帝跟前的红人，都察院不敢擅自做主，建议将此案交由刑部、大理寺和都察院三法司共同会审。朱厚熜同意，下令三法司会审此案。而会审结果是李福达叛逆罪确凿无疑。

谁料到，朱厚熜竟龙颜大怒，怪罪三法司，命令再审。

原来，朱厚熜已就此事诘问过郭勋，并责其自辩。“勋亦累自诉，且以议礼触众怒为言，帝心动”。他怀疑是众朝臣借李福达案陷害自己的亲信，并借此打击自己的威权。“勋复乞张璁、桂萼为援。璁、萼素恶廷臣攻己，亦欲借是舒宿愤，乃谓诸臣内外交结，借端陷勋，将渐及诸议礼者。帝深入其言，而外廷不知，攻勋益急，帝益疑。”

于是朱厚熜釜底抽薪，下旨改组三法司，另派完全“靠得住”的三名新贵，负责审理此案。由礼部侍郎桂萼取代刑部尚书颜颐寿而领刑部、以兵部侍郎张璁代理都察院、以少詹事方献夫代理大理寺，并将被免职的原三法司首脑一起逮捕、同时受审。

张璁与桂萼，因当初在“大礼议之争”中率先支持皇帝，为众多朝臣所非议，又是靠投机拍马爬上来，资历能力未见过人之处，也为众臣所鄙视。他俩耿耿于怀，这回正好借机报复，不惜重刑，迫使颜颐寿、马录等屈打成招，承认张寅并非李福达，当初目的正是为了制造冤案，挟私报复，迫害大员。

黑白颠倒的冤假错案就这样铸定了。原先参与审理此案或者心存异议的官员共40多人，一律免职并获重罪。其中谪戍极边、遇赦不宥者5人，谪戍边境卫所者7人，为民者11人，革职赋闲者17人，被牵连而逮问革职者5人。而张璁、桂萼等人，因为案子办得让皇帝开心，俱有恩赐，“劳谕之文华殿，赐二品服俸、金带、银币，给三代诰命”。

此后，郭勋的气焰愈益嚣张、不可一世了。因此，当范钦发现了郭勋的罪行后，颇为踌躇。一方面证据确凿，假使不制止，职责何在？正义何在？另一方面，若要坚决制止，他一个小小的员外郎，老虎屁股摸得了吗？下场是否和马录一样？这是范钦不得不慎重考虑的问题。

关于这个问题，本来最能提供意见的，应是范钦的亲戚黄宗明。他被贬黜后，朱厚熜终究念他在“大议礼之争”中有功，第二年就召他回朝做了礼部右侍郎，寻转左侍郎。时人以为传阳明之学而能见诸用，但遗憾的是，他在嘉靖十五年（1536）十一月突然去世，已无法为范钦出谋划策。范钦只好找志同道合的朋友商量。

在当时的工部衙门中，范钦有两位意气相投的壬辰科同榜进士。一位是屯田员外郎俞咨伯（字礼卿），嘉兴平湖人，与范钦还有同乡之谊。屯田司掌管屯种、坟茔、抽分、薪炭之事。俞咨伯具体分管皇帝的坟茔，即“陵”。他在管辖范围内，也发现了郭勋的不少罪行，如在西山浑河一带、灰峪村等禁地内，郭勋居然派人开凿煤窑，阴损陵寝龙脉。而大明律令早有规定：祖陵所在，应禁山场地土、巡山军官、务要用心巡视。不许诸色人等、伐木、取土石、开窑烧造、烧山、及畛皇城内外、耕种牧放作践。有正犯处死、家口俱发边远充军。

另一位是都水员外郎顾一江。都水司负责川泽、陂池、桥道、舟车、织造、衡量之事，这些方面虽然未见郭勋有重大罪行，但顾一江也是一个疾恶如仇、砥砺名节的正义之士。当范钦同他和俞咨伯商议时，他们都认为应当抵制。范钦扣压了郭勋手下冒领的银钱，不予发放，并且联名作了举报。

可惜郭勋经过多年经营，在东厂、西厂、锦衣卫乃至嘉靖皇帝身边都安插了亲信党羽，随时通风报信。他们的举报，非但没能送到皇帝手上，相反，指责范钦置皇上旨意于不顾、有意拖延工期的诬告，却传到了嘉靖的耳朵里。这致使龙颜大怒，下令逮捕范钦，予以廷杖之刑。

“廷杖”是朱元璋针对官员的一种刑罚，是明代皇帝或权臣打击异己的有力武器。行刑之时，“众官朱衣陪列，左中使，右锦衣卫，各三十员。下列旗校百人，皆襞衣，执木棍。宣读毕，一人持麻布兜，自肩脊以下束之，左右不得动。一人缚其两足，四面牵拽，惟露股受杖，头面触地，地尘满口中”。

就在午门外，范钦被狠打三十大棍，随后投入锦衣卫大狱。俞咨伯也随同入狱。顾一江则事先因病告假，回老家江苏常熟休养，侥幸躲过了这一劫。

对于“摸老虎屁股”的风险，范钦虽有思想准备，却想不到是这般下场。

锦衣卫狱更是魍魉世界，从上到下，不少人都是郭勋的爪牙。倘说真有人间地狱，那非此地莫属。没把范钦整死，算是上上大吉了。

明代的文官常常要坐牢。有像方孝孺式既不合作又献身的，也有跟宦官斗争的，那些直言切谏的，也难免牢狱之灾。还有因所谓“工作失误”而下狱的，范钦就是如此。

王阳明也曾在这里尝过铁窗风味，他的评价是“窒如穴处，无秋无冬”，正好可思索“致良知”的人生哲理。范钦虽然没有留下具体的文字，但可以肯定，他做不到心平如镜。或许，他想到了屈原的诗句：“亦余心之所善兮，虽九死其犹未悔!”或许，他想的是朝政如此黑暗，不仅过去的各种努力都如流水落花，前途更是未卜，很可能还会身首异处，甚至株连家族。

总之，这场牢狱之灾深刻地影响了范钦此后的为人处世。他开始对官场的黑暗有所认识，开始学习把握为官之道的“度”。但更深的影响，是他懂得了做人之道，《赠少司徒新泉江公序》有：

> 士大夫起而擅当世之誉，岂徒计日取资哉？盖必有凝定之守、不可概之量，与道浸淫，出入不悖。禄爵不能縻，祸害不能怵。故能任天下之重，茂建勋伐，声施后世。何者？其出之有本也。……夫守凝定则外无可欲，而精气完，量不可概。①

正是这样的道，支持范钦在地狱般的大牢中坚强地挺过来。而另一方面，陷害他的郭勋实在是作恶太多，其劣迹路人皆知，怨声载道，言官交章奏劾。范钦所揭发的罪行也很快被查证核实，那一帮为虎作伥的爪牙都被逮捕归案，供认不讳。朱厚熜又摆出一副圣明状，不但把范钦无罪释放，还嘉许其忠心耿耿，下旨官升一级，担任工部郎中。一同受牵连的俞咨伯，也是满天乌云一风吹了。

然而，朱厚熜的“大礼议之争”情结牢不可破，这只是虚晃一枪，并不意

---

①《天一阁集》卷二二。

味着要惩治郭勋了。恰恰相反，嘉靖十八年（1539），他晋封郭勋为翊国公，加太师衔，仍兼后府。这也使郭勋愈加有恃无恐，威福自恣。

这种人心胸狭窄，睚眦必报，岂能放过得罪他的人？当然，他不便明目张胆地立刻报复范钦和俞咨伯，但至少，决不允许其继续做京官、与自己作对。果不其然，未及一年，吏部突然下达委任令，外放范钦去江西，出任袁州知府；俞咨伯则走得更远，被派赴福建做泉州知府。

可怜范钦和俞咨伯，感激皇恩的泪还挂在脸上，仕途就忽然走了样。特别是范钦，好不容易从随州来到皇城根儿，终于挤入前程无限的京官行列。由郎中到侍郎，虽然难，但毕竟遥遥在望。谁知转眼之间，竟又从京官变成地方官。这是贬逐，是惩罚。他实在想不通，不由得“揽衣起踯躅，顾盼但怀忧”。

俞咨伯先行离京。范钦既痛苦又无奈，情动于中而形于言，一口气写了七首诗赠给这位战友，既为咨伯壮行色，亦抒心中无限郁闷。现录《别俞泉州礼卿七首》其中三首如下：

我情何连翩，与子历修翰。飘飖薄颢苍，顺风托英盼。开心展嬿婉，日昃不顾返。各期终此欢，离别何由患？事变起无因，中道倏飘散。子也当远役，我行亦江汉。昔为连枝树，今为失群雁。自顾非旷达，能不重哀叹？

哀叹亦何为，物理鉴微茫。劲木无宁枝，幽兰戢其芳。黄鹄翔天汉，矰缴焉所望？浮沉岂异域，违取各有当。皮褐足御冬，何必云锦裳。平子捐机密，贾生泛沅湘。嗟彼采薇士，终身饿首阳。达轨谅非远，我怀慨以慷。

徜徉非中则，明义古所经。志士惜时命，达人念无生。抗志慕前修，历历遵明程。达当横四海，穷亦偃故林。忠信两不薄，千里犹合并。去去勿复道，努力各自保。①

① 《天一阁集》卷三。

就诗歌而言，范钦似乎并不清楚为何会遭此打击——“各期终此欢，离别何由患？事变起无因，中道倏飘散”。但从“劲木无宁枝，幽兰戢其芳。黄鹄翔天汉，矰缴焉所望”来看，应该是隐隐地猜到了问题所在。于是安慰对方：“自非形与影，安能永相将”；“皮褐足御冬，何必云锦裳”；“胡为自窘束，放情恣徜徉”。他还豪迈地勉励道：“达当横四海，穷亦偃故林。忠信两不薄，千里犹合并。”遭受打击的痛苦，似乎已被克服，范钦渐渐重拾了活力与信心。

事实上，任何艰难困苦，对怀有鸿鹄之志的人来说，都只是锤炼而已。上述诗歌表明，权倾朝野、手段毒辣的郭勋，没能摧折范钦为国为民的凛然正气。没过多久，郭勋的末日也到了。

范钦与郭勋对抗期间，内阁首辅是夏言。夏言（1482—1548），字公谨，号桂洲，江西贵溪人，累官至礼部尚书。嘉靖十五年（1536），夏言兼任武英殿大学士，入内阁参与机务。此人有经邦济世之才，所作所为，大多公正持平，备受嘉靖的赏识，两年后位居内阁首辅，加少保、少傅、太子少师。嘉靖十八年（1539）郭勋晋翊国公、加太师时，夏言也加少师衔、特进光禄大夫、上柱国，并蒙赐银章，上镌“学博才优”四字。

郭勋与夏言素不相能，忌恨他受皇帝恩宠。凑巧，严嵩也恨夏言入骨。两人狼狈为奸，时刻窥伺夏言不合帝意之处，一有所获，立即施放毒箭，不断向朱厚熜进谗言。这一招果然奏效，不久，朱厚熜便指责夏言傲慢不恭，勒令其归田；但过后又动了怜念，让夏言先回私第治病，其余的事情以后再说。

郭勋心狠手辣，为让朱厚熜彻底赶走夏言，他故意引疾乞假，殊不知弄巧成拙。嘉靖皇帝对身边的人说，郭勋、夏言，皆朕股肱，为什么彼此相妒呢？此人踌躇未答。朱厚熜又问，勋有何疾？此人答道，勋实无疾，但忌夏言，言若归休，勋便销假了。朱厚熜为之颔首。

正所谓“机关算尽太聪明，反误了卿卿性命”。这消息不胫而走，言官们意识到皇帝已有微词，弹劾郭勋的时机终于来临，乃联名交章论劾。朱厚熜下诏，令郭勋自省，并将奏折交给他本人阅读，以便反省。

谁知郭勋颐指气使惯了，上书答辩，言语悖慢，大失人臣之礼，朱厚熜看了圣心不悦。都察院刑科给事中高时抓住这机遇，再上一道《谨题为跋扈权奸稔恶怙终抗违强辨恳乞圣明早赐褫夺重权以正欺罔以杜后患》的奏折，历数郭勋贪纵不法诸般罪行。朱厚熜朱批让三法司一并会问明白来说。

嘉靖二十年（1541），郭勋被投入锦衣卫大狱。夏言随即复出，继续担任首辅。据说，三法司审谳郭勋一案，多由夏言暗中指授，狱成议斩。朱厚熜念他有功，尚有意宽贷，饬令复勘。不意复勘一次，加罪一次，复勘两次，加罪两次。结果，还没等正式定罪，曾经炙手可热、不可一世的郭勋就已连吓带气，病死在狱中了。时在嘉靖二十一年（1542）九月，距范钦离京仅两年。

郭勋在嘉靖皇帝的纵容下，作威作福，肆无忌惮，已到了无法无天的地步。除了上文说的冒领公款、剥克将校、皇陵开窑等罪，还有随意侵吞京城百姓乃至官员的房屋田地，明目张胆地横征暴敛钱税，指使手下敲诈勒索、严刑拷打、甚至草菅人命，利用职权，巧立名目，滥役士卒等罪行。这些奏折还明确指出：郭勋之所以能如此横行不法、无恶不作，与他长期以来招降纳叛、结党营私，形成了强大的势力集团密切相关。

郭勋伏诛，范钦当然是拍手称快。天一阁藏书中，也因此多了一本极其珍贵的古籍——明嘉靖刻本《奏进郭勋招供》。此书系海内外孤本，迄今仅见于天一阁，但没有书名，亦无序跋，也不知是谁编辑刊印的。

这也使目录学家们有了用武之地：清嘉庆十三年（1808）阮元主编《宁波范氏天一阁书目》，称之为《武定侯郭勋招》；1940年冯贞群编《鄞范氏天一阁书目内编》，增加一字曰《武定侯郭勋招供》；1991年初版的《中国古籍善本书目》，则又改名为《奏进郭勋招供》。然而，综观这里面五篇文章的内容，尽管全都涉及郭勋一案，事实上却几乎找不到郭勋亲口招供的原话、亲笔画押的文字。所以，称之为“招”或“招供”，显然都没有落到实处。确切地说，书名应该定为《明武定侯郭勋案资料选编》。

至于选编刊印此书的人，通常以为不外乎两种可能：一是三法司官刻本，二是范钦私刻本。综而考之，此书是三法司官刻本的可能性甚小，而由范钦选编刊印的可能性甚大。

朱厚熜从“大礼议之争”始，就处心积虑地扩张皇权，实行绝对专制，不惜破坏封建法制的固有机制，痛折廷臣，打击反对派。前面提到过的李福达案，是最能体现世宗意旨的案例之一，因此才有资格劳驾官府，着手编辑朱厚熜对此案的敕谕和张璁等审讯的狱辞，并把书名定为《钦明大狱录》，颁布内外诸司。

出于同样的心理动机，朱厚熜压根就不想法办郭勋，只因这个宠臣闹得太不像话、民愤难平，且有藐视皇权之嫌，这才勉强同意立案。审讯过程中，许多内容也表明，即使铁证如山，朱厚熜仍在姑息包庇，曾经两次下旨赦宥郭勋，说什么明是欺罔了朝廷，全无人臣之礼，论法当重治，念勋系勋戚世臣，姑从宽革去管事并傅、保职衔，着在中府带俸闲住。

而当郭勋病死狱中，朱厚熜更是严厉责罚办案的臣下："吴山等失业废法，刘三畏等扶同不举，好生蔑视国法！且郭勋既问，……不合又令死于狱中，是何法律？本当都拿问重治，姑从宽处毛伯温、戴金等各罚俸三个月；叶相、屠侨姑留用，各降俸二级；刘三畏等各降二级。……郭勋已死，这事未有着落，着三法司拟议来说。钦此。"

直到三法司拟定罪名与处理意见，朱厚熜还要法外施恩，阅后御批道："郭勋世受国恩，不思图报，大肆凶残，干犯重典。既已在监病故，罪恶已惩，原拟妻子财产俱免入官为奴。……会议削除爵位、追夺诰券，着吏、兵二部奏请定夺。郭宪（郭勋族叔，同案重犯）本当处死，也从宽送兵部定发极边卫分永远充军，家小随往。钦此。"

清楚朱厚熜刻意庇护的态度，司法部门哪里敢像《钦明大狱录》那样把这些文件公之于世？那些与郭勋有深仇大恨的官民，似乎也不敢在嘉靖皇帝健在时就刻印此书。所以，最有可能的人是范钦。他是个有心人，不会对这个影响自己命运的大案无动于衷；他又是朝廷命官，容易得到这些文件，并有保存下来的条件。等到世宗归天、穆宗即位，连世宗钦定的李福达案也在那时宣布为冤假错案了，范钦便把这些文件编辑成书，予以付梓印行——顺便说一句，此书究竟是嘉靖刻本还是隆化刻本，其实也可商榷。

今天看来，不管范钦出于何种动机刻印此书，他都在无意之中保存了明代司法、监察部门的案卷原件。这本《奏进郭勋招供》（或称《明武定侯郭勋案资料选编》），对于研究中国封建社会的政治与法制，具有珍贵的文献价值。

有一本题为《嘉靖专制政治与法制》的专著指出："嘉靖皇帝为了无限制地扩张皇权，竟然'变合法为非法，变非法为合法'，破坏了相对稳定的法治秩序，损害了封建法制的固有机制，加剧了统治阶级内部的倾轧，激化了社会阶级矛盾和社会危机，抑制了社会经济的发展势头。总之，嘉靖时期的政治昏暗和法制紊乱，造成了从此中国落后于西方的恶果。"①

可惜在这本专著的参考书目中，未见天一阁珍藏的《奏进郭勋招供》，全书也未曾论及"郭勋案"。这实在是一大遗憾，否则必然能给该书增色。因为在这些原始资料中，有非常详尽的案情记载，而且真实可靠（不真实可靠说服不了世宗），可以有力地佐证上述观点。

这本范钦编印、天一阁珍藏的《奏进郭勋招供》，为我们提供了一份古代高官以权谋私的最真实最详尽的个案资料，不仅有助于认识中国封建政治与法制的本质，而且对于肃清封建主义流毒、加强社会主义民主法治建设、反腐倡廉，有着鉴古明今的教育意义。

郭勋及其党羽臭味相投，狼狈为奸。郭勋借他们而得逞，他们因郭勋而得利，把京城闹得乌烟瘴气，人们敢怒而不敢言。范钦这一段反抗权贵的经历，除了极少数知己了解，他从来没有向别人夸耀过。归隐宁波多年后，有位比较亲近的后辈余寅（字君房），文名卓著，却困守场屋20多年，万历八年（1580）方始进士及第，授工部主事。范钦想起这件旧事，特地去信，嘱其恪守职责，中有"权幸恣睢，艰于举职"之语。

余寅不知道范钦也在工部任过职，更不知道发生过这样一件因大义而险些丧命的事件，一开始泛泛地答复道："寅奉教君子，何止今兹，乃约身恬节，无负教旨，无自以身为荆棘。所在谴呵，请自今兹始。"②后来遇见范钦的侄子范大澈（时任鸿胪寺序班），才知道其意之所指，登时肃然起敬，马上再复一信，表示道歉并决意仿效。他说：

---

① 怀效锋：《嘉靖专制政治与法制》，湖南教育出版社1989年版。

② 《答少司马范公》，《农丈人文集》卷一七。

> 贱子侍左侧久，不知翁尝官缮部，又不知以抗法之故，迄罹构逮。日者，令任鸿胪君以告贱子。贱子愕然，则前书所谓“权幸恣睢，艰于举职”，信矣！……贱子今者务益竭款款，効之公上，诚其光明，在躬而已，庸恤其他。前书勉寅，益当皎皎。[1]

受范钦的感召，余寅在恪守职责、廉洁奉公上青胜于蓝。据光绪《鄞县志》记载：余寅“日与承运库相关涉，易染指，然未尝干一钱，一以法按之，商不得输滥恶，岁节省三千余缗，凡省缣及金，俱贮所司。尝言：国家一铢一粟，俱有神明护之，守者蔑视，必不祥。人谓余水部真如水也”。

① 《再答少司马范公》，《农丈人文集》卷一七。

第四章　清廉有术起苍生

袁州府位于江西省西北部，下辖宜春、分宜、安福、萍乡、万载诸县。它和随州一样，也是交通要塞，东接南昌、抚州，南连新余、吉安，北毗九江，西邻湖南，号称“赣湘孔道”。此地在汉初建县时，名为宜春，隋开皇十一年(591)，天下设州，改称袁州。三国名将袁绍和袁术的祖父袁京，看破名利，辞官云游天下，最终隐居在宜春城外两座小山脚下潜心研究，著书立说，死后也下葬于此。世人景仰他的隐士风范，就把这两座山称为大袁山、小袁山，把一条流经该地的赣江支流称为袁河，并在城里建“高士坊”“袁高士祠”纪念。天下设州时，朝廷便把宜春改称袁州。后人乃有“大小袁山双螺并，秀水东西一带横”的诗句来形容这里的风景。

嘉靖十九年（1540）夏，范钦挈妇将雏，南下赴赣。抵任后，他写了一首五律《初到袁州》以抒心怀。

首联“一麾仍出守，千里此孤城”，正是范钦再一次失去京官职位，仕途受挫，黯然离京的真切写照。知府是正四品，比郎中高，可是外任官的升迁要比京官难多了，大好前程也许就此走下坡路。一种无可奈何、郁郁不平的心态跃然纸上。

颔联“风壤邻南楚，冠裳接上京”，是袁州给范钦的最初印象。这里素有“江南佳丽之地，文物昌盛之邦”美称，在此做官或执教的名士，代不乏人，如唐之韩愈、李德裕，宋之王安石、朱熹；更兼交通方便，市井繁荣，教育昌盛，文化底蕴相当深厚，人才辈出。唐代诗人韦庄曾用“家家生计只琴书，一郡清风似鲁儒”来形容袁州。江西历史上第一位和第二位文科状元——唐朝的卢肇和易重——都是这方水土养育成就的。与范钦同时代的严嵩也生长于此。他虽是祸国殃民的大奸佞，但客观地讲，文学修养不错，否则，他写的青词不可能得到皇帝的赏识。明世宗朱厚熜信奉道教，醮天时要有一道上给玉皇大帝的表章。表章写在青纸上，所以称为青词。

颈联“无才劳圣主，何术起苍生”，既是范钦被贬的自怨自艾，更是面对袁州灾情而发的感叹。袁州地形，崇冈复嶂，山区为主，丘陵次之，其燥易涸，稍雨则盈。那条流贯全境的袁河，虽然飘逸温婉，有所谓“宜川三月水东流，秀出江南二十州”的赞誉，可惜不宽也不深，水量无几，所以袁州最怕干旱。而范钦的运气又特别差，据《袁州府志》载，嘉靖十九年正月至五月，袁州干旱，民大饥疫。也就是说，他上任时，这里久旱无雨，赤地千里，瘟疫横行，食不果腹，是一个人见人愁的烂摊子。这让他怎能不发“何术起苍生”的感慨？

尾联“为忆昌黎子，修祠百代名”，可知范钦想以“文起八代之衰”的韩愈之术来“起苍生”。韩愈，字退之，祖籍河北昌黎，故称“韩昌黎”。唐宪宗元和十四年（819），唐宪宗迎佛骨入宫内，当时任刑部侍郎的韩愈上表力谏不可，未被采纳，反遭贬斥，出为潮州刺史，正所谓“一封朝奏九重天，夕贬潮阳路八千”，后又改贬袁州，任刺史前后九个月。

韩愈在袁州的时间虽短，却为百姓做了两件大好事。

一是放奴婢。袁州旧俗，借债者须将子女送债主家无偿做工，债务过期未还，债主可没收其子女为奴婢。韩愈认为，这是一种不人道、不合理的陋习，要求债主计算工钱，抵偿债务，从而解放奴婢共计731人，归之父母。回京后他又将此事上奏朝廷，朝廷乃通令全国，不许典贴良人男女为奴婢。

二是兴书院。韩愈反对佛教崇拜，重视文教。一到袁州，他就大力兴办书院，倡导务实文风。此后，“牛李党争”中李党首领、宰相李德裕，也被贬到这里，做过两年长史。他承韩愈遗教，也是大兴文风，吟诗作赋，挥毫泼墨，从而带动和培育了卢肇、易重、黄颇等一批名士，使袁州在唐中后期赢得了“江西进士半袁州”的美誉。老百姓世代怀念翰愈，并于宋皇祐五年（1053）建立了韩文公祠。门前有一副对联曰：“朝奏九重，夕贬潮阳，公骨硬于佛骨；文起八代，才育秀水，教功高于政功。”

范钦也想以韩愈为榜样，为官一任，造福一方。日后的事实证明，他的骨头也很硬，不畏权势，勇于为民作主。只可惜他的文化成就却难以望韩愈的项背，其政功高于教功。

面对赤日炎炎如火烧的旱情，范钦下车第一件事情，就是步行四十里，来到“州之镇山”仰山，虔诚地向上天祈祷降雨。

袁州有八大景观：春台晓日、化成晚钟、卢洲印月、袁山耸翠、南池涌珠、钓台烟雨、云谷飞瀑、仰山积雪。这最后一景的仰山，因其“高耸万仞，仰不可攀”而得名。仰山的山水奇胜，石径萦回，飞瀑湍奔，尤因气候独特，孟春、仲春季节也会下雪，一进入冬天，更是微阴即雪。每当雪霁云开，峰巅皓雪晶莹，高山瑰丽的奇观令人赏心悦目——这就是“仰山积雪”的来历。而在夏天，只要云气冒其巅，四周立即下雨，百试不爽。

因此，仰山神庙是地方官员求雨的最佳场所。这一回，范钦的运气很好，祈祷之后，但见云气滚滚，淹没山峰，归途中大雨倾盆而下……

明代知府，是朝廷的“亲民之官”，掌一府之政，肩负着“宣风化，平狱讼，均赋役”，“教养百姓”之责。其责任之重大与艰难，用范钦的话来说：“太守，吏民之本，钤辖郡邑，以司倡导，故田野之欲其辟，户口之欲其赡，赋敛之欲其节，黉校之欲其兴，章程之欲其一，讼狱之欲其平，攘窃之欲其戢，力役之欲其简，斯用以饬吏治而遂民生也。今举而畀诸一人之身，休戚善败，胥是焉系。”[①]

然而范钦并不惧怕，他自有一套方法：“善辙者不更轨，善治者不易民，非以纲张而目可举、领挈则裘自顺乎？君之为佐也，受成于守，虽神应无方、伸缩可否有难以直情者，宁免心胶于苦而事掣于行乎？若守，则临之于上，挥霍之于左右。以戎政则畀诸丞，以赋敛则畀诸别驾，以讼狱则畀诸司理；以章程则责诸幕，以黉校则责诸博士，以禁戢则责诸司虣，以出纳则责诸仓氏、库氏。划之有条，会之有要，伫见以简御烦、以逸制劳，身不越庭户而化行千里之外，

① 《赠李郡承擢守高州序》，《天一阁集》卷二二。

礼让遵循，风俗醇美。”[①]

范钦的领导方法，即使今天看来也不失其科学性。除了必须由知府亲身躬行的，如每三年一次考察府州佐贰首领官及所属州县大小官之贤否，如传达朝廷赦诏、例令，随布政使谒京朝贺、吊祭，以及科举、学校、祀典之事。其余的上述各项任务，只须策划有条理，总结有要领，具体工作大可交给左右及下级去做。知府掌握考察大权就可以了。

那么，知府大人自己干什么呢？范钦答曰：“其于治也，吾宁持以廉靖。”

明人袁帙说过：“今天下之凋敝，其最者莫若赃吏，而吏之犯赃者，多出于小官。自丞簿以下至杂流，其不贪者盖百之一二。”[②]显然，范钦是赞同这一看法的。他的具体措施，就是在袁州府署内，从仪门到正厅的中道上建了一座戒石亭。[③]他把“廉”字视为从政的首要之道，曾精辟地指出：

> 盖士之持廉，犹女之抱洁也。士不以才华而盖其污，女不以工容而赎其丑。故励志饬躬，非廉不植；发谋播号，非廉不臧；诘虣剔奸，非廉不服；回风正俗，非廉不成。一善立而百行从，此君子居身之珍，而亦守官者之要也。[④]

因此，他在府署内人来人往最抢眼的地方建戒石亭，就是时时刻刻告诫大家，为官必须廉洁自守。范钦以身作则，率先垂范。袁州和随州一样，民风凶悍，势家当政，他“守介秉，杜请谒，抑豪强，广为导利以附其民，而疏间左之琐尾者”。

范钦这样做，无疑是犯了地方官的大忌。明代谢肇淛曾叹道：“今之仕者，宁得罪于朝廷，无得罪于官长；宁得罪于小民，无得罪于巨室，得罪朝廷者，

---

① 《赠李郡承擢守高州序》，《天一阁集》卷二二。

② 《世纬》卷下《惜爵》。

③ 明嘉靖《袁州府志》称：“厅前中道为戒石亭，嘉靖间知府范钦建为高亭，升石于上，尤便仰观。”

④ 《送王郡侯入觐序》，《天一阁集》卷二一。

竟盗批鳞之名；得罪小民者，可施弥缝之术。惟官长、巨室，朝忤旨而夕报罢矣！欲吏治之善，安可得哉？”[1]《红楼梦》中那个葫芦僧门子说得更直接：“如今凡做地方官的，都有一个私单，上面写的是本省最有权势极富贵的大乡绅名姓，各省皆然。倘若不知，一时触犯了这样的人家，不但官爵，只怕连性命也难保呢！所以叫做护官符。”

但是范钦偏不要这“护官符”，也不怕豪强世家。他对“惧”字也有一番独到的见解：

> 虽然天下之事，何尝不成于惧而坠于玩也！惧则堕气奋不以艰厄，惧则善心生不以物淆。夫谷之所以传籁者，虚也；海之所以为百川王者，下也。惧之道也，行百里者半九十，吾知免矣。[2]

当时的袁州，最有权势且极富贵的大乡绅，非严氏莫属。在当时及后来，社会上都流传着这样一件事：严嵩之子严世蕃欲夺袁州宣化公宇，范钦不许。世蕃怒，欲斥之。严嵩曰：“是抗郭武定者，以强项自喜，踣之适高其名，但当笼络之耳。”

宣化坊在袁州府署、宜春县衙的大街对面，向来是城内最繁华的地段。严世蕃之所以觊觎，当然是由于经济利益的驱动。而范钦之所以能阻止，除了不惧，恰巧还赶上了一个好时候。

严嵩（1480—1567）字惟中，号介溪，袁州府分宜县人。弘治十八年（1505），他考中进士，在翰林院任庶吉士，后授为编修。这是个七品清闲官，没什么实权，但明朝有个不成文的规定：非进士不入翰林，非翰林不入内阁。宰相十之八九都为翰林出身，因此翰林院的官员都被视为“储相”。严嵩自命不凡，起初却浮沉宦海，没甚出色处。于是，他改变策略，利用江西同乡的关系，走礼部尚书夏言的门路，溜须拍马，笼络感情，冀其提携，附势攀援。

---

① 《五杂俎》卷一三。

② 《赠李郡承擢守高州序》，《天一阁集》卷二二。

严嵩曲意逢迎的手段，简直连人格也不要了。一次，严嵩设宴，赍柬邀请夏言，不料竟遭婉拒，乃亲自到夏府邀请。不料夏言竟不出见，将他晾在门外。一般人遇此尴尬，也许早就打道回府，甚至从此断交了。不料严嵩非但不介意，反而双膝一曲、跪在门前，手展所具启帖，委婉动人地和声朗诵起来。夏言见状，只好出来应酬，偕嵩赴宴，兴尽而归。

这一套果然奏效。从此，夏言把严嵩视为知己，竭力推荐，让严嵩平步青云，先是迁吏部左侍郎，不久晋南京礼部尚书，又改任吏部尚书。当夏言进入内阁后，自然想到了这位“知己”，遂把他调回北京，就任礼部尚书。

严嵩跻身六卿高位后，有了接触嘉靖皇帝的机会，其谄媚对象就不再是夏言了。朱厚熜痴迷道教，经常建坛设醮，命大臣撰写青词——夏言正是因为青词写得好而获皇帝欢心——严嵩便仗着历年学问，撰成一篇《庆云赋》，呈入御览。朱厚熜从头至尾阅读一遍，觉得字字典雅，句句精工，连夏言的青词亦似逊他一筹，免不得击节称赏。不久，严嵩又献《大礼告成颂》，朱厚熜越发觉得其如镂金琢玉，摛藻扬芬，遂大加宠眷，所有青词等类概令严嵩主笔。

严嵩对嘉靖皇帝的性格脾气进行了深入研究。他对朱厚熜的了解，几乎超过了皇帝的自我认识。朱厚熜自以为是英明圣主，严嵩在他面前，便处处表示自己窝囊。朱厚熜死不认错，严嵩便从不提他的过失。朱厚熜反复无常，严嵩就不发表任何建设性意见。朱厚熜猜忌大臣结党营私，严嵩就拒绝援救所有临危的朋友。朱厚熜残忍好杀，严嵩更是求之不得，正好借此来肃清异己。君臣之间没有一点道德性质或政治见解的契合，只有无尽的揣摩和欺骗。朱厚熜用官位玩弄严嵩，严嵩则用上述的方法对付朱厚熜。总之，严嵩从不说一句令皇帝不愉快的话，任何情形之下都不说。

明代皇室为加强君主集权统治，废丞相，设内阁，作为协助皇帝决策的中央机构，多以尚书、侍郎授殿阁大学士。明代的内阁，只是皇帝的秘书厅，大学士只是皇帝的秘书。他的权力，受到君权的绝对限制，不管是如何位高权重，一旦被皇帝下诏斥逐，当日即须出京，不得逗留片刻。

内阁的成员，通常只有四五个人，其中一位为首辅，其余的为次辅、群辅。皇帝的一切诏谕，都由首辅一人拟稿，称为票拟。在首辅执笔的时候，其余的人只有束手旁观，没有斟酌的余地。首辅一职常常是论资排辈，就算身任首辅数年，如来了一个资格更深的大学士，便只能退任为次辅。关于首辅、次辅的职权，没有明文规定，只有约定俗成，因此首辅和其余的阁员之间明争暗斗此起彼伏，内阁永远是政治漩涡的中心。能进入内阁的大臣，或多或少，都得到了皇帝的信任。这种斗争拿不上台面，都是在暗中进行的，其中充满了诬蔑、谗毁，甚至杀机。

夏言和严嵩性格迥异，其骨子里是瞧不起这位江西同乡的。经过那次“跪门诵柬”，任谁也抵挡不住这种谦恭之极的攻势，天长日久，也就慢慢地引为心腹了。后严嵩进阶都由他一手提拔，所以他对待严嵩几与门客相等，一味骄倨，意气凌人。偏偏严嵩是个阴柔险诈的人物，他受了这等待遇，心怀切骨之恨，暗地里早在伺机报复，表面上却一味佞柔，让对方浑然不觉。

夏言为人颇自负，身为首辅，一人之下、万人之上，难免独断专行，有时甚至会顶撞皇帝，令朱厚熜怫然不悦。严嵩便窥准机会，与郭勋达成默契，不断进谗，陷害夏言。嘉靖十九年（1540）那一次，眼看着成功在望，没想到第二年风云突变，郭勋被逮，夏言复职。在这种局势下，对于以反抗郭勋出名的范钦，老奸巨猾的严嵩当然有所顾忌，不敢轻易报复，以免节外生枝、惹火烧身。

郭勋入狱受审的消息，使千里之外的范钦大为兴奋，心中燃起希望之光。是年冬，他顶风冒雪，前往京城，试图活动。其挚友俞咨伯，居然不约而同也到了京城。两人喜出望外，握手言欢，作彻夜长谈，正如范钦《晚次都门礼卿过访》一诗所记：

故人江海别，隔岁一相逢。
只讶形容异，那知语笑重。
张灯开夕榻，振佩候晨钟。
异绩龚黄并，能卑即墨封。[①]

---

① 《天一阁集》卷五。

但从随后的诗歌来看，重返京城的希望如电光石火，一闪即逝。翌年春，范钦与俞咨伯和另一位同年王维祯一起归去。他在《出京宿永济寺同礼卿得游字》一诗中大发感慨：“世态徒青眼，风尘易白头。好凭今夜月，流影入皇州。”显然，结果是无功而返。

到了淮南，三人即将分道扬镳，遂在这里稍作逗留，游览名胜，凭吊古迹。范钦想到“十年同散吏，万里各他乡”，今后仕途如何依然迷惘，于是又作《淮南别礼卿惟祯同年四首》。其二云：

观日秦时阁，歌风汉帝台。
雄图千载尽，幽赏几人来？
感慨思前事，登临仰上才。
不知霄汉路，谁遣逐臣回？①

范钦是个想得开的人，“霄汉路”既然走不通，那就安下心来，做好本职工作。他回到袁州，深入民间，访贤问俗，为老百姓办了不少实事。其中最值得称道的，首先是清查户口并如实报告。

嘉靖《袁州府志》指出：“袁（州）由洪武底于今，户口岁削滋甚焉，然册仅取盈耳。户之虚，固多也。”弄虚作假的个中奥秘，在于地方官“以伪增户口，取加秩封侯”。但这样一来，老百姓却遭了殃，那些并不存在的户口的赋税，成了袁州人民的额外负担。于是，范钦下令，全面展开户口清查。

统计结果显示，洪武二十四年（1391），袁州有63998户、399236口；到嘉靖二十一年（1542），袁州有60388户、372336口。这表明，袁州在151年间，减少了3610户、26900口。范钦打破官方惯例，如实呈报，为袁州人民去掉了这份额外负担。

其次是力请于上，减轻赋税。

---

①《天一阁集》卷五。

《袁州府志》称："袁田下矣，乃科不异吴淞。"这是说，袁州是个贫困地区，但赋税却与江南富庶之地吴淞相等。周围的临江、吉安、瑞州各府县，"每田一亩五升三合起科，计田一十八亩始科粮一石"。而袁州各县，"每民田一亩科粮一斗六升五勺，外夏税一升六合，共田六亩二分四厘科粮一石，外夏税一斗"。正统元年（1436），宜春知县周瑛曾经奏请朝廷批准，"每田一亩，比照各府县份，纳本色米五升三合，其余准收折色银布。民赖是稍苏"。但到范钦在任时，"岁久法蔽，奏准事情竟为陈牍，而民困如故"。

范钦对此看得很透彻。他说过：大明立国以来至嘉靖朝，"良法美意，伦澌殆尽，而在赋役为甚"。江西的官场诸公，谁都不去解决，软弱的束手无策，聪明的袖手不管，只求糊弄着维持，等到任满离去为幸。"以故豪右专利，良善失业。台省大吏非不图，惟而环视属僚，鲜克肩之，亦无如之何矣。"①

但是范钦无欲则刚，毅然肩负起这个重担。他给袁州的赋税算了一笔账：弘治七年（1494）前后，每粮一石，则派银四钱四分五毫零。正德十年（1515）以前，每石加至四钱九分九厘九毫。嘉靖年间，渐至五钱五分七厘二毫，而民力益疲。为此，范钦特向朝廷请求减免，改为"凡米一石并夏税，共征五钱二厘"。

范钦的请求，得到了朝廷批准。他为袁州人民减免了每石米的赋税。这件别人所不能为或不敢为的事情，被他办成了。《袁州府志》的编者在叙述此事后写道："盖数分之宽，积百至万，民力亦可稍康矣。"

此外，嘉靖《袁州府志》中还有如下一些记载：

卫（指袁州屯田卫，始建于永乐二年，即公元1404年），中为正厅，后为镇静堂，左为经历司，右为镇抚司，右前为旗纛庙，嘉靖二十二年，知府范钦檄指挥同知刁琛重修。左东北隅为仓，东南宜春台为军器局，东宜阳门外为教场。场有将台，有演武亭，为屯田一十三处……

大明洪武间，知府刘伯起修城浚濠……设箭楼。……近议箭楼不便，

① 《贺比部少东包公序》，《天一阁集》卷二三。

知府范钦因其圮处，以砖覆之。

还有一件很有趣的事情：“府学，嘉靖初年知府刘弼作泮池，移东门石笋置学门外。二十二年，学诸生以泮池堪舆家不利，请于是。知府范钦覆土塞之。中为明伦堂，左右为进德、育才、储秀、兴贤四斋，前为敬一亭。”——这大概就是范钦的教功了。他还重修了韩文公祠，该祠后来又扩建为昌黎书院，里面供奉着孔子、韩愈的塑像。

范钦在袁州搞文化事业，当然忘不了自己最喜欢的刻印书籍。继在随州刻印了《王彭衙集》之后，范钦在这里又校刻了《熊士选集》和《阮嗣宗集》。阮嗣宗，就是魏晋之间大名鼎鼎的文学家阮籍，出版《阮嗣宗集》不足为奇，值得注意的是《熊士选集》。

熊士选，名卓，江西丰城曲江人，弘治九年（1496）进士，初任平湖知县，后擢监察御史，因反对阉竖刘瑾专权，被革职逐回老家。据李梦阳说：“刘瑾矫诏黜归者四十有八人，士选及余与焉。逾年起余官江西，过丰城，访其人于曲江之滨，亡矣！乃收辑其遗诗，可读者六十篇，录之俾于家。”范钦在袁州，一如既往致力于聚书，得到了这个抄本。他非常喜欢熊士选的诗，与同知陈德文相与诵讽，他感慨熊御史的凄凉下场，最后决定付梓刊行。他说：“是篇刻于豫章，比见其磨漶滋甚。夫崔颢、杜审言之诗数十篇，乃百世传，吾惧御史之志不彰也。”而陈德文撰写的后序，将他刻书的动机说得更加明白：“君侯笃古尚友，精明而介亮，治称神明，宜有羡于熊之风烈也，岂直以其文而已邪！是故重刻《熊士选集》。”该书正文首页，题曰“四明范钦校刊”。

诚所谓英雄所见略同，范钦的挚友张时彻也写过一篇《重刻熊士选集序》。张时彻指出：

……熊诗最工者七言律，次绝句，次五言律，乃古诗最亚焉。於戏！余不知士选何如人也，今观其诗，急皇国之忧，悼末路之夷，怀蓼莪之养，笃伐木只求。温润而不迫，是其和也；冲虚而自放，是其达也；触物而能通，是其弘也；比类而协，则是其度也。於乎此可知其为人也已。其乡大夫志之曰：权贵不避，苞苴不行，埋轮则豺狼敛迹，嘉遁则冰玉同清，惠及宗族，义洽家庭。其信然哉！其信然哉！邑令请曰：邦有闻人，湮而弗彰，有司之辱也。明者述之，委诸箧笥，此亦学士之憾也。[①]

显然，正是熊士选的“急皇国之忧，悼末路之夷，怀蓼莪之养，笃伐木只求”，“权贵不避，苞苴不行，埋轮则豺狼敛迹，嘉遁则冰玉同清，惠及宗族，义洽家庭”等高义壮举，深深地打动了范钦和张时彻，于是一个为其费力刻书、另一个为其费心作序。[②]

① 〔明〕张明彻：《芝园定集》卷二七。

② 台北《“中央图书馆”善本书目》著录有“《海叟诗》三卷一册，明袁凯撰，明范钦等校刻本，清林佶手录明何大复序”。未见原书，疑为范钦官江西时所刻。

第五章　友人期许喻砥柱

“治天下者，以史为鉴；治郡国者，以志为鉴。”范钦在袁州，和在随州时一样，也积极地编纂地方志。

前面屡次提到的《袁州府志》完成于嘉靖二十五年（1546）。此前，严嵩在家乡钤山养病修性，闲着没事，曾经编纂过一部府志。病愈回京后，他巴结上夏言，青云直上，位列六卿。想在家乡扬名显亲，最直接、最长远的办法，就是写入地方志，从此尽人皆知。

修志一事，通常都由地方长官主持，但范钦惩治过严世蕃，严嵩怀恨在心，更担心其在编纂时于己不利，而袁州同知陈德文恰好是他的门生，他嘱咐陈德文道：“嘻，小子！其遂增辑之。”

这是一件难事。明代谢肇淛说过：“尝预修郡志矣，达官之祖父，不入名贤不已也；达官之子孙，不尽传其祖父不已也。至于广纳苞苴，田连阡陌，生负秽名，死污齿颊者，犹娓娓相嬲不置。或远布置以延誉，或强姻戚以祈求，或挟以必从之势，或示以必得之术。哀丐不已，请托行之；争辩不得，怒詈继焉。强者明掣其肘，弱者暗败其事。及夫成书之日，本来面目，十不得其一二矣。”也许，陈德文与谢肇淛大有同感，因而“逊谢不敏”。

其实，严嵩真是以小人之心度君子之腹。范钦虽然鄙视严嵩的所作所为，但修志于地方有益，他觉得应该支持，便反过来劝说陈德文：“维兹师命，殆不可违也。”他还亲自动手，开始翻紬简籍，参袭典章，汇古采今，补遗正陋。

这样一来，陈德文当然乐意帮助增辑。不久，范钦离任，他接任知府，名正言顺地继续编纂这部未竟的府志，完成了严嵩交给的这项任务。严嵩以光禄大夫、柱国、少师兼太子太保、吏部尚书、谨身殿大学士、知制诰、会典总裁的身份，欣然为《袁州府志》作序，文中也提到："郡前守范侯首任增辑，以升宪臬去。"

明朝的考满制度规定，凡文职外任官三周岁为一任，任满的府州县正官，必须携带记载其政绩的文簿赴京朝觐，到吏部接受考课。吏部"核其贤否而黜陟之"。范钦任满后经过上述手续升任九江兵备副使。这个官衔，也称兵宪或宪臬。

其时，严嵩正担任吏部尚书，并且第一次击败夏言，入内阁参与机务。

嘉靖皇帝曾命人制了五顶道士戴的沉水香叶冠，自己戴一顶，余下的赐给夏言、严嵩等几位亲近的大臣。夏言对朱厚熜的态度，常常疏慢率直，这次更甚，不仅不戴，还明确表示此冠不是朝廷大臣应该使用的法服。明代冠制，皇帝与皇太子冠式，用乌纱折上巾，即唐朝所称的翼善冠。朱厚熜听了此话却颇为郁闷，这不是在讽谕他吗？同时，夏言对道冠的轻蔑，也刺痛了朱厚熜最信任的道士陶仲文。

严嵩打击夏言的策略，是处处反其道而行之。他去朝见朱厚熜，总是戴着香叶冠，还在冠上罩一层轻纱，以示郑重。朱厚熜见了，龙颜大悦，心中关于夏言和严嵩的天平难免发生倾斜。一次他召见严嵩，对其与夏言的关系略有垂询。严嵩立刻装出一副惶恐柔弱的可怜相，跪地痛哭，泪如雨下，一面诉说多年来受夏言欺凌的情形，一面揭发夏言对皇帝不敬的罪状。陶仲文也在一旁添油加醋，勾起了朱厚熜的旧仇新恨，更加讨厌夏言、亲近严嵩。

恰在当时，发生了一次日食。朱厚熜认为，这是天象告警，乃因大臣欺慢君主所致，遂下手诏将夏言罢职，回籍闲住。不久，令严嵩为武英殿大学士，入内阁参与机务，同时仍兼吏部尚书。

严嵩入阁时，已经年过花甲。为了固宠，他不辞劳苦，从早到晚，整天待在朱厚熜所居西苑的值班房里。朱厚熜大为感动，大加赞赏，赐予其刻有"忠勤敏达"的银章，随后又陆续赐匾，遍悬严嵩府第。内堂曰延恩堂，藏书楼曰琼翰流辉，修道阁曰奉玄之阁，大厅上面还有擘窠大书"忠弼"二字，作为特赏。

严嵩入阁后，尽去内阁中夏言亲党，皇帝的赏赐更使他势焰熏天，开始窃弄威柄，纳贿营私。长子严世蕃，得任尚宝司少卿，性尤贪黠，父子狼狈为奸，引朝野侧目。有意思的是，曾经得罪过他俩的范钦，居然没遭报复，还顺利升迁了。严嵩甚至写了一首很客气的诗歌相赠：

歌襦棠郡留遗爱，建节霜台拜宠荣。
此去威名庐岳重，向来风节秀江青。
春城祖席维征骑，晓驿楼船动水程。
别后相思何处所，烟消湓浦暮潮平。①

这种异常的举动，或许是范钦在宦海浮沉中，懂得了“度”的微妙、适当地修补了与严嵩的关系？或许是严嵩当真想笼络这位精明强干的人才？抑或是看在听话修志的分上暂缓报复？但更有可能的，是阴柔险诈的严嵩口蜜腹剑，个中奥秘，只有让事实来说话了。

范钦在袁州的政绩有目共睹。《袁州府志》及《江西通志》，都有这样一段记载：“范钦，字尧卿，鄞县人，由进士（出身）。嘉靖十九年任袁州知府，诘奸剔蠹，群盗屏迹，属境肃然。又念袁民贫苦赋重，力请于上，得稍蠲减，百姓德之。”从范钦所作的《宋茂才还袁州三首》可见，多年后他已罢官家居，却仍有袁州人前去看望：

海上忧居地，劳君访旧临。凄清千里道，辛苦几年心。
花发吴门早，云连楚泽深。一尊催晓别，愁思耿难禁。

日出海潮平，乘风挂席行。洲回鄢子国，江转楚王城。
揽胜裁新赋，停杯问远程。清朝崇俊茂，早拟策休名。

---

①〔明〕严嵩：《袁守范君擢宪副九江》，《钤山堂集》卷一七。

昔年勤访俗，尔父最称贤。俄报归泉壤，频惊阅岁年。
江春迷梦蝶，风夜急啼鹃。愧乏延陵赠，因歌《薤露篇》。

九江上任之前，范钦曾回宁波省亲。他有一个侄儿，名子虚，性聪颖，头角日渐峥嵘。范钦从京城赴袁州时路过宁波，父母与兄嫂都要求他带上子虚，亲自指导读书学习。三年下来，子虚果然是“闻见日广，意识日融，人曰：他日范氏显庸者，其在此子乎！”范钦满心欢喜，就趁这次升迁之际，送他回家，参加童子试。

在家期间，他拜访了一位好友，获赠一首好诗。此人就是宁波城内最著名的藏书家、书法家丰坊。当年“大礼议之争”领头哭谏的，正是两个宁波人。一个是王相，另一个就是丰坊的父亲丰熙。丰熙（1468—1537），弘治十二年（1499）殿试第二名（榜眼），授翰林院编修，以后升至右谕德。刘瑾专权时，他拒绝附炎，被贬往南京。嘉靖即位，他任翰林院学士。他是儒学专家，自然死命维护儒家教条，与同里的翰林院编修王相一道，约请举朝大小诸臣赴阙哭谏。结果，他下诏狱，受廷杖、谪戍福建镇海卫。而王相更惨，死于廷杖之下，年仅37岁。

丰熙幽居13年，杜门著书，绝口不提时事。其间，朝中大臣屡次请求皇上赦免，可朱厚熜毫无雅量，始终不许。一代大儒，竟老死于戍所。幸而，他在“闽南第一碑林”云洞岩留下了不少墨迹。山中有两处巨型摩崖石刻，其一便是丰熙的《鹤峰云洞游记》，书法遒丽，全文1100多字，为国内碑林所罕见。此外还有“霞窝”“仙梁”“得朋”“风动”等题刻，后来被清代乾隆皇帝的《三希堂法帖》选入。

真所谓有其父必有其子，丰坊也是个绝顶聪明的人才。他家世代为官，“碧沚园万卷楼”名副其实，藏书数以万计。丰坊“无所不读，靡所不贯”；正德十四年（1519）乡试第一，嘉靖二年（1523）考中进士，授礼部主事。翌年，跟着父亲参与“大礼议之争”，受廷杖，贬为南京吏部考功司主事，再降为通州同知，遂辞职归里，欲以著述自见。他受其父遗传，对书法如痴如狂，竟把祖传田产千余亩卖掉，用来购买书法名帖，心摹手追，夜以继日。

丰坊是个性情中人，行事不合世俗，用张时彻的话说："片语合意，辄出肺肝相啖；睚眦蒙瞋，立援戈矛相刺。"他与范钦早就相识。范钦的家境，不能与丰家相比，尚未发达时，经常向丰坊借阅抄书，共同的聚书爱好让他俩结下了深厚的友谊。这次范钦衣锦还乡，丰坊格外欣喜，不吝佳辞，洋洋洒洒，用绝妙书法写下长篇歌行《底柱行·赠宪伯东明先生之江西》：其中有"君不见，底柱崇崇镇中流，撑拄天地分刚柔。日月星辰时吐纳，五气顺布元精浮。黄河西决昆仑顶，万里直触龙门蹂。……赖有此柱屹不动，居然弹压神之州。不然西北倾、东南缺，坐见亿万赤子皆鱼头。丈夫立身亦如此。"

丰坊的诗，王世贞曾有评说："如沙苑马，恣情驰骤，中多败蹶。"清代李邺嗣则认为他的诗"于步骤极闲，深合古法，虽时写牢骚，殊未尽其狂也"[①]。但不管怎么评价，对范钦来说，被朋友推崇为国家砥柱，总是令人高兴的，何况与他心中的自诩正相吻合。所以，他引丰坊为知己，视诗篇为宝物，珍而藏之。作为书法作品，这也是一件宝物。

丰坊是个天生的书法家，书学极博，五体并能，所临古碑可以达到乱真的地步。他在《千字文跋》中说："春雨初晴，僻居无事，乘兴效右军书法，虽未足造古人万一，然其点横布置之间，不敢有毫发差谬。"可见他对习书抱一丝不苟的态度。《底柱行》是一幅长篇草书。丰坊善用枯笔，大有腕力，一气呵成，形式与内容和谐统一，是其书法作品中具有代表性的一件。

关于丰坊书法，同时代的苏州文徵明曾对人说："丰先生无一点一画不自古人中来。"一代书家董其昌则把他与文徵明并列，称为"墨池董狐"，可见在整个中国古代书法史上，丰坊也是一颗耀眼的星。但丰坊在世时，名声却远不能与文徵明相提并论，范钦对此很是不平。后来他将《底柱行》手书摹刻上石，并撰《刻底柱行跋》，称："先生研精书学，神诣力追，为吴人所掩。迨殁，而名乃大起，断缣敝楮，被以重购，斯亦罕矣。爰畀镌手，贻之同好，尚无以耳食视余哉。"又将丰坊手书《千字文》摹刻上石，撰《刻千字文跋》，称："南禺

① 《甬上耆旧诗》卷一四。

先生力追古学，备举诸体，书家借以中兴。二王怀素，犹臻三昧，即《千字文》《底柱行》可睹以往。”

范钦在家一月，甫回九江，忽传来一个噩耗，遂又撰写了一篇祭文。这位死者，即其叔父讱斋先生范瑫。

范钦自幼受讱斋先生的教诲，情逾严父。在甬省亲时，起始看不出有什么病象，大家欢聚一堂，其乐融融；等到范钦即将归去，叔父才突然病倒。范钦因“严程日迫，义不忍别，更视叔父肤理尚莹，语绪明豁”，似乎连药也不用吃，也就匆匆辞行了，没想到竟在七月二十八日溘然逝世，讣告接踵而至九江。他倍觉悲伤，痛哭尽哀，特撰《祭讱斋叔父文》，朝东稽首，寓奠悼念。他似乎哭昏了头，甚至质疑老天爷不公平：

> 吾闻天道，福必善人，才高则位显，德树则寿隆。吾叔父四龄失我大母，斩然头角异群儿。稍长，业举子，种学绩文，试必高等，所友尽一时英豪，练习世故，毅然有宏济六合、僇力时艰之心。乡之士大夫谓我叔父必亢宗。已而侵寻黉宫，垂四十年，志虑迈往，跆而复奋。性复坦直无他肠，遇事敢奋，出人于难，不暇校祸患，宗党贫乏，多所赒恤。又接引后进，亹亹忘倦。乡之士大夫又咸谓吾叔父贤。此数者，皆足以取征于天，而乃竟死矣。於戏！天可凭邪？

范钦的质疑，实际上包含着他对自身命运的困惑。

他从小立下鸿鹄之志，也确有治国平天下的实力，所以丰坊的诗句——“嗟嗟范夫子，直气棱棱羞委靡，中心光明尤爱士，特立独行谁可比？行行江西旬月尔，天下望公如底柱，太宰司马堪立取！”——他是非常欣赏的。然而在九江兵备道，他却发现自己无能为力，不要说中流砥柱，还不如知府能为老百姓办点实事。

兵备副使的衙门，全称整饬兵备道，简称兵道，是提刑按察使司的派出机构。九江物产丰富，又得舟楫之便，自古就是商贾云集的通都大邑、长江中游重要的物资集散地；而且九江襟江带湖、背倚庐山，“途通五岭、势拒三江”，具有七省通衢的战略地位，历代兵家必争的“江湖锁钥”石钟山也在此地。设置兵备道，其主要职责是钳制武臣，训督战士。可惜日久生弊，实际上无兵可练，无饷可支，诚如时人所言：“虽普天皆言兵备，而问其整饬者何事？即在事者亦茫然也。”

已届不惑之年的范钦，同样是茫然困惑，不知道该整饬什么兵备，每天简直无所事事。他隐约感到，这份工作恐怕是严嵩给他的“温柔一刀”。

幸亏大自然赋予了九江雄美壮观的山水胜景，集名山、名江、名湖、名城于一体，正所谓“九派浔阳郡，分明是画图”，大可让范钦陶情怡性，领悟人生乐趣。

九江，也称柴桑、浔阳、江洲。万里长江自青藏高原浩荡而来，至九江而与鄱阳湖和赣、鄂、皖三省毗连的河流汇集，水势浩渺，江面壮阔，遂使浔阳江畔有多少风流人物在这里弄潮——禹疏九江登庐山，灌婴筑城鉴浪井，公瑾甘棠点水军，董奉杏林救黎民，渊明种豆南山下，乐天江头感琵琶，太白五老揽秀色，东坡月夜探石钟……

但是，在正为仕途迷茫而烦心的范钦眼里，如此多娇的浔阳江，似乎失去了浪淘千古的豪气。试看他写的五律《泛江》：

春风江畔路，幽兴自相关。
独鸟天边去，孤云海上还。
世情余白发，吏隐有青山。
何事杨朱子，临岐独怆颜。[①]

当他由鄱阳湖口乘船前往陶渊明的故里彭泽时，感觉最深的，也是《湖口舟趋彭泽》里的“江湖瞻魏阙，真有意无穷”[②]。

世界自然遗产庐山，曾令骚人墨客诗兴大发，写下无数脍炙人口的名篇，

① 《天一阁集》卷五。
② 《天一阁集》卷五。

其中就有范钦挚友张时彻的《庐山行》：

庐山高，高与天齐。西峰悬落日，东峰走长霓。下有赤豹穴，上有丹凤池。池中白云长吐吞，二仪日月杳难分。缘岩绿竹大如斗，洞边珠落何纷纷。昔闻周颠仙，怪语惊圣神，天眼尊者知其尊。赤脚小僧会传语，奎章灿烂垂星辰。千年蒲草映绝壁，朵朵青莲照孤石。虹梁下瞰万丈壑，激涧崩腾喧霹雳。九叠屏风五色开，朱幡绛节四时来。翡翠长穿锦绣洞，银河夜阁文殊台。五老岧峣青可攀，香炉顶上百花斑。山童骑鹤海边去，野客吹箫天上还。碧草鲜霞二月春，风光况复秦使君。他年曾访丹砂客，今日还随麋鹿群。探月窟，排天门。坐倚芙蓉巅，矻矻龙虎蹲。五更雷鸣雨洒地，隔岭哀猿啼不住。疾风长吹溢浦云，飞来倒挂青松树。赤坂苍苔路转昏，淹留相对倒芳尊。醉卧东林歌白雪，那知身外有乾坤。

然而范钦游庐山，抒发的是："好花临路发，幽鸟待人还。可似陶彭泽，归来早闭关？"[①]一路上最感兴趣的，则是《白鹿台上有高皇御制周颠碑》："地据匡庐胜，仙传神母齐。高皇劳宠异，此日共攀跻。"庐山的白鹿洞书院，建于940年，南宋时经朱熹重建扩充，成为中国四大书院之首，代表了"中国近世七百年的宋学大趋势"。《天一阁集》中范钦却视若无睹，提也不提。

范钦的郁郁寡欢，往好里说，是报国无门，从坏处看，是热衷功名，连举世闻名的九江山水也没能使他高兴起来。在嘉靖二十五年（1546）任满、例应升迁时，他再次挨上"温柔一刀"——擢升广西参政。

明代任用官吏，有六种铨选类别，其中一种叫作"远方选"。当时确定的"远方"范围，包括云南、贵州、广西三地，以及广东、四川、陕西、山西、辽东的部分地区。凡是愿到那些地方做官的，可以提前选授，一般都是日暮途穷之人。因此，尽管参政的官阶是从三品，比兵备副使高一级，但谁都清楚，从江西到广西，这是明升暗降。而范钦心中更清楚，这三年来，他没有顺着严嵩

① 《天一阁集》卷五。

的杆子往上爬，卑躬屈膝地阿谀奉承、行贿邀宠，不给这样的任命，那简直不是心狠手辣的严嵩了。

远赴广西，离皇帝越来越远，成为国家砥柱的希望也越来越渺茫，范钦乃赋七律一首《闻参广藩作》：

檄书忽报下江乡，南去风程涉楚湘。
敢以亲交希异擢，只缘疏懒合遐方。
云山五岭归侵土，干羽诸蛮列舞行。
可道腐儒堪落魄，伏波铜柱故相望。[①]

---

①《天一阁集》卷一一。

第六章　八桂灵香草辟蠹

广西，先秦时期为百越之地。宋代，全国分为十五路，广西地方称广南西路，简称广西路，广西之称由此开始。在江南古人的想象中，广西遥不可及，如天涯海角，而且瘴疠横行，诸蛮杂处，语言不通，生活不便，是神秘的异域他乡，即使是去做官，亦足悲矣。

范钦对任职边疆，曾说过一番豪言壮语：“丈夫堕地，志在四方，既委质为臣，身非己有，险易迩遐、伸抑淹速之算，宁复婴心！盖不欲以私灭公情犯义。……非试难不足以肩钜，非豫变不足以应世。”但当远行的命运真的落到头上时，态度可没那么洒脱了。临行时，他写下《发江州》一诗：

岁久湓城客，称官向楚关。
山川通五岭，物候杂诸蛮。
抗疏期同贾，论功耻学班。
穷途非可恨，万里足生还。

此刻，他不再以征服“诸蛮”而荣立铜柱的伏波将军马援自况，而引被贬长沙的贾谊为同调了。他西行的期望值很低，只要能活着回来就上上大吉了——这应该是范钦当时的真实心境。

从九江到广西首府桂林，范钦走的是陆路，这比走水路快多了。尽管古代交通不便，时间感觉与现代大不相同，但依然“事不过年”，年终一定要总结上报。何况范钦是个急性子，他想赶在年底之前到达桂林。由于前途渺茫，再加旅途寂寞，范钦一路上只好写诗抒怀，聊以排解孤苦之情：

始至兴安

夜出三湘道，朝临百粤隈。
山花冬际发，瘴雾日中开。
风急玄猿啸，城孤画角哀。
谁知万里客，衔命此中来。

度桂岭

陟险初回岭，乘高一望乡。
楚云兼水白，吴树接天苍。
影逐南飞雁，心驰北去航。
始知浮海者，不是爱遐荒。

夜渡龙江

迢递龙江道，轻舟入夜过。
风程看不定，宦况欲如何？
宿鸟归林尽，游云山水多。
采莲逢渡口，双棹月明影。

这些诗歌，虽然艺术上平平无奇，但也别有意味，忧伤之中透露着沉潜的坚持，坚持之中又难掩抑无法克服的悲凉。范钦人还未到，已经在“遥想关山外，何时载月归”（《舟夜即事》）。

明代的参政一职为从三品，是该省行政长官布政使的副手，无定员，通常都充任该省某道的道员。布政司所属的道，有督粮道、督册道、分守道，其中最主要的是分守道，道员就是省与府州县之间的地方长官，带有监察所属府州县政务的权力，并负责派管粮储、屯田、清军、驿传、水利、抚民等事务。

范钦以参政的身份，分守广西的东南要地桂平道。

桂平位于桂林之南，南宁之东，丘陵与高山（大瑶山等）相间，黔江与郁江汇流，虽为蛮荒之地，却是军事重镇，设有常驻军队的卫所和指挥使。这里有许多少数民族，如壮、瑶、苗、侗、彝等，世居于此，经常闹纠纷。根据朱元璋的观点，“治蛮夷之道，必威德兼施”，首先是武力威慑，使其畏惧，然后实行“改土归流”，“非如此不可也”。[①]

20年前，嘉靖元年（1522）王阳明曾奉命来广西解决当地愈演愈烈的民族矛盾。这位大思想家，认为改土归流虽是本朝的基本国策，但用压制或诈术，都不能很好解决民族纠纷，尤因派来的官员素质太差，“劫之以势而威益亵，笼之以诈而术愈穷”。用兵威把持，并非长久之计，首要的是让当地的少数民族心服。“用兵之法，伐谋为先；处夷之道，攻心为上。”他很赞同诸葛亮“以夷制夷”的思路。若把他们都杀了，改土归流，则边鄙之患，我自当之，这实在等于自撤藩篱，必有后患。

王阳明运用和平方略，兵不血刃，将一场折腾了两年的“思田之乱”，如春风化雨般地解决了，数万生灵得以全活。然后，因两江父老遮道控诉八寨、断藤峡武装力量的倡乱罪状，经过调查情况属实后，他出奇计、搞突袭，一举拔除八寨、断藤峡贼寇的积年老巢，基本荡平百六十年所不能诛之剧贼。

虽然没有资料证明范钦也是王阳明的信徒，但有三点值得注意：

其一，范钦的长辈黄宗明（诚甫），尝从王守仁论学。守仁称曰：“诚甫之足，自当一日千里，任重道远，吾其诚甫谁望耶？”范钦曾游于黄宗明的门下，怎能不受影响？

其二，王阳明的大弟子钱德洪和王龙溪，与范钦为同榜进士。范钦有诗《寄王龙溪同年》云：

书问经年隔两乡，迩来踪迹定何方？
越王台上暮云白，贺监祠前春日苍。
芳草几回思远道，啼鹃无处不斜阳。
悬知道术榛芜甚，正议何人独擅场？

---

① 《明太祖实录》卷一四九。

这最后一联，应该说是反映了他对阳明学说的态度。

其三，友人段蒙冈去守西南边塞都匀，范钦赠言道："夫天下大势若居室然：京师，堂奥也；诸藩，门户也；戎狄蛮夷，近则唇齿，远在荒漠之外，藩篱也。治虽举重以驭轻，强干而弱枝，然一指之不仁，则恫瘝在身。木蠹其外，祸且浸于心腹。是以君子贵于炳几而善制变也。炳几则能逆其微，善制变则可以御诸不穷。……余念侯忠亮天秉，志在康济，必将审几酬变，饬举内治，恩威信义渐被殊俗，逆折奸萌，而感发其慕化之心，拱手受命，四境按堵，隐然为西南长城。"[①]这与王阳明的策略有何差异？

范钦的赠言，显然可以视为其执政心得。他在分守广西桂平道期间，正是遵循王阳明的和平方略，没有采取武力威慑的"治夷之道"，而是本着儒家的和平主义与希望帝国长治久安之心，怀之以德，无为而治，尽可能让少数民族安居乐业。

然而，广西的水土非一般江南人士所能忍受，王阳明一到这里就闹病，战事结束时已支撑不住，战士们也染上了瘟疫。所以不等皇帝允许，他就起程归去，最终还是没能叶落归根。一代宗师，客死在江西大庾县的荒江野滩。

范钦也是这样，一到桂林就缠绵病榻，郁闷异常。《落落》一诗，表明其心情灰暗而脆弱——

落落牵行役，萧萧转物华。
一春常卧病，万里独思家。
坐对山城月，行攀桂岭花。
皇恩知不薄，讵敢拟长沙？

作为封建士大夫，范钦从未怀疑过"皇恩浩荡"，皇帝派他到这里来，恰恰说明"帝王知人之哲与官人之能，交相济也"。他务实、达观、精明强干，确乎

---

① 《赠段都匀序》，《天一阁集》卷二一。

不像贾谊那样自视甚高，无法与现实相妥协，自速其死。他善于适应环境，克服困难，自得其乐。当然，这需要一个过程。

他在桂林，地僻官闲，便常去游山玩水。

众所周知，“桂林山水甲天下，阳朔山水甲桂林”，赞美的诗文不绝如缕，代有名篇。可范钦留给桂林的，却只有一首伤感的《舜庙》：

不谓重华庙，还留漓水阴。
阳草迷辇道，洞发韶古音。
千载悲思地，当时出狩心。
苍梧望不极，云日晚沉沉。

还有一首愁怨的《宿阳朔江》：

江舟临夜泊，愁绝不成眠。
曙色窥窗尽，滩声到枕偏。
草蒸两岸暑，瘴老百蛮天。
岂少杨朱泪，挥当歧路前。

这些诗歌，折射出了范钦的心情。虽然他在慢慢地适应环境，但始终高兴不起来。除了身体与环境，当时的朝廷内阁中，严嵩与夏言再次交锋并得逞，夏言被置于死地。

严嵩上次击败夏言后，威福自用，贪污放恣，搅得朝廷乌烟瘴气，嘉靖皇帝这才想起夏言，命他再度入阁，尽复原官。经过上次的事情，夏言对严嵩切齿痛恨，一入阁中，一切批答，全出己意，根本不与严嵩商议。对于严嵩所引用的私人，驱逐净尽。倘若严嵩出面袒护，便当面指摘，毫不留情。而阴柔险诈的严嵩，则还是以退为进，以柔克刚，表面上唯唯诺诺，背地里设计陷害，伺机借用皇帝的绝对权威，置夏言于死地。

朱厚熜常派小内监去宣诏达事，夏言只是坐着，把他们当奴才看待；严嵩却拉小内监并坐，嘘寒问暖，并将满把的金钱塞到他们的袖管里。结果，这些小内监在朱厚熜面前说严嵩的好话而诋毁夏言。朱厚熜为人猜忌心重，不时派人在夜里去大臣府第暗察行踪。严嵩因买通了太监，事先得知信息，暗探总是见到他在撰写青词；而夏言却无人报信，暗探总是见到他在沉沉酣睡。于是天长日久，朱厚熜心中对夏言与严嵩的天平又发生了倾斜。

时刻窥伺着的严嵩，知道有机可乘了，遂利用“河套之议”构陷夏言。

所谓“河套”，即现在的内蒙古与宁夏境内贺兰山以东、狼山和大青山以南的黄河沿岸地区。因黄河在这里流成一个大弯曲，所以称为河套。该地三面临河、土质肥沃，宜于农桑，又接近榆林、宁夏、偏头关等边镇，对明朝北部的边防至为重要。明英宗天顺六年（1462），元代后裔鞑靼部开始侵入河套，并逐渐占据，不时骚扰周边地区，史称“套寇”。嘉靖二十五年（1546），鞑靼部首领俺答又率三军入边，侵犯延安府，并深入三原、泾阳等地，大肆抢掠。当时的陕西总督曾铣，一面以几千兵抵住俺答，一面另派大军，直捣敌人根据地，才算解了目前之急。曾铣是一位忠心报国的将领，认定河套不清，三边永无宁日，最切实的办法，只有把鞑靼逐出河套。他上书朝廷，主张一面修筑边墙，一面收复河套。

曾铣的建议，得到了夏言的支持。他与曾铣书信往来，商讨具体措施，并多次向朱厚熜奏请其事。朱厚熜表示同意，下诏策励曾铣道：“寇据河套，为中国患久矣，连岁关隘横被荼毒，朕宵旰念之，而边臣无分主忧者。今铣能倡复套之谋，甚见壮猷。本兵乃久之始覆，迄无定见何也？其令铣更与诸边臣悉心图议，务求长算。若边境千里沙漠，与宣、大地异，但可就要害修筑。兵部其发银三十万两与铣，听其修边、饷兵、造器，便宜调度支用，备明年防御计。”

但是，朱厚熜多疑寡断，不久，他忽然又手诏辅臣，质问道：“今逐套贼，师果有名否？兵食果有余，成功可必否？一铣何足言，如生民荼毒何？”

这是犹豫，犹豫之后，很可能是动摇。正在等待机会的严嵩，立刻抓住这难得的犹豫，向皇上提议：河套决不可复。夏言当然很生气，指责他为什么不早说，要是有异议，就不应当到现在才说。

这在皇帝听来，不也是在质问他吗？严嵩利用夏言的个性，把他俩的对立，巧妙地转变为朱厚熜和夏言的对立。

恰在这时，宫内大火，方皇后重伤而死；接着，澄城山崩，京师大风。这吓得迷信透顶的朱厚熜大为戒惧、疑是天谴，下诏求直言。严嵩乃再进谗言，说灾异正是因为夏言和曾铣擅启边衅、误国大计所致，应当严厉惩治。一些朝廷大臣在严嵩的煽动下，也纷纷上书附议，归咎于他俩。

皇帝是永远正确的，可以翻脸不认账。嘉靖二十七年（1548）初，夏言再度罢职，致仕回籍，曾铣则被拘捕押京。其余主张收复河套的政府官吏，一概罚俸。严嵩这次决意斩草除根，捏造了一个罪名把曾铣斩首弃市，把已经返籍的夏言追回下狱，准备置于死地。

这消息传到万里之外的广西时已经是下半年了。范钦为夏言深感惋惜，也为自己的命运担忧，徘徊中赋诗一首《闻夏阁老下吏作》：

中朝推绝席，垂老坐幽囚。
谩上邹杨疏，仍深贾傅忧。
时人多落落，明主自休休。
会见金鸡赦，还君芳桂洲。①

从这首诗可以看出，范钦太不了解朱厚熜与严嵩了。他写这首诗时，俺答又犯宣府，严嵩立即上疏，说正是因夏言等人“议复河套”，招致进攻。余怒未息的朱厚熜，便为严嵩所用，下令将夏言斩首。

从此，严嵩在那半清客、半权臣的局面下，横行明朝政坛15年，把明朝的元气斫丧殆尽。可怜范钦尚不知情，还在想象着“会见金鸡赦，还君芳桂洲”。

范钦在广西，似乎什么都不顺，而最让他痛心的，是他最得意的儿子范大德，竟然命丧该地。

范钦有一妻一妾。范大德是结发妻子袁氏夫人所生，具体出生年份已不可考。据说，母亲梦龙入怀，醒来后生下了他。稍长，大德天资果真非凡，稚年

---

① 《天一阁集》卷五。

老成，“把书常作诵，见客每知名。后事堪孙策，前身似祢衡”。他的聪慧远胜如夫人徐氏所生的大冲和大潜。见过他的人，莫不啧啧称奇，咸谓将来必成大器、光耀门庭。

袁氏夫人先后生育六女二男，其余都早早夭折，只有大德健康成长，且又聪颖绝顶。在范钦夫妇眼里，真乃货真价实的“掌上明珠”。然而谁会料到，“明珠方炫日，玉树忽先秋”。也许是不服水土，也许是感染瘟疫，大德突然病倒了。范钦刚巧在外地，等他回家，竟已人鬼殊途、阴阳永隔了。

袁氏夫人哭得天昏地暗、痛不欲生。“向来欢赏地，今日为谁收？”何况年过四旬，生育无望，这是封建社会女性的最大悲哀。

范钦也是“泪眼从风落，愁心傍水流”，尤其痛感“相违即相失，留恨何时平？”他一口气写了《哭德儿六首》以寄哀思。现录其四：

岭外移舟日，宵中忆汝时。
归来看物色，零落已如斯。
谩说生兰梦，翻深埋玉悲。
殇魂招不返，渺渺意何之。

年来双短发，眼底几青袍。
梦自占龙种，人多拟凤毛。
多才天亦妒，无福我难叨。
寂立江山外，徒令涕泗劳。

桂水泠泠碧，山花寂寂红。
无心同夜鹤，何计挽春风。
坐惜年华转，愁看旅况空。
金轮如可解，迟汝玉光中。

十年两丧子，此日更伤心。

身落浮云外，家临沧海浔。
缄书愁不寄，旅衬去难任。
远愧霜前燕，相依水石阴。[①]

凡事有失必有得。正当范钦夫妇最难过的时候，朝廷一纸调令，让他离开这个伤心之地，升任福建提刑按察使。告别广西时，范钦并非一无所获。他在这里发现了一种藏书家视若至宝的东西——能为书籍防蠹灭虫的药草。真可谓“踏破铁鞋无觅处，得来全不费功夫”。

书有水、火、兵、蠹“四厄”。蠹鱼蛀蚀书籍，对藏书破坏甚烈。历代藏书家都把防蠹灭虫，长久保存书籍当作要务。在这方面，中国古代最常用的良方，是芸香草。它最早记载于《礼记·月令》，仲冬之月“芸始生”。郑玄注之曰：“芸，香草也。”宋代沈括《梦溪笔谈》的记载更加详细：芸草“叶类豌豆，作小丛生，其叶极芬香，秋间叶间微白如粉污。辟蠹殊验，南人采置席下，能去蚤虱”。又说宋人称芸草为七里香，栽种于庭院间，香闻数十步。因此，赞赏芸香草的诗文时常可见。唐人常兖在《晚秋集贤院即事》中说：“墨润水文茧，香销蠹字鱼。”姚合《偶题》说：“迟日逍遥芸草长，圣朝清净谏臣闲。”杨巨源《酬令狐员外直夜书怀见寄》则说：“芸香能护字，铅椠善呈书。”宋人梅尧臣《和刁太傅新墅十题·西斋》诗有：“请君架上添芸草，莫遣中间有蠹鱼。”

所谓“江南无善本”，正是因为江南气候潮湿，书籍易霉变、虫蛀。而天一阁几百年来，书不生蠹，据说全赖芸草之功。但在20世纪80年代，已经有人揭秘道：此芸草并非彼芸草。夹在天一阁藏书中的，乃是范钦从广西带来的瑶家一宝灵香草。

有人作过鉴别：广西灵香草属报春花科多年生直立草本植物，芸香草则属禾本科多年生草本植物，主产在云、贵、川、陕、甘等地。二者在外观上差异也很大，一为卵形叶片，一为狭长形叶条。二者的相同之处，在于其都含挥发油成分，有一定香味。但芸草的香味，无论是持久性、浓烈性，特别是杀虫性

① 《天一阁集》卷五。

能，都远远不及灵香草。

灵香草生长在海拔3000至5000米的高山深谷中，尤以广西大瑶山的产量最大、质量最佳、名声最响。沈括《梦溪笔谈》对灵香草也有记载："唐人谓之玲玲香，亦谓玲子香。"早在700多年前，瑶族先民就发现了灵香草的药用功能，用来治疗感冒发热、腹痛、腹泻、头痛、腰痛等疾病，以及避孕绝育，并用它来熏衣驱虫。

南宋周去非在《岭外代答》中记载了灵香草的生长条件、产地及炮制方法。书中云："瑶侗及静江、融州（今融安和大苗山），象州（今石龙），凡深山木阴沮洳之地，皆可种也。"种植所得的灵香草，气味并不香，在烈日下晒干也不会香，只有"熏以烟火而阴干之"，才有香气，才能使用。这种炮制灵香草的特殊方法，瑶族人延续至今。

灵香草的气味芳香馥郁，留香能力极强，经广西植物研究所1936年至1950年植物标本评定，可维持30多年。不过，当地人只用灵香草熏衣驱虫，并没有辟蠹护书的传统。

辟蠹护书的功能，范钦是怎样发现的，现已无从查考。他在广西时曾经使用过灵香草，并被那经久不散的清香所吸引。他爱书成癖，每到一地，必定要聚书、读书。由此可以推想，或许就在某一天，无意之间，范钦将手上把玩的灵香草夹在书中了。过了若干时间再去整理书籍时，发现了其辟蠹防蛀的奇效。

这对藏书家来说，其中喜悦是无论怎么形容也不为过。毫无疑问，范钦临行时，必定采购了一大批灵香草。出于可以理解的私心，范钦秘而不宣自己的发现，只是含糊地称其为古已有之的"芸草"，连关系亲密异常的另外两位"司马公"——屠大山与张时彻——也不知道这个秘密。有趣的是，某位熟悉灵香草的当代广西人，对此曾作善意的理解：

> 为什么在天一阁的介绍中一直都是用"芸香草"的名字？我猜测，这可能是由于浙江人听广西人发音"芸""灵"不分、并且查找了植物本草，又确有一个"芸香草"；而无论是"芸香草"还是"灵香草"，浙江本土都不生长，无法辨伪，从而代代相传、以讹传讹所致。

天一阁在众多古代藏书楼中一枝独秀，闻名天下，灵香草功不可没。后人不知个中奥秘，一味地赞美芸草。如清代袁枚诗曰："久闻天一阁藏书，英石芸草辟蠹鱼。"钱维乔称："当窗介石苔俱古，触手灵芸冲不生。"忻思行云："多多积卷传司马，细细芸香辟蠹鱼。"忻自淑说："英石厨头架，香芸卷里攒。"而且，它还造就了一个凄婉悲伤的故事。

故事记载于谢枋的《春草堂集》，说是有位叫钱绣芸的姑娘，乃宁波知府丘铁卿的内侄女。她酷爱诗书，常听丘知府说范氏天一阁藏书极富，其中多罕见之版本。阁中三百年来书不生蠹，全赖芸草之功。钱姑娘听后，顿生仰慕之情，用丝线绣芸草数百本，"绣芸"之名由此而得。父母揣其情，不忍拂其意，于是由知府做媒，将其嫁给了范钦后裔某秀才。结婚后，她满以为大可登上天一阁看书看芸草了，哪知范氏家族有规矩，严禁妇女登天一阁。绣芸听后，怅然若失，由是得病，抑郁而终。临死前她哭着对丈夫说：我之所以来汝家者，芸草也，芸草既不见，生亦何为？君如怜妾，死葬阁之左近，妾瞑目矣！

天一阁的藏书绝招，整整保密了430多个春秋。1982年8月8日《文汇报》的角落上，刊登了一则很简单的消息，题为《天一阁求得灵香草》：

> 广西梧州土畜产进出口公司，最近将货源很紧缺的中药材灵香草一百斤，支援宁波天一阁藏书楼，以保护祖国古籍珍本。天一阁建于明嘉靖年间，是国内现存的最早藏书楼。阁主人范钦，当年在广西做官时，采用过广西出产的灵香草防虫护书，60年代以后，该阁曾根据他的经验，采用灵香草防虫，效果很好；但在当地及一些省市买不到灵香草。最近，天一阁向梧州求援，梧州有关单位为了保护文物工作，就挤出一部分供给天一阁。

这一则毫不起眼的短消息，在藏书界却有轰动效应。它揭示了天一阁的不传之秘，引起有关人士的高度关注。中央档案馆技术部和广西壮族自治区桂林市档案局，决定共同进行"灵香草的防虫作用及档案防虫剂研究"。图书馆、博物馆和档案馆等文献收藏机构，都在为文献档案的防虫保护问题大伤脑筋。过去采用化学药物等保护法，其副作用甚大，对藏书和人体均有伤害。所以，很有必要研究灵香草的防虫性能，研制绿色环保的档案防虫剂。

该项目通过研究，首次揭示了灵香草的防虫原因为其能有效控制害虫种群数量。其能使害虫后代取食、活动量明显减少，生长发育停顿，不能完成变态过程，从而中止或推迟种群繁殖，减少害虫世代发生。而且，灵香草没有任何副作用，被国内一些专家称为“当代驱虫之王”。

这个研究项目于2001年1月通过技术鉴定，并于同年获国家档案局优秀科技成果一等奖，2003年又荣获国家科技进步奖。

中国科学技术信息研究所通过查新检索，认定国内外均没有以灵香草为原料用于档案害虫防治，对各类虫期都能杀灭且毒性低的文献报道。

这项权威性检索，也证明了范钦这位伟大的藏书家是世界上用灵香草防蠹护书的第一人。尽管是过了400多年，后人才发现这个秘密，开始深入研究，其首创之功应在藏书史上大书一笔。如今，广西灵香草的馥郁芬芳，已在全国各大图书馆、博物馆和档案馆飘香。

第七章　忧时乐书东海滨

嘉靖二十八年（1549），范钦从西南边陲奔赴东南海防，就任福建省提刑按察使。他一路上跋山涉水，风尘仆仆，路过袁州，稍事休息，抚今忆昔，感慨良多，乃作七律《再经袁州》：

五马东驰岁屡迁，重来风日正暄妍。
帆飞昌峡波涛静，路转春台紫翠连。
寇盗久堪原野静，人家半住水云偏。
未论棠树今多少，华发催人自可怜。[①]

按察使，正三品，掌一省刑名按劾之事，纠官邪，戢奸暴，平狱讼，雪冤抑，以振扬风纪，而澄清其吏治。然而，范钦上任后办的第一件大案，却要屈从皇帝的淫威，不得不反其道而行之，让抗倭名将卢镗背负莫须有的死罪。

倭寇，原指日本（古称倭国）海盗。14世纪初，日本进入南北朝分裂时期，在长期战乱中失败的南朝封建主便组织武士、浪人骚扰中国沿海一带，走私抢掠。其时适逢元亡明兴，朱元璋开国称帝，当年同时起义抗元的异己势力，一部分退至海上，与日本倭寇相勾结，形成强大的海上武装集团。

在安徽长大的朱元璋，看到广阔无垠、波涛汹涌的海洋，头有点晕，干脆

① 《天一阁集》卷一一。

下命："片板不许下水，粒货不许越疆。"沿海渔民，统统编入军籍，改行做战士；除了政府之间可以实行朝贡外交，不许民间与外国人交易，或是出海私通国外。

这种闭关锁国的海禁政策，并不能根绝海盗，反而砸碎了沿海地区无数靠海吃海的老百姓的饭碗。那些被剥夺了工作权利的渔民，迫于生计，也不得不铤而走险，加入走私行列，甚至假装成倭寇经商。《明史・日本志》认为"大抵真倭十之三，从倭者十之七"，应该是符合实际的。

倭寇给东南沿海百姓带来了深重的灾难，特别是宁波。

宁波三面际海，拥有天然良港，又恰好处于我国东部海岸线的中段，南通闽粤，东接日本，北与朝鲜半岛相望，扼南北水路之要冲，乃海道辐辏之宝地。早在唐代，这里就开辟了至日本的航线。日本曾先后19次派来学习取经的遣唐使，其中从宁波登岸或离去的，前后共有9次。这些遣唐使，实际上还有一项特殊的贸易任务，即官方的"贡"与"赐"。

自宋至明，宁波一直被朝廷指定为中国与日本、高丽通航的唯一港口。由日本幕府派遣的勘合贸易船，名义上是向明廷进献贡物，实即官方贸易，遣明使大都是日本幕府商业利益的代表，具有商务官的身份。明朝在宁波设置了市舶司、市舶库和提举衙门，勘合船抵甬时，通常会给予相应礼遇，由明廷内官设宴款待，下榻嘉宾馆境清寺，带来的贡物则按价给钱。

嘉靖二年（1523），日本派出第二期第9次勘合船。那时，日本国王源义植尚幼，无力制令，权贵们为了获取对华贸易的丰厚利润，互争勘合，结果被左京兆大夫大内氏独占，派遣僧人宗设为正使，率船3艘来宁波。但右京兆大夫细川氏不服，以瑞佐为正使、宋素卿为副使，驾驶另一艘勘合船紧随而来，在宁波演出了一场互争真伪的闹剧。

后到的副使宋素卿，其实是宁波人，明弘治八年（1495），因父亲欠下日商债务难以偿还，作为人质随日商东渡，所以颇谙明朝国情，暗中厚贿市舶司的主管、太监赖恩。这一招果然奏效。市舶司接待遣明使团，按惯例是先到的先检查报税，宴会坐上座；后到的后检查，坐于次位。可赖恩宴请时，却让瑞佐坐在宗设之上，他的货物也是先行检卸。这气得宗设兽性大发，斗杀瑞佐，焚毁嘉宾馆，劫掠市舶库。宋素卿侥幸脱逃至绍兴。宗设穷追不舍，直至绍兴城下，再一路烧杀抢劫，返回宁波，俘去指挥袁琎，夺船出海。

这就是震惊中外的日商“争贡事件”，其时范钦正在府学读书，亲眼见证，倍感愤怒，留下了深刻印象。

关于“争贡事件”，朝廷的反应不是检讨错误，而是把一切罪过归咎于对外贸易，“倭患起于市舶”，下令罢废市舶司。朝廷一厢情愿地以为，这样做就能根除倭患了，实则大谬不然。官方的贸易机构虽然撤销了，但对外贸易不会停止，只不过由政府主持交易转变为民间走私贸易。海上的倭寇也有了生财之道，转变为武装走私集团，勾结沿海势家豪族，将中国的生丝、棉布、陶瓷、药品等日常生活必需品偷运到日本，赚取厚利。

“争贡事件”后，葡萄牙人擅入宁波外海的双屿港，进行海上走私贸易，“货尽将去之时，每每肆行劫掠”，后来，竟公然在岛上安营扎寨，大兴土木，筑馆舍，建教堂，招徕四方商贾进行贸易。迨至嘉靖十九年（1540），闽人李光头和歙人许栋，也率领手下窜至双屿港，勾结葡人、日人和中国沿海走私官商，私相贸易，规模惊人：每年季风季节，“大船数百艘，乘风挂帆，蔽大洋而下”；“富商远贾，帆樯如栉，物货浩繁，应无虚日”。[①]镇海口外的舟山群岛，尤其是双屿港，堪称国际海盗商人的走私贸易中心。

“嘉靖大倭乱”的风暴席卷东南沿海，无数的人在血战中丧生。嘉靖二十二年（1543），宁波海道副使张一厚忍无可忍，率兵往剿，不料反为所败。嘉靖二十五年（1546），倭寇又犯象山县，大肆劫掠石浦所城，生灵涂炭。

朝廷无论如何不能视若无睹了。嘉靖二十六年（1547），右副都御史朱纨，奉命提督浙闽海防军务、巡抚浙江，随后又在福建海外贸易的传统中心漳州设立了剿匪指挥部。据朱纨观察，太多人为利益驱使，进行走私活动。他指出：

> 定海双屿港，乃海洋天险，叛贼纠引外夷，深结巢穴。名则市贩，实则劫掠。有等嗜利无耻之徒，交通接济，有力者自出资，无力者辗转称贷；

① 《张文定甬川集》，《明经世文编》卷一四七。

> 有谋者诓领官银，无谋者质当人口；有势者扬旗出入，无势者投托假借。双桅三桅连樯往来，愚下之民一叶之艇，送一瓜，运一樽，率得厚利。驯致三尺童子，亦知双屿之为衣食父母，远近同风，不复知华俗之变于夷矣。①

朱纨看清了倭乱的复杂形势，认定“去外盗易，去中国盗难。去中国群盗易，去中国衣冠盗难”。这些“衣冠盗”，为谋私利而置国家大义于不顾，他先用铁腕毫不容情地治理内部，甚至刻下高官贵家所谓“渠魁”的姓名，立碑于大庭广众，以示对其卑鄙行为的警告。

嘉靖二十七年（1548）二月，一大批海盗报复式地侵入宁波、台州等府，杀人、放火、抢劫，这是一次规模巨大、破坏严重的入侵。朱纨于同年四月抵达宁波，倭寇肆虐后的惨状，想必给予他非常深刻的刺激。此后不久，他精心策划了攻击倭寇盘踞点的计划，暗中调兵遣将，命令卢镗准备进攻双屿港。

卢镗（1505—1577），字声远，河南汝阳人，由世荫嗣职福建镇海卫，历升至福建都指挥佥事。嘉靖二十七年三月，卢镗率福建兵船进抵温州海面。四月，他引诱倭寇船队离开双屿，两军激战于九山洋。最后，卢镗大获全胜，并乘虚攻占双屿港，生擒李光头、许栋，俘获日本人稽天破等，击杀数百人。

朱纨下令，尽毁岛上建筑，用木石填塞双屿隘口水道，将葡萄牙海盗殖民者全部赶出去。然而，朱纨及卢镗对海上走私的一系列强硬措施，严重损害了浙闽沿海官绅、奸豪坐地分赃的既得利益。在这帮唯利是图、不顾百姓死活者的眼里，这两人不但无功，简直该死。

嘉靖二十八年（1549），卢镗奉朱纨之命，进攻停泊在福建南部海岸的一支海盗船队，俘获96人，朱纨又将他们全部正法于演武场。而这些死者，家里都很有钱，在朝廷中也有奥援。死者家属与既得利益受损者，联合朝中权要，纷纷上书弹劾，诬陷朱纨“举措乖方，专杀启衅”，并告卢镗等将领“党纨擅杀，宜置于理”。

---

① 《朱中丞甓余集》，《明经世文编》卷二〇五。

明朝的官员，其功劳常常会变成罪过，并遭到莫名其妙的惩罚。就这样，朱纨被朝廷降为巡视，后又被免职。因不堪其辱，他选择了饮鸩自尽。冲锋陷阵、保境安民的将领卢镗等人，也在劫难逃，被解往福建按察司，等候判决。

恰在这时，范钦走马上任，来到福州。作为按察使，当然要过问这件大案。他经历过倭患，深为忧虑，更希望了解案情真相，帮助卢镗脱困。于是，他面见卢镗，进行了一次推心置腹的交谈。他后来在《赠卢都督序》中，谈到过当时交谈的情景：

> 君本将种，倜傥奇伟，流辈咸所避让。会倭事起，积功官至都指挥，御寇闽海上，复大捷。言官以私憾论主将，遂及君，乃就闽候谳。缙绅固已惋惜。予习闻前事，值承乏长臬，往会。君掀髯攘袂，论古今将帅，上下攻取成败，南北制御经略诸机宜，斩斩咸中要会，如矢之应括，珠之走盘，骏马之下长坂。余叹曰：世有如卢君而可使之竟掩抑耶？深惟圣天子昭雪而敦使之，斯缓急是赖！①

这表明，范钦经过调查，判定这是一件“言官以私憾论主将”的冤案；特别是卢镗，这样一个难得的将才，不予重用都很可惜，何况有功无过，所以“深惟圣天子昭雪而敦使之”。这可关系到国家百姓的安危啊！但是，朱厚熜这个“圣天子”，最喜欢自毁长城，非但不予昭雪，反而把卢镗定成死罪——万幸的是，经过力争，最后缓期执行。

从此，闽浙沿海不设巡抚，海禁复驰，倭乱再起。这是范钦没有想到的，也是不愿看到的。他对朝政腐败的认识又深了一层。提刑按察使司内部的人事变动，也让他深感遗憾。

说来凑巧，范钦到福建时，按察副使竟是同乡兼同年的好友张子受。当年，“一朝解袂赋河梁，我守随郡君为郎”，两人天各一方，未曾谋面。张子受的仕途也不顺畅，比范钦还慢了一拍。他由北京吏部改往南京吏部，升为郎中，又

① 《天一阁集》卷一九。

被外放大名府知府，再左迁福建按察副使。两个好友，久别重逢，本以为可以精诚合作，干一番事业，没想到寒暄甫毕，一纸命令，又调张子受去任广东参政。范钦无限惆怅，却又无可奈何，只能再次赋诗，珍重道别，并以过来人的身份提醒：

久作闽中客，初移岭外游。分方周亚伯，建节汉诸侯。
天远龙蛇国，霜驱瘴疠秋。伏波铜柱在，刖薛好停舟。
西土驱驰日，支离笑此身。为看今去路，转忆旧游人。
云袅梧城夕，花迷粤甸春。漫将他夜梦，缥缈逐行尘。
楚塞极南地，人传万里桥。湘漓分一水，白黑染诸苗。
译语初通汉，文风渐慕尧。君才称慷慨，端不负清朝。
故友日寥落，君行复异方。路歧当一别，云树郁相望。
赋就知湘浦，书来定夜郎。不妨江海客，长日咏沧浪。①

嘉靖二十九年（1550）八月，北京发生“庚戌之变”。

在盘踞河套的鞑靼强盗眼里，万里长城已经不起作用。他们几乎每年都要攻破长城，南下劫掠。这次是酋长俺答亲率军队，沿长城东下，至潮河川而南，直抵古北口。明军一触即溃，俺答长驱直入，兵临北京城下，矛头直指圣天子。这一年是庚戌年，所以史称“庚戌之变”。

朱厚熜一面祈求神仙保佑退敌，一面召集禁军，严守九门。可谁曾想到，京中在籍十万七千余名禁军，集合起来，连半数都不到，大多还是老弱病残之辈，听说要上阵打仗，吓得哭爹喊娘。原来，统兵将官都是郭勋之流，虚报在籍人数，自己吃空饷。至于兵器，更是惨不忍睹：武库中只有破盔数十顶，烂甲数百副，废枪几千杆，哪里能打仗？朱厚熜又震惊又害怕，担心城破人亡，只好飞檄各镇紧急勤王。

范钦为此忧心如焚。对他来说，不管这个皇帝如何昏庸荒谬，他的忠心不

① 《天一阁集》卷五。

会有丝毫改变，即使要责怪，也只怪君侧奸佞严嵩之流。这时，他恨不得插翅飞去，战死在天子脚下。可惜他是个文官，空有满腹的对敌良策，也只能遥望北京干着急。实在憋得慌，便赋诗一首《闻虏警》：

羯虏凭陵饮马川，南侵烽火彻甘泉。
欲知圣主临朝日，正是天心悔祸年。
万载罗图终属汉，九边虎士竞趋燕。
雄心无地抒筹画，夜夜登楼蠲斗躔。[①]

事实上，范钦幸亏是“无地抒筹画”，否则更伤心。各地勤王心切，都是仓促出发，轻骑简装，星夜驰京，结果，五六万战士骤聚北京，吃饭也成了问题。不食人间烟火的朱厚熜，高兴之余，还要下令犒赏。可怜户部连这点钱粮也拿不出，过了几天，才有几张薄饼发到士兵手中。许多战士，不是浴血沙场，而是活活饿死的。首辅严嵩的退敌良策，竟是不顾城外百姓的死活，紧闭城门，不出应战，任凭俺答烧杀抢劫，等待他掳掠饱了自行退回河套。范钦是个急性子，倘若真去勤王，恐怕不是饿死就是气死了。

事变过后，范钦虽没气死，却也病倒了，请假回宁波休养了一段时间。亲朋好友都来慰问，时而邀他外出散心。某日，秋高气爽，他们乘船行游，喝酒吟诗，十分尽兴。这是范钦多年来难得的一次欢聚，过了多年还记忆犹新，特赋七绝一首《庚戌秋偕王同野袁池南陈它石史西泉行游至蕙江觞咏甚适追壬午载过诸子化为异物溯念往昔怅叹弥襟》。诗曰：

涛白霜清两岸秋，放歌鼓枻坐中流。
飞扬故能从谁问，满地丹枫照白头。[②]

---

① 《天一阁集》卷一四。
② 《天一阁集》卷一七。

范钦在甬期间，适逢同邑前辈包梧六十大寿。包梧，字子木，号白厓，是个特立独行之士，为官秉公守正、不畏权贵，为民办事、不遗余力，没干几年，就被夺职返里。对于他的命运，范钦非常同情，又联想到这两年的所见所闻，于是撰写《赠包白厓序》以示祝贺，并且议论道：

予于白厓先生之遭，而叹直道之难行也，又伤时俗云。孟子曰，“志士不忘在沟壑”，又曰“不直则道不见”。……上之人又张直言之旌，设方正之格，以招徕之。当是时，教化大行，遐迩同风，故特立独行、奉法守正之士，有所恃而不恐。乃后之人，柔和卑退，遇事无可否，圆融委曲，以要其成。斯曰长者，曰老人成。反是，显辱奇祸可以立至，世方以此为戒。嗟乎，俗之薄若此耶！……

先生官不过五品，任不满数年，其所施措，已章章若是，使稍自敛逊，乘机赴会，且都大官、享重禄、蒙显誉，不难也。而竟引身远逝，志不获究。今垂老矣，顾使龊龊者借口，而特立独行、奉法修职之士惨焉畏沮。予故曰：直道之难行也，俗之薄亦甚矣。

嗟乎！人之所违，天之所相也；时之所啬，道之所裕也。故天定则能胜人，道在则可俟时。夫虞卿、马迁、杨雄、王通，世之所谓贤人君子也。方其穷居林丘，沉迷下僚，著书自见，若所谓《春秋》《史记》《太玄》《元经》者，后之人视之不啻和玉。使遇其时，必不能发愤自见，如是炳显，此天人物理之介，可以推见者也。……道不伸于恒人而伸于知己，不行于一时而行于后世，不取必于人而取必于天。高名永寿，原天不朽，又何必都大官、享重禄、蒙显誉，斯为快也。观此，则先生之不遇，殆天所相也。①

这是一篇值得重视的文章。在这里，范钦明确表达了对于“直道难行，时俗浇薄”的愤慨，更对“文章憎命达”的“不遇”现象进行了富于哲理的辩证

---

①《天一阁集》卷一九。

理解。范钦后来同样遇到“直道难行”和“不遇”的命运，被劾罢官后，致力于藏书事业。其信念不是于此可见端倪吗?

在那时的读书人中间，范钦藏书已经有了一定影响，尤其是他的“特藏”之一“登科录”，以收集齐全而闻名。

“登科录”是古代科举制度的产物，而明代又是我国科举制度的鼎盛期，朝廷自洪武十七年（1384）开始，规定每3年举行一次科举考试，从下而上，分为院试、乡试、会试、殿试四个级别；200多年来，基本上没有中断过。除了院试，其余三种考试结束后都会刊布一份合格者的名单，分别称为乡试录、会试录和进士登科录。毫无疑问，这是宝贵的考试文献，也是难得的官场联络图。其中会试录和进士登科录，由礼部刊行，更加不易获得，在当时就属于珍藏类书籍。而范钦藏书最早被人利用、历史上有案可查的，正是登科录。其利用者是范钦同时代人俞宪。

俞宪，字汝成，号岳率，无锡人，嘉靖十七年（1538）进士。他颇擅文学，著有《是堂学诗》《鹎鸣集》，辑有《盛明百家诗》，当时正着手编辑刻印《皇明进士登科考》。但他缺少洪武年间的三本进士登科录，遍访不得，深以为憾。嘉靖二十八年（1549），他调到绍兴做官；翌年，通过别人介绍，结识了正在宁波的范钦。范钦得知他的缺憾，君子成人之美，亲笔抄录那三本进士登科录慨然相赠，以便《皇明进士登科考》更趋完备。

俞宪非常感激，在成书时特地说明：

> 戊申，予谪楚，梓于楚；己酉，移越，梓于越。顾洪武间所亡三科，犹为阙典，览者有余憾矣。今年秋，明人章贞叔过予曰：“予有是本，而今逸矣！当为君移札范尧卿氏，可得也。”已而果如约。予乃取校入梓，悉补阙亡，并续庚戌榜三百二十人，另起为卷。于是录始大备矣。於戏，二君拾遗之功，讵可掩哉？庸书以识。时庚戌冬日，宪在慧南读书园。①

---

① 转引自王重民：《中国善本书提要》，上海古籍出版社1983年版。

俞宪的《皇明进士登科考》，完整地汇集了明洪武四年（1371）至嘉靖二十九年（1550）间计57科进士题名录，记录了明嘉靖二十九年以前历科计13000多名进士的姓名、籍贯。[①]该书有较高的实用价值，1969年曾出版《皇明进士登科考》影印本。

实际上，藏书家之间互相借抄书籍，是当时很流行的雅事。考察天一阁现藏的科举录，发现少数科举录是明抄本，现存的有《宣德八年会试录》《永乐十八年浙江乡闱小录》《成化七年浙江乡试录》《成化十九年浙江乡试录》《永乐十二年福建乡试录》《宣德元年福建乡试录》《景泰四年福建乡试录》共7种。其中除会试录是蓝丝栏抄本，均为乌丝栏抄本。显然，这些抄本是在得不到刻本的情况下，范钦从别处抄录的。

此外，1930年，江苏省立国学图书馆第三年刊《馆藏善本书题跋辑录》，收有范钦《吹剑录外集跋》。文曰：

> 是书，余借之扬州守芝山，冗病相缠，委置几阁，亦且数月，夏五下旬，乃抽暇录之，四日而就。念予善忘，掷笔固不能一一忆也。辛亥岁甬东范钦识。

由此可见，范钦也经常向别人借书，并且亲笔抄书。我们不清楚芝山先生何许人，也没见过范钦任职扬州的记载，显然是书友慕名交往，哪怕天南海北，也设法互通有无。而范钦不顾冗病相缠，夏五暑热，花四天时间，抄完《吹剑录外集》。仅此一端，亦可见他热爱书籍的程度。

---

① 朱金甫主编：《中国档案文献辞典》，中国人事出版社1994年版，第28页。

第八章　崇山广川疲奔走

范钦在福建，除了以书会友，互通有无，还过了一把买书瘾。自宋迄明，闽、蜀、浙并称中国图书出版三大中心。三大书市中，蜀本最早，浙本最精，而闽本最多、名声最响。

印刷术是中国古代的四大发明之一，也是中华民族贡献于世界文化殿堂的一朵璀璨夺目的奇葩。据文献记载和考古实物遗存两相印证，可知至迟在唐代初叶，雕板印刷术就已经出现并应用于书籍的镂版施印了。其后经五代、宋、元的发展和完善，至明而达于极盛。其间所刻，无论规模之巨、数量之大、抑或内容之丰富，皆远逾前代不知凡几。这是因为明中叶之后，资本主义萌芽出现，商品货币经济发展，手工业者和市民阶层扩大，通贩贸易活跃，有力地刺激了书业的发展。

明代书坊很多，有官刻、民刻、私刻等多种形式，刻书的种类，包括通俗小说、类书、画谱、印谱、诗文集、医书和日用书籍。福建的出版业，当时在全国名列前茅。据周弘祖《古今书刻》记载，光是省级衙门刊书，就有布政司刊《大明会典》等18种，按察司刊《五经集注》等10种，盐务司刊《丹溪医案》等4种。省辖八府一州，则有福州府刊《文苑英华》等16种，兴化府刊《莆阳文献志》等2种，漳州府刊《陈布衣遗稿》等6种，泉州府刊《五经白文》等5种，延平府刊《玉机微义》等4种，建宁府刊《四书集注》等17种，邵武府刊《四书白文》等5种，汀州府刊《诗法源流》等6种，福宁州刊《石堂文集》等2种。

至于民刻，当推建宁府建阳县。建阳号称“图书之府”，是福建最重要的印刷集中地。天一阁藏有明景泰《建阳县志》，是海内孤本，关于这方面的记载颇为详尽。建阳麻沙镇盛产榕木竹纸，易于雕印图书，因而书坊林立，一些著名书坊历宋元明三代未衰。当时这里已经出现工匠和作坊主之间的雇佣关系，出现了较为明确的分工，各个工序各司其职，雕版、印刷、装订，分别由各家来完成。过去的自印自销的生产方式，已被专业的书商所代替。县城崇化里，有书坊一条街，店铺鳞次栉比，都以刻印鬻书为业，每逢一、六日，天下客商云集此地，贩者如织。

建阳书坊所刻图书，经、史、子、集无所不包，尤以小说、戏曲等通俗文学作品为最多，仅《三国》《水浒》的版本，就各不下七八种，其他如《唐三藏西游释厄传》《牛郎织女传》《观音出身传》《达摩出身传》《南宋志传》《北宋志传》《大宋中兴通俗演义》等，凡当世所见之小说，十有八九出自建阳书坊。医书、士子科举用书、生活用书也很多。明代中后期，建本（又称闽本）行销天下，无论品种还是数量，都堪称第一。

但是，建阳刻书虽多，却因“板苦薄脆，久而裂缩，字渐失真”，且校勘粗略，纸墨俱滥，受到读书人的批评。更为恶劣的是书商为牟取暴利而盗版；盗版犹不足，再加以偷工减料，瞎删乱改，“凡遇各省所刻好书，闻价高，即便翻刻，卷数目录相同，而于篇中多所减去，使人不知，故一部止货半部之价，人争购之”。这些假冒伪劣的出版物中，有许多应付科举考试之书，以致耽误了士子们取得功名。

问题的严重性，到了福建提刑按察司不得不出面干预的地步，嘉靖十一年（1532）行文建宁府，略谓：

> 照得“五经四书”，士子第一切要之书，旧刻颇称善本。近时书坊射利，改刻袖珍等版，款制褊狭，字多差讹。……岂但有误初学，虽士子在场屋，亦讹写被黜，其为误亦已甚矣。该本司看得书传海内，版在闽中，若不精校另刊，以正书坊之谬，恐致益误后学。议呈巡按察院详允会督学道，选委明经师生，将各书一遵钦颁官本，重复校雠，字画、句读、音释

俱颇明的。《书》《诗》《礼记》“四书”传说款识如旧。《易经》加刻程传，恐只穷本义，涉偏废也。《春秋》以胡传为主，而左、公、穀三传附焉，资参考也。刻成，合发刊布。为此牒仰本府著落当该官吏，即将发去各书，转发建阳县，拘各刻书匠户到官，每给一部，严督务要照式翻刊，县仍选委师生对同，方许刷卖。书尾就刻匠户姓名查考。再不许故违官式，另自改刊。如有违谬，拿问重罪，追版划毁，决不轻贷。……

其实，正德嘉靖年间，亦即16世纪前期，中国已经出现了资本主义萌芽，当时坊刻本的印刷出版动机，已经不像官刻本和家刻本那样重义轻利，目的在于传播文化、积累文化，而是反其道而行之，重利轻义，主要是为了谋取物质利益。范钦由桂来闽时，这一文件已下发近20年，但执行的情况却并不理想。

范钦是在宁波长大的，对这种唯利是图的商业行为，并不像前任们那么严厉。作为一个藏书家，不难想象，他乐于见到这么兴旺发达的书市，也必定在这里购得了不少喜爱的书籍。当然，书商们卖给他的，绝对不会是假冒伪劣产品。

作为按察使，范钦走遍了福建。最让他感兴趣的，除了搜罗书籍，还有武夷山之游。

武夷山素有“碧水丹山”“奇秀甲于东南”之美誉。游武夷，临水可看山，登山可望水，只要乘上一叶竹筏，沿山中九曲溪顺流而下，山沿水立，水随山转，山光水色，交相辉映，可谓曲曲含异趣，湾湾藏佳景。三十六峰，九十九岩，尽收眼底，意趣无穷。武夷又是道教名山，早在唐末，即被列为道教三十六洞天中的升真元化第十六洞天。武夷宫乃宋代六大名观胜地之一，也是历代帝王祭祀武夷君的地方。

嘉靖皇帝入魔般地信奉道教，文武百官也都要来朝拜一番，顺便游山玩水。范钦也不能免俗。《天一阁集》中的《夜往武夷》《神佑宫露坐》《泛九曲》等诗，便是这一次游山求道的应景之作。观中老道拍马屁，拿出“仙颅”请他观赏，说是看到红色，定将大贵，位列三公。范钦一看，果然是红光闪闪，不禁喜悦异常，对道士的话深信不疑，还谦虚地自称无意于三公高位。其《道士出仙颀朱光夺目云当大贵》诗曰：

仙骨何年蜕，流传尚此宫。
神游三极迥，气压万峰雄。
乍见泠泠碧，徐窥炯炯红。
道流浑错拟，吾意岂三公？[①]

三年任满，范钦果然升迁，但没有大贵，而是不幸被派往西南蛮荒之地，就任云南右布政使。其实，他当时不愿意离开福建，一心希望抗击倭寇，建功立业。

朱纨饮鸩自尽、卢镗被判死刑后，海禁松弛，倭乱再起。特别是以王直（又称汪直）为首的倭寇，兵强船多，肆无忌惮，使东南沿海这全国富庶之区备受蹂躏，倭乱从沿海蔓延至闽浙粤腹地，其势焰已不可扑灭。

王直原是双屿岛上许氏商团的得力干将。双屿战役中，许栋被擒，王直率残部侥幸突出重围，逃往舟山的另一个岛屿烈港。当时，王直虽已取代了许栋原先的地位，但还存在着强大的竞争对手，如横港海盗头子陈思盼。嘉靖三十年（1551），王直率众攻入横港，斩下陈思盼首级，将其船队收入囊中。至此，王直确立了“海上霸主”的地位。

他得意洋洋，自号“五峰船主”，实力最为鼎盛时，拥众二十万，巨舰百余艘。海上船只，只有插了“五峰旗”方能进退。王直还用金帛厚贿浙东地方官员，在他们的默许与庇护下，公然在舟山开市贸易，视朝廷的海禁政策如同废纸。一有可乘之机，他便攻城掠地，杀人抢劫。

宁波首当其冲，生灵涂炭。仅在嘉靖三十一年（1552）的上半年：二月，王直引倭连舸百余艘，攻入定海关（今宁波镇海），被官兵击退，旋盘踞金塘岛沥港。四月，攻入象山赤坎游仙寨，百户秦彪战亡，又犯爵溪，屠杀数十人，四散掳掠十余日始逸去。六月，攻陷有重兵把守的霩衢所城，继而抢劫宁海西

① 《天一阁集》卷六。

垫、东岙等地。宁波府城官民震恐，滨海各地告警。

警报传到范钦这里，他忧愤交加，对决策者极其不满，指责他们谁也不如抗击外敌的西汉名将霍去病。其《江上闻霩衢失守怅然有作》诗曰：

战血昏沧海，惊传夷寇饶。
轻兵乘雨夜，利舸逐风潮。
一旦军容损，频年士气骄。
只今筹略者，谁似汉骠姚？[①]

和范钦有同感的大臣想必为数不少，大家纷纷上书，促使朝廷以前所未有的速度委任佥都御史王忬承袭朱纨遗职提督军务，巡视浙江及福、兴、漳、泉四府。

是年七月，王忬到任，随即奏请赦免卢镗，仍以都司之职在福建备战抗倭。这与范钦的看法相同。他一直认定卢镗是被冤枉的，力主平反昭雪，自然是举双手赞同王忬的奏议。

卢镗获释后，马上着手在福建沿海各府县招募乡勇，筑垒修寨，练兵设防。王忬又征调驻守广东的参将俞大猷、汤克宽率部来会。一场围剿倭寇的新战役正在掀起。而范钦这位按察使，在八月间主持了福建壬子科乡试的监督工作后，也开始积极配合抗倭行动，想拯救百姓于水火之中。

但没想到，他年底赴京朝觐，接受考核，其结果却是调离福建，升迁云南右布政使。虽然，布政使掌一省之行政，官阶从二品。但云南比广西还要僻远，离政治中心万里之遥，哪里还有道士预言的“位列三公”之日？

范钦心中很清楚，这又是严嵩在捣鬼，明升暗降。严嵩计杀夏言、当上首辅后，结党营私，操纵朝政，贪赃枉法，干尽坏事。

大约就在范钦进京的时候，一位名叫杨继盛的官员，上奏章弹劾严嵩十大罪，他说严嵩之所以能蒙蔽皇上，是因为有间谍、爪牙、亲戚、奴才、心腹等

① 《天一阁集》卷六。

"五奸"帮助他，指出："进士非其私属，不得预中书、行人选；知县非通贿，不得预给事、御史选。既选之后，入则杯酒结欢，出则馈赆相属，所有爱憎，授之论刺，历俸五六年，无所建白，即擢京卿。诸臣忍负国家，不敢忤权臣。……各部堂司，大半皆其羽翼，是陛下之臣工，皆贼嵩之心膂也。"

结果，杨继盛被痛揍一百廷杖，关进大牢。

范钦后来在《赠济寰杨明府应召序》中说：

> 高皇常征古防衅，分列六卿，不相统压，第以台谏夹持之。当其时，号称宁一。已而论恩，诸臣参预机密，驯致上下隔关，六曹执奏，台谏从而补救，职犹未失也。嘉靖间，新贵人凭借宠灵，叱咤恣意，诸曹事无巨细，咸关白，惟拱手听。台谏出死力诤，辄报罢，而巧佞者且附和，获美官，道乃若是邪？①

他非常钦佩杨继盛的胆识勇气，却不敢步其后尘出死力诤，但也不愿巧佞附和而获"美官"。他明知这样的调任是严嵩父子在暗算他，也只能忍气吞声，收拾行装，再次踏上漫漫西行路。

他非常珍惜在福建的这段岁月，几年后还写过一首《送友人还闽》：

> 相送暮春前，相看思惘然。
> 浮云沧海路，落日楚江舡。
> 去住又千里，悲欢共几年。
> 何时逢便雁，书到碧鸡边。②

其怀念之情溢于言表。

嘉靖三十二年（1553）初，范钦挈妇将雏，黯然离闽。从他的一组诗歌中

---

①《天一阁集》卷二三。

②《天一阁集》卷六。

可以看出他是很不情愿的，心态之差甚于当年去广西。其一，《水口驿简省中旧游》：

东南雄胜古闽州，衔命今叨揽辔游。
海日迥悬千嶂晓，天风晴卷乱帆秋。
十年踪迹真难定，满地疮痍苦未瘳。
为问碧霄鸾凤侣，欲将何术继名流？[①]

范钦由东南海防前往西南边陲，最感懊丧的，就是“满地疮痍苦未瘳”，抗击倭寇的勃勃雄心付之东流了。到达水口驿，即将走出福建境界时，他以诗代简，向同僚们告别，抒发了这一情怀。

其二，《至家》：

他乡常作客，岁暮一还家。
眼看风霜换，心知道路赊。
二亲仍膝下，诸弟半天涯。
明发西陵路，凄迷博望槎。[②]

范钦这次去云南，决定不带家眷，先将妻儿送回宁波老家，然后独自一人远行。这是他的仕宦生活中从未有的举动，亦表达了不愿久留当地的意愿。他一点儿没有升官的喜悦，反而因姑父黄宗钦也在此时溘然长逝，心情愈益沉重。他亲临吊唁，痛哭尽哀。

其三，《行次水口别万懋卿往贵藩时余亦转滇南二首》：

倾盖江门属往年，同台谊分更连翩。

① 《天一阁集》卷一一。
② 《天一阁集》卷一一。

讵知水口留欢地，却是天涯送别筵。
路指百蛮丛竹外，旌摇三楚夕阳边。
征南羽檄今仍急，谁替昌言黼扆前？

北风吹客向边州，立马旗亭不可留。
雪后稀逢彭蠡雁，春来好上洞庭舟。
频年军国征输尽，此日朝廷简拔优。
极目昆明吾更远，连天落木起离愁。①

万懋卿是范钦的同乡好友，两人各奔仕途，多年不见，忽然在旅途中邂逅，执手欢会，好不兴奋。但一想到都是去无人问津的西南边境，“频年军国征输尽，此日朝廷简拔优”，二人对严嵩的怨恨也就油然而生了。特别是范钦，“极目昆明吾更远，连天落木起离愁”，流露出浓重的感伤之情。

其四，《长沙道中述怀》：

晓星催发长沙城，瘦马不行如有情。
滇海风情杳漠漠，湘江花树纷盈盈。
旅怀终日白云在，世路几年华发生。
麟阁勋名浑长物，北山何事渝初盟？②

其五，《宿偏桥堡即事》：

极目昆明驿路遥，辕门映日暂停镳。
天连鬼国虺蛇簇，场对蛮江鼓角饶。
春暮莺花犹寂寂，夜深风雨忽萧萧。

① 《天一阁集》卷一一。
② 《天一阁集》卷一一。

筹边漫道无长策，干羽由来格有苗。[①]

范钦在这两首诗中的意绪，显然更加复杂又矛盾了。他时而感谢瘦马走得慢，时而埋怨昆明驿路远，时而对前途灰心丧气——“麟阁勋名浑长物，北山何事渝初盟?”时而又觉得大有可为——“筹边漫道无长策，干羽由来格有苗。”诗篇透露了他是一个热衷于功名、患得患失的人。

明代的布政使，相当于古时的牧伯、方伯、藩司。朱元璋《承宣布政使诰》曰:“所以承者，朕命也；宣者，代言之也；布者，张陈之也；所以政者，军民休戚，国之利病；所以使者，必去民之恶，而导民之善，使知有畏从。”可见布政使一职，乃是代替天子牧民的派出官员。其主要职责如下:

第一，考核府、州、县官吏。凡僚属满秩，要考其称职、不称职，报抚、按官以达于吏部和都察院。每三年率府、州、县正官朝觐京师，以听察典。

第二，负责民数、田数十年一次的总汇、登录。

第三，对驻于本省的宗室、官吏、军伍以及省学、县学的师生，按时供给禄俸和廪粮。

第四，按时主持对各种神祇的祭祀。

第五，教化抚民，供养鳏寡孤独者，表扬孝悌贞烈者，如有水旱疾疫灾祲，则请于上蠲振之。

第六，凡有大兴革及诸政务，会同都指挥使、按察使共议，经策划商定后请示抚、按等官。

第七，国庆、国哀，遣僚贰进京朝贺、吊祭。

然而，很遗憾，范钦在云南右布政使任上几乎没有可以说明他在这七个方面政绩的任何资料，只有其晚年所作《侄澈使滇南四首》之三:

却瘴频呼酒，观风一采诗。

① 《天一阁集》卷一一。

武侯声绩满，千古使人思。[1]

从中可以约略窥见范钦当时的生活以及他重视民族问题、赞同诸葛亮攻心为上的思想。

他到任后所写诗篇，几乎不谈国事，表达的都是羡慕别人离去、怀念亲友、故土的心情。如“长路驱驰一回首，倍惊牢落在他乡”（《元夕弋邸灯燕会行不果赴简省寮》），“京洛故人如有问，为言多病负清朝”（《送朱主事北上》），“弱水神山悬万里，欲从何处访蓬莱？”（《九日登高》）。尤其是《得家书》一诗，可知其心情沉郁而真切：

客来投赠锦双鱼，中有缠绵尺素书。
未即亲闱供色养，且从江路慰离居。
天低岭树瞻云近，春到阶萱爱日舒。
见说年荒艰粥食，可能无计问樵渔。[2]

事实上，范钦在春城昆明，前后大概不到一年，也没有时间施展才华。他把主要精力放在调动上了。当时有两首诗值得注意：

怀朱镇山

异乡回首忽经春，愁抱沉绵未易陈。
望入海天云正杳，梦回江馆草初新。
簿书牢落三山客，瘴疠驱驰万里身。
朋旧知心今有几，可将寂寞负昌辰。[3]

---

① 《天一阁集》卷八。
② 《天一阁集》卷一一。
③ 《天一阁集》卷一一。

得朱镇山同年书

故人昨岁别，春至一书来。
梦里音容见，愁边怀抱开。
云深冀北路，春老越王台。
潦倒今如此，乾坤孰爱才？[①]

朱镇山是范钦的同年，当时正在吏部做官，为人公正廉明，大名鼎鼎的海瑞就是他提拔起用的。他很了解范钦的才干，亦认为将他放到“彩云之南”实在是太可惜了。因此，上述两首诗所透露出来的信息，即很有可能是朱镇山在吏部暗中帮忙，把范钦调往陕西担任左布政使。

范钦写于云南的最后一首诗，应是《相逢行留别周参政子吁》[②]，时间在嘉靖三十三年（1554）春。诗曰：

前年别君长安陌，今年逢君昆明国。
羲和促辔阳乌驰，安得人事无变易。
迢遥瘴疠接兰津，巴云栈月催行人。
龙剑差池一回首，君去哀牢我向秦。

显而易见，范钦归去，心情与来时截然不同了。尽管陕西贫瘠苦寒，其富庶甚至不如云南，却是他心向往之的地方，因为那里是抗击鞑靼的前沿阵地。他曾愤怒地批评权要们：“不少当年谋国者，忍令萧飒到于今”[③]，“挞伐何时奏？空悬露布书”[④]。这次，他虽然出任行政长官，但相信终有机会亲临前线，出谋划策，驱除鞑靼，一统河山。

庚戌之变时，俺答率套寇入侵，兵临皇城根儿，声称“予我币，通我贡，

① 《天一阁集》卷六。
② 《天一阁集》卷四。
③ 《闻虏惊》，《天一阁集》卷一三。
④ 《燕京》，《天一阁集》卷六。

即解围，不者，岁一虔尔郭”。大将军仇鸾不敢开战，主张采取马市的办法。所谓马市，即由俺答岁进若干马，朝廷岁给若干币帛粟豆。表面上是互通有无，但其实质是俺答得到了生活必需的资源，明朝只多了几匹不能作战的马。因此，朱厚熜当时虽然同意了，但心中深以为耻，认为这是侮辱。马市于嘉靖三十年（1551）三月开放了，可俺答并没有停止掠掳，一面在交易中捞好处，一面仍在不断地进攻大同、怀仁。新仇旧恨，激怒了朱厚熜，嘉靖三十一年（1552）九月，下诏“各边开市悉令禁止”，并申明“复言开马市者斩”。范钦上任时，明朝和鞑靼间已经恢复战争状态。

范钦一到陕西，就往各地视察，采风听政，了解民情。

战争使边境之民肝脑涂地，父子夫妻不能相保，膏腴之地弃而不耕，屯田荒芜，盐法阻坏——其中有多少使人伤心落泪的故事啊——令范钦怵目惊心，乃作《塞上谣送戴使君十首》为之呐喊，其中有：

雁门列阵控天山，宁武偏头并作关。
一夜忽传烽火入，不知胡虏打围还。

沙草弥漫塞上田，盐商零落何处边？
飞符日夜递相急，满地转输愁不前。

汉吏如麻法网新，虏中翻得自由身。
可怜无数貔貅士，散作天骄肝胆人。

生男生女本同俦，女何欢快男何愁。
女长嫁不出乡县，男长埋没沙场头。

朔方风俗重正元，万户千门歌吹喧。
如何巷哭连宵动，尽是当年羁旅魂。

黄云白雾浊河头，天倾河水只东流。
几家少妇苦愁思，独抱云和懒上楼。

何人运戍燕然山，凄风冻月鬓毛斑。
不愿封侯博万户，但愿生入玉门关。

黄河套内草娑娑，套虏年年驻牧过。
莫把烧荒当长策，烧荒时正北风多。[①]

为了抵抗北方鞑靼的掠边威胁，明朝在这“九边重镇”设都指挥使司，都指挥使为正二品，比布政使还高一级，当时下辖30个卫所，每个卫所有5600名士兵。那些腐败的边防军将领们，与套寇作战打仗是贪生怕死，向地方要钱要物却如狼似虎，害得范钦这位行政长官经常要为驻军的后勤供应发愁操心。而更有甚者，他们既抵挡不住强悍的鞑靼套寇，又必须对朝廷军令有个交代，无奈之下，就把逃难的老百姓捉来杀掉，当作战功上报。

范钦十分鄙夷畏敌扰民的军事指挥官，希望取而代之，一展抱负。他在《诸将》中指出：“诸将分麾日，骄胡犯顺秋。烽侵边月苦，阵结寒云愁。共受安危寄，谁分宵旰忧？欲知班定远，万里亦封侯。”[②]又作《胡虏》云：“将帅虚分阃，儒生未请缨。可将漆室意，万里达承明。”[③]

然而，天有不测风云，人有旦夕祸福。正当范钦准备请缨安邦时，忽然接到寄自老家的讣告。他的父亲范璧，已于是年七月十四日与世长辞。同月，他的母亲王氏宜人，追随丈夫而逝。

中国以儒家伦理治天下，丁忧奔丧是所有官吏必须严格遵守的原则，如果匿丧不报，要受到严厉的惩处。而范钦又是个孝子，惊闻父母双双亡故，顿时哭倒在地，恨不得插翅飞到宁波。他立刻移文知会所在官司，匆匆交代了公务，

① 《天一阁集》卷二。
② 《天一阁集》卷五。
③ 《天一阁集》卷六。

便停职回里，丁忧守墓。但这样一来，他杀敌报国、施展抱负的机会，也因此错过了。壮志未酬，颇为遗憾。临行时，范钦登上城楼，极目远望，赋诗抒发难以排解的惆怅：

云阁纵秋攀，三秦指顾间。
河流银是派，□古玉为关。
南下雁初急，西征人未还。
谁当凭上策，不战定天山。[①]

星栈倚天都，边烽暗五湖。
城临青海断，河抱玉关纡。
风析凌秋急，霜笳伴月孤。
谁言汉飞将，早上北征图？[②]

范钦从东南海防的福州，到西南边陲的昆明，再到九边重镇的西安，最后又回到东海之滨的宁波，短短两年间，行程两万里。这在交通极其不便的古代，简直不可想象，真是“崇山夹广川，涉历周寰区”。

---

① 《登长安城楼》，《天一阁集》卷八。
② 《望居庸》，《天一阁集》卷六。

第九章　悲亲叹友愤倭乱

范钦在丁忧守制期间，心情很不舒畅。这不完全是为双亲亡故、家门不幸而悲伤，还由于两位最亲密的挚友无辜遭谗、罢官归里，更因为目睹愈演愈烈的倭乱，使他痛心疾首。

范氏家族，百年以来，除了这位布政使封疆大吏，没有第二个能令门庭生辉、祖宗荣耀的人物，直至范钦走马陕西时，才又传来一个小小的喜讯：他的堂弟范镐（字武卿，叔父范琚之子），被吏部直接铨选为南直隶宁国（今安徽宁国）县令。

范镐早在嘉靖十六年（1537）就已中举，谁知此后命蹇时乖，困守场屋，上年会试又是名落孙山。也许是出于范钦的面子，也许是因为范镐的资格实在太老了，终于获得一个七品芝麻官。范钦感慨良深，特作《闻舍弟武卿下第就宁国令》：

烟花三月遍长安，纵马逢人得意看。
岂谓风尘终厄骥，遂令枳棘独栖鸾。
百年门阀心情苦，此去江湖道路难。
无奈草堂今夜梦，相随明月度阑干。[①]

---

① 《天一阁集》卷一一。

他这次回乡守孝，眼看同辈和儿辈中其他人明明都是满腹经纶、优秀的人才，却被八股文害苦了，怎么也敲不开兼济天下之门，“百年门阀心情苦”的滋味不禁重浮心头，十分难过。而所谓“此去江湖道路难”，更是他对20多年仕途历程的总结。

他办完父母的丧事不久，表弟黄元恭即来相求，请其为上一年逝世的父亲黄宗钦撰写墓志铭。黄宗钦是范钦的姑父，也是八股文的受害者，没能金榜题名，而是由国子生授合肥丞。他清廉自守，秉公办事，平了一件久悬不决的冤狱。冤主感激不尽，夜持百金为谢，被他婉言拒绝。此人就用这笔钱造船渡人、以表其德。他后来转任吴江丞，管理税务。当地税额每年50多万两，一些土豪劣绅倚仗权势，将应缴份额转嫁给小民百姓。黄宗钦则按照个人资产多寡，分为上中下三等纳税户，严格执行，老百姓称他是“再生父母”，理应升迁。不料，他入觐考绩时，竟被革职为民，连原有的乌纱帽也丢了。探其原因，“时宰以宗伯公（其弟黄宗明）论刺夙憾，落公职”。这事发生在嘉靖十三年（1534）黄宗明得罪皇帝被逐出京师的时候。实际上，黄宗钦从来不借弟弟的光。当年黄宗明“声焰赫奕”，范钦在《封工部主事黄公墓志铭》中有言“退然如寒畯，殊不知其为亲党者”。①

范钦把这一切都写入《封工部主事黄公墓志铭》，并提到黄宗钦病重期间，元恭恰好调动岗位，顺道回家省视，本想多留几天，但黄宗钦坚决要他按期到任。元恭只好遵命，准时抵任。没想到还真走对了，“中贵人方侦愆期，欲坐谴，遂获免”。最后铭曰：“维质则丰，施也邕邕。谓嬴其逢，而胡溘以终？有丘郁耸，中韬以泓。是惟哲人之宫。茹阴布阳，申衍无疆。”

但是，范钦的两位挚友——屠大山与张时彻——可没有这么幸运，在范钦守制第二年，他们相继被劾归里。

屠大山（1500—1579），字国望，号竹墟，与范钦同里，出身名门。他的伯祖屠滽（1440—1512），仕弘治、正德两朝，官至太子太傅、柱国、吏部尚书兼左都御史掌院事，立朝持论公允，推贤让能，自谓手执此笔，掌铨衡、刑狱，

---

①《天一阁集》卷二五。

最怕误黜、错杀，凡遇送礼求情者，反放至远地。大山出生时，他恰好拿着《泰山摩崖碑》到家来，因而取名为“大山”。

据说，屠大山“少敏慧，风神秀异，滽每顾之曰：是儿必继我兴”。果不其然，大山年轻得志，23岁乡试中举，第二年进士及第，出任四川合州知州。他下车伊始，就与当地父老打成一片，交谈中尽悉官吏、豪门和奸猾之辈的底细，处理政务，莫不妥当，不知情的老百姓惊以为神。此外，合州正当长江瞿塘峡之冲，每当春水陡涨，行舟经常出险，救之不及。据清光绪《鄞县志》记载，大山拿出自己的积蓄，筑堤数十丈，州人赖之，号曰“屠公堤”。

屠大山政绩卓著，不久升任南京刑部员外郎，署郎中，接着又出任江西吉安知府。吉安是当朝尚书王学夔的家乡，诸公子横行乡里，不治不足以平民愤。大山巧妙地采取“敲山震虎”的办法，“取其苍头助虐者治之”。这个办法颇为见效，“诸公子因折节称儒生”。而王学夔不但不见怪，反而称赞道：“使我诸子得比于人世，不覆吾宗，俱屠使君教也。”时人称赞他俩都是贤者。

但事实上，屠大山做了五年吉安知府，才升任山东按察副使、主管徐州兵备道。这里是尚书甘为霖的家乡，其子在徐州供职，特嘱大山多加关照。而大山秉公办事，没有遮掩其子贪污的事实。当时徐州刚好发生了一起进贡金银失窃的案件，甘尚书便借机向皇上奏本，说这是兵备道的失职，破不了此案，兵备使不得升迁。屠大山因此在徐州滞留八年之久，才转为山东左参政。此后一路畅通，历任广东按察使、山东右布政使、福建左布政使。他为人处世不喜张扬，沉稳务实，所到各地百姓往往在他走后才感觉其可贵，思念不已。嘉靖二十九年（1550），他升任右副都御史、巡抚湖广，完成了几件大事，得到了圣旨褒扬。

由于明朝有军功、恩赐、贡举、科考几大渠道出产官吏，官多岗位少，南京六部是“板凳队员”，还有大量的“隐蔽失业”官员，官场竞争空前激烈。其时严嵩已取代夏言为首辅，父子俩贪得无厌，看到大山连任重职，竟认为都是自己恩赐的，暗示他当知好歹，以厚酬回报，岂料大山毫不买账，漠然置之。曾有友人劝他，“公少赂入，即得内召”。大山答曰：“吾老矣，复铅粉为容，无奈违三十年素志耶？”[1]这可气坏了严氏父子。其时工部侍郎出缺，吏部推荐大山任此职，严嵩便刻意阻挠，转派大山以原职去贵州，平定多年未决的苗乱。

贵州苗乱是个“老大难”问题，严嵩用心险恶，想借刀杀人，即使不成，也能随便找个治罪的理由。谁知大山用兵如神，多年的难题一朝解决，克奏大功，晋升为兵部右侍郎兼右佥都御史，总制川、贵、湖广三省军务。此后，他以自己的人格力量和令行禁止的军纪，恩威并施，使三省的土司将帅不敢胡作非为。吏部再推大山为兵部尚书，严嵩又再次阻挠，并故伎重演将他平调江南，以苏松巡抚的身份提督诸军，去扑灭势若燎原之火的倭乱。

原来，嘉靖三十二年（1553）春，王忬派兵夜袭王直盘踞的舟山烈港。王直猝不及防，于慌乱中乘船突围而出，率残部去了日本，暂住平户与萨摩一带岛屿。在日本，王直得到了肥前大名松浦隆信的庇护，养精蓄锐，积聚实力。第二年，王直驾百余艘巨舰蔽海而来，驰骋于沿海、内河，凶狠反噬，犯台州，破黄岩，掠宝山、定海诸邑，震动浙东；又率部攻克嘉定县城，沿途剽掠，复趋入江北，大掠通州、如皋、海门诸州县，并进窥山东。浙江与南直隶数千里地面同时告警，史称“壬子之变”。

在此次报复性的军事行动中，王直的手下不但抢劫财富，而且屠杀居民，掳掠妇女，所掳婴儿，“沃以沸汤，视其啼号，拍手笑乐……”他们将自己装扮成日本浪人的模样，出则穿倭服，挂倭旗，并用锋利的倭刀为近战武器。在烈港战役前，明朝的官方文书还将王直等人称为“舶盗”，而非“倭寇”。但自嘉靖三十三年（1554）后，“倭寇”一词就屡屡出现在邸报中。

王直的“事业”在攻城略地中走向顶峰。占领黄岩后，他身穿绯袍，腰佩玉带，张金顶黄伞，50多名金甲银盔的带刀侍卫环立左右，自称“净海王”。而为数不少的封疆大吏，却在剿倭战事中纷纷折翼。苏松巡抚一职，在屠大山之前，已经撤换了3个。就在这样的背景下，他被严嵩硬按在这个令人视为畏途的位置上，其俟机陷害之心，昭然若揭。

屠大山天生豪逸，好魁磊之节，傥荡自喜，而又器局凝峻。任命下达时，

---

① 《甬上耆旧诗》卷八。

他正患病躺在床上，慨然曰："国家不幸有事，臣不惜死！"但没想到，他刚抵任视事，尚未筹划如何剿倭，参将许国就已贸然出战，大败亏输。而正在一旁虎视眈眈的严氏父子，立刻抓住这个把柄，嗾使言官弹劾大山。

当时，倭寇进犯，焚杀无数，仅昆山县"境内房屋十去八九，男妇十失四五"，百姓的生命财产遭受巨大损失，正需要像屠大山这样的名将指挥抗倭。但严氏父子置若罔闻，硬是把大山逮系诏狱，欲置于死地。幸亏"皇上神圣"，没有治罪，放归田里了事。

关于屠大山侥幸获释的内幕，有两种版本。一是："上偶语陶仲文曰：'屠某者，非楚抚臣、为我修潜邸太和宫者耶？'仲文曰：'然'！上曰：'趋赦之！'遂下书，勒归田里。"二是："屠司马大山就逮下狱，有故吏曰：'非陶仲文夫人莫解。'大山不许。故吏与大山亲故持金造夫人宅告急。夫人惊曰：'司马被诬耶？昔吾夫被冤，蒙司马鉴其诬，出之狱。今日乃报恩时也，乌用金。'亟语仲文。仲文从容为帝言：'屠司马才且廉，杀之干天和。'上立诏出之，放归田里。"

这两种版本，都与嘉靖皇帝最宠的道士陶仲文有关。也就是说，如果没有陶仲文，没有屠大山对陶仲文的恩情，这位忠心耿耿为国为民30多年的好官，非被严嵩父子害死不可。大臣的生杀予夺，全都取决于皇帝一时的好恶，哪里有什么公道可言？

屠大山归里，时在嘉靖三十四年（1555）。他生性豪放，但对这场生死悬于一线的飞来横祸，仍是想不开，经常闷坐生气。其时范钦正在家中丁忧，严嵩的阴险奸诈、杀人不见血的手段，他也深有体会，颇能理解大山的郁闷心情，乃赋《闻竹墟闷坐有作四首》相劝：

雅抱称奇旷，秋来何未开？昔贤常负俗，天意竟怜才。
漫下杨朱泪，空深宋玉哀。不闻荷锸者，终日只衔杯。

冉冉青阳逝，萧萧素发新。古今俱逆旅，天地一畸人。
静觉尘氛远，幽怜鱼鸟亲。那堪恤纬意，深坐独伤神。

沧海浮云暮，空林落木秋。往来百年内，谁作放怀游？
厌事日多事，却愁心转愁。不如两弃置，泛泛任虚舟。

凉秋天宇净，华月对嫦娥。吾已疏狂剧，君如浩叹何？
且希玄豹隐，重和紫芝歌。试问道傍客，黄粱梦几多？

由于意气相投，肝胆相照，范钦不顾大山尚是戴罪之身，亲自代儿子大冲向屠家求婚。第二年，两家就结成了秦晋之好。

但范钦万没想到，这一位少司马尚未安顿停当，另一位大司马又遭遇不幸，而且如出一辙。

张时彻（1500—1577），字维静，号东沙。他与屠大山是同一县人，同一年生，同一届登科，仕途经历也是惊人地相似。张家也是宁波名门，不过，出名的不是长辈，而是张时彻的族侄张邦奇（1484—1544），累官至礼部尚书，参与纂修《孝宗实录》，卒赠太子太保，谥文定，是一个节操高尚又很有学问的人。当年刘瑾擅权，他不趋附，武定侯郭勋的家人犯法，亦不肯徇私。张时彻就在这位族侄的指导下成长起来，也是节操高尚，学富五车。

张时彻初授南京礼部主事，进兵部武库员外郎，复为郎中。后升江西按察副使，督学政，坚决执行优胜劣汰的原则，不给开后门者留方便，致使流言蜂起，遭嫉论罢。不久，起补临清兵备副使，转福建右参政，迁云南按察使，再迁山东右布政使。嘉靖二十五年（1546），擢右副都御史、巡抚四川，讨平白草蕃，却再次因遭到蜚语中伤而罢归。两年后巡抚江西，因鞑靼套寇猖獗，威胁京师，召为兵部右侍郎。其时大将军仇鸾怙宠，势焰如火，谁也不敢得罪他，唯独张时彻拒不趋附。仇鸾怀恨在心，赴九边作战时，指定张时彻随行，企图借刀杀人，或者捏造罪名整死他。但以张时彻的睿智，岂能上当受害？可笑仇鸾机关算尽，却失去皇帝宠信，很快病疽身死。

嘉靖三十三年（1554），东南沿海倭乱鼎沸，留都南京却少了一个军事长官，朝廷命张时彻出任南京兵部尚书。当时他正在宁波丁忧守孝，尚未期满，但国与家相比，孰轻孰重，不言而喻，只好变通，墨缞从事。他动身时，恰巧范钦回乡奔丧，闻讯欣喜，长亭送别，即席赠诗《赠东沙司马赴金陵次留别韵二首》，以壮行色：

虎节龙函下帝庐，班高八座古尚书。
相知锁钥留京重，拟遣烽烟海岛疏。
乘月放舟堪浩渺，抚时击剑慢踌躇。
万年留后今姬旦，况复家声世佩鱼。

王气嶙嶒二百秋，石城钟阜跨平畴。
云风尚识高皇略，戎马真宽圣主忧。
天堑西来盘极海，仙帆东下指丹丘。
伫聆严召光台席，一德无烦梦卜求。[①]

张时彻虽是临危受命，其实早已成竹在胸，上奏经略事宜十章，都得到嘉靖皇帝的许可。但是严嵩擅政，贪贿之风盛行，吏治衰败。即便有为之官吏，不厚贿献媚，无论公私，事亦难行。官吏“凡迁转，必赂世蕃始得，不尔，必不迁，且中以祸”。严世蕃理直气壮，将他的功劳“掠为己美”，并且“要重谢”。

张时彻则和屠大山一样，委婉且坚决地拒绝了这种要求。于是，严嵩父子也和对付大山一样，嗾使言官交章弹劾。

好事不出门，恶事扬千里。远在宁波的范钦也听说了，他很着急，赶忙修书，派人来南京问讯。张时彻很感动，立刻复函道：

景向高风，无间昕夕，忽枉惠音，感慰无任。生伏处海滨，自甘樵钓，以卒余龄。而年迫衰颓，时兴朝露之感；诵说板荡，不免苌楚之嗟：未可一一道也。时事多艰，惟赖明公纾猷展采，柱石皇家，光我桑梓。服艾盈要，改错追曲，固有道者所不为也。第饮狂泉之国，其不狂者反为众诧，

① 《天一阁集》卷一二。

吾独且奈之何哉？海上残夷，至今未殄。初颇易视，以为釜中之鱼，而不虞挫损国威，耗公私之储，伤兵民之命，一至此极也。自兹以往，未知祸之所终耳。昨荐贤之举，大是可笑，犹谓国有人乎？主上报罢，盖诚烛其谬也。使者返，仓卒报谢，百惟终谅不宣。[1]

言官弹劾的内容，都是些陈谷子烂芝麻，且无中生有，张时彻忍无可忍，也向皇帝上了一道《辩白疏》，略为：

……如言者之论，南京礼部，于何需索？江右提学，于何伤残？临清兵备，于何乖方？耳目非少，其事易知也。河南岁入，每不足以供岁出，前此有奏留借支者矣。臣在任甫及半年，未尝奏留借支，而谓查数年未放钱粮，一时给发。卷案具存，其迹易明也。又王府禄米，往往过期不给；至于支放，又或不均不明。臣始以时给，始均平支放，始印封给发，士民舆皂无弗知者。故臣之去任也，阖省宗藩，攀舆挽送，填街拥巷，马不得前。谓侵尅者而有是乎？即使侵尅，抑何人亏赔而苦乎？其迹又易明也。臣先以四年参政而升按察使，后三任布政，首尾六年而升今官，有无奔竞，此其迹又明也。……[2]

张时彻的辩白，句句有理，使那些奉命弹劾的言官无话可说。然而，权倾朝野的严氏父子，心狠手辣，一不做二不休，干脆矫旨，勒令致仕，让张时彻回家待着去。

张时彻学富五车，识见高超，既然不能建功立业，那就另辟蹊径，决定致力于著书立说。当他潇洒地回到故里，范钦也有诗《次韵酬东沙》相赠：

海国烟霜伴素居，壮怀犹是昔年余。

---

①〔明〕张时彻：《芝园定集》卷二三。

②〔明〕张时彻：《芝园别集》奏议卷之四。

却堪华馆开尊日，正值高城落木初。
静里行藏便水石，醉来人世混龙鱼。
谁言愁似虞卿剧，欲向明时学著书。

偶陪琼席赋闲居，坐对河山落照余。
顾我心期惭柳下，知君文藻逼黄初。
依依露径陶潜菊，瑟瑟风江张翰鱼。
京洛烟尘从此远，逢人休寄绝交书。①

嘉靖三十四年（1555），正是范钦“知天命”之年，但是，他眼看着屠大山和张时彻被迫解甲归田，实在是茫然惶惑。当时倭寇非但没有绝迹，反而越闹越凶，朝廷却任凭奸枭专权，驱逐这样两位德才兼备的国家栋梁，岂非自毁长城?

这一年，倭寇先后入侵南直隶旌德、泾县、南陵、当涂、芜湖、无为、歙县，南京和浙江杭州、严州、宁波等地。仅以宁波为例，五月，省祭官杜槐在定海白沙（今宁波江北）抗倭死难。倭犯象山爵溪不逞，自钱仓白沙湾犯奉化，转掠鄞县鄞江桥、樟村，宁波卫副千户韩纲战死，倭渡曹娥江西犯。九月，倭寇踞舟山谢浦为巢穴，继掠鄞县、奉化、慈溪、余姚，窜四明山。

朝廷特派工部侍郎、宁波人赵文华巡视东南防倭事宜。可惜此人卑鄙无耻，认严嵩为义父，以上拍下压为能事，冒他人之功，杀多名大臣，颠倒功罪，牵制军机，倭势因是愈炽。

嘉靖三十五年（1556），更有倭寇巨魁徐海、麻叶与陈东，率倭数万大举入犯，在宁波，一股2600余人犯慈溪鸣鹤场，一股1000余人掠余姚临山，而后合犯观海卫、龙山所，袭破慈溪县城。五月，再一次袭破慈溪县城，焚毁县衙门，把县库洗劫一空……

此前不久，赵文华以败报胜，返朝升工部尚书，加太子太保。临行时，他

① 《天一阁集》卷一一。

总算做了一件好事，保荐胡宗宪出任浙江督抚。

胡宗宪（1512—1565），字汝贞，号梅林，徽州府绩溪人，智勇双全，全力以赴，为抗倭立下了汗马功劳。他采取剿抚并施、各个击破的对策，对王直力主“招抚”，派宾客蒋洲与陈可愿出使日本，与之接触。在蒋洲的劝说下，王直派义子王激（即毛海峰）回到国内，表示愿受招安，但要求开放海禁、互市贸易，胡宗宪也满口答应。作为报答，王激向胡宗宪密告了徐海、陈东、麻叶等股倭寇的内情。

嘉靖三十五年（1556）八月，胡宗宪调兵遣将，进攻占据东沉庄的倭首徐海。倭寇穷凶极恶，保靖、河朔官兵先后为其所败。在这功败垂成之际，胡宗宪亲临战阵，“擐甲厉声叱永保兵左右列，大呼而入，瞰垒下击”。将士们见督抚不怕死，深受鼓舞，斗志昂扬，大败倭寇，将其一举歼灭。随后，总兵卢镗又追击于海上，沉倭船数十只，斩650人。

捷报传来，范钦大喜，高唱《闻海上捷》：

烽火频年塞海涯，俄传血战扫长蛇。
气兼貔虎轻千灶，阵列风云按五花。
殊伐共归胡督府，征兵独数汉良家。
天心悔祸从今日，为报狂夷莫乱华。[①]

然而，范钦高兴得太早了。倭乱的根源，其实是朝政腐败，官逼民反，尤其是严厉海禁使沿海百姓生计无着，绝不是一两次胜仗能够解决的。因此，在这一年的辞旧迎新之际，他低吟《丙辰除夕》道：

瞬息韶光逼岁除，凄凉怀抱极怜予。
莱庭莫效千龄祝，邺架虚称万卷书。
海国经年频御寇，山林何地可投居？

① 天一阁集》卷一二。

城隅钟鼓催元会，拟看青阳冉冉舒。[①]

这首诗好比现在的年终总结，透露了不少信息。首先是范钦对父母的孝心，守制已近两年，哀思有增无已，感叹自己无法效老莱子承欢堂前、恭祝千龄。其次是倭乱给宁波百姓带来深重的灾难，连范钦这样的大官，都在发愁"山林何地可投居?"再次，范钦第一次提到自己的藏书事业，经过多年的收集已达万卷，堪称大家了。最后是光阴如箭，年届半百，却未能建立治国平天下如抗倭这样的功勋，范钦为此而"凄凉怀抱极怜予"。

第二天，范钦又作《丁巳元日》，再次表达了"勋业只看添白发，生涯无计炼丹砂"的惆怅。显然，他对于功名的热衷，并没有因为屠大山和张时彻的暗淡下场而稍减。

是年秋，范钦丁忧期满，起补河南左布政使。

河南是个穷地方，也没有什么大事可干，在范钦看来，还不如丁忧之前主政陕西了。因为那里有"北虏"，可以让自己一显身手。有个部下要从河南调往陕西，特向范钦请教。于是他借题发挥，赋诗《送李澄城》并作序道：

李子时中，家丰丘，由郡知事转簿澄城。余嘉靖甲寅左辖陕西，戊午复补河南。感今怀旧，爰赋斯篇：

煌煌二陕域中开，使节交加问俗来。

胜事已随流水去，壮怀可向美人裁?

天低太华摽仙掌，路绕黄河出汉台。

旷典只今归异擢，知君簿领济时才。[②]

① 《天一阁集》卷一一。

② 《天一阁集》卷一四。范钦在这首诗中自述"戊午复补河南"，按此计算，他在家中守制至少三年多。但是，明代对官员丁忧的时间有明确规定："以闻丧月日为始，不计闰二十七个月，服满起复。若有过期不行，移文催取到部，果无事故，在家迁延者，咨送法司问罪。"（《大明会典》卷一一）而丁忧服满赴吏部报到的期限，浙江为八个月，加起来至多三年。而违限两个月以上者参问，违限一年以上者送问。范钦父母死于嘉靖甲寅七月，闻丧月份姑且定为九月，则范钦必须在嘉靖丁巳九月赴吏部报到，不可能违限至戊午起补。笔者认为，诗中的戊午，可能是指做诗时间。

嘉靖三十七年（1558）八月，河南举行戊午科乡试，范钦主持其事。这一选拔人才的大事，他似乎不太关心。在他看来，“天下之治，不难于才，而难于善用其才。善用其才者，非凌跨人代，长视阔驭，百折必前，不顾艰厄已也；亦非运计设虑，闪伏如神，笼罩群类，置诸股掌已也。盖在轨物作正，敦举大体，而又鉴观世变，审缔几宜，开阖缓亟，不泥于法，亦不越于法之外，斯能导扬化原，绥和民萌。方如此者，乃可谓之善用”[①]。当然，他是自诩为善用其才之人的，只可惜机会总是失之交臂。

不过，皇天不负苦心人，建功立业的机会终于来了。乡试结束，圣旨到达：

> 嘉靖三十七年九月十六日，吏部奉圣旨：“范钦升都察院右副都御史，巡抚南、赣、汀、漳等处地方，提督军务，写敕与他。钦此。”十月十五日，范钦奉圣谕：“特命尔前去巡抚江西南安、赣州、福建汀州、漳州、广东南雄、韶州、惠州、潮州各府及湖广郴州地方，提督军务。钦此。”

他被擢升为都察院右副都御史，巡抚江西南安、赣州，福建汀州、漳州，广东南雄、韶州、惠州、潮州各府，及湖广郴州，提督军务。其主要任务是剿灭当地的倭寇。

范钦有位同里好友周相（字大卿，号莓厓），本来已经致仕回家，因曾经帮助过慈溪才子袁炜，所以袁炜进入内阁成为大学士后便投桃报李，把这个职务给了周相。范钦那时仍在宁波，曾用羡慕的口吻在《赠周莓厓督抚江西三首》中祝贺道：

> 开府洪都壮丽并，相逢谁不羡君行？
> 炎天驿路含风爽，晓日官舡拂浪轻。
> 贡水遥兼章水润，法星高举将星明。

① 《天一阁集》卷二三。

循良四十年来事，闻有穹碑满道横。

丹诏凌晨下汉宫，中丞仗钺且观风。
江山久羡提封富，楚粤新兼节制雄。
霖雨巧当炎旱候，阳春元在雪霜中。
滕阁薛楼游览地，旧题应被碧纱笼。[①]

真所谓无巧不成书，也就一年多时间，范钦居然取而代之。上述诗歌，似乎成了他得意的自况。他无须羡慕，梦想成真，喜气洋洋，雄心勃勃，兴冲冲地南下而去。

① 〔明〕范钦：《赠周莓厓督抚江西三首》，《天一阁集》卷一二。

第十章　勤王安民掣肘多

从河南洛阳到江西赣州，范钦日夜赶路，于嘉靖三十七年（1558）的倒数第二天抵达。他立刻向皇帝具表谢恩：

> 臣由水陆兼程，于十二月二十九日前到赣州府地方到任，接管行事，除望阙叩头谢恩外，窃念臣才非应世，生适逢辰。藩服承流，方切雁衔之愧，明廷锡命，遽叨龙节之荣。寄重疆围，劝存犬马。恭遇皇上，道通三极，恩洽九围，眷每切于黔黎，任不遗于葑菲，遂令驽蹇，亦玷鸿私。第当江、湖、闽、广之交，久为寇贼逋逃之薮。性殆同于养鹘，政亦类于理绳。所宜仰体圣明，宣扬仁武，内以绥凋罢之众，外以销祸衅之萌。将控扼于咽喉，且牵连于臂指，职司殊重，报称为难。臣敢不益矢初心，力惩往事。治先端本，惟期以身率吏民；兵贵伐谋，安敢以贼遗君父？臣无任感戴惶悚之至。为此具本，差千户吴鸿赍捧称谢，谨具奏闻。

接着，范钦立即办理关防、符验、旗牌的交接工作，其间适逢卸任赴京的周相六十大寿，范钦乃赋《寿莓厓兼促北上》，预祝他："出入陪朝论，峥嵘秉国钧。殊勋悬日月，遗像画麒麟。"①

然而，迎来送往的高兴劲儿尚未消退，南赣巡抚的交椅也尚未坐热，手下

① 《天一阁集》卷十。

即来报告：本年十一月二十五日，有倭寇2000余名先在福建诏安县攻城，劫杀烧屋，然后突至黄冈城外打劫。十二月十一日，又有倭寇300名，凑同矿徒约700名，在惠来县砖头地方崎石等处，分哨打劫。他们掳掠地方，侵逼城池，荼毒生灵，势危急迫。

朱厚熜在给范钦的圣旨中明确谕示：“但有盗贼发生，即便严督各该兵备（道）、守（备）、巡（检），并各军卫有司，设法剿捕。”因此，范钦顾不上过春节，立刻差人牌行广东潮州府，查问这两股倭寇的行踪，以及官兵攻追有无擒获。

据潮州府回报：原劫黄冈倭贼二千余徒，流至海阳县南泽都等处地方，今复遁至饶平县坤塘等村，离县仅四十里，势急燃眉。原劫惠来县砖头地方倭贼，哨至交界石坑村及潮阳县属地竹山都陂尾村，掳劫人家。本府捕盗通判陈国光、知县林丛槐等官，督兵追击并伏路，先后擒斩倭贼五十名颗。各贼在直浦都掠船过河，见聚桃山铺前地方。各贼尚在饶平、平湖二县流劫，伙党众多，势高猖炽。

范钦一直在关注倭寇的动向并思考对策，闻报后，他就意识到问题的严重性：

缘该（潮州）府濒临海岛，商舶辐辏，物殖繁衍，倭奴久已垂涎，比年，浙直诸处剽掠殆尽，乃今及于东广。盖蚕食之势相沿，而狼贪之欲靡厌。亦缘各该海澳巡守等官，先时不能防御，临机不能剿捕，以致蔓延，流毒内地，如不亟加翦除，诚恐祸患滋深。

于是，他发布到任后的第一道命令，命令广东分巡岭东道亲诣该府地方，会同巡视海道副使林懋举、都指挥孙敖、惠潮守备于宪，各督发原调田州报效狼兵等，及揭阳、程乡二县各精勇乡夫，相机设法剿捕；同时通知两广军门，调发南丹、东兰等州士兵，前去策应。

范钦指挥的战绩如何呢？据《甬上耆旧传》《殊域周咨录》等资料记载：嘉靖三十八年己未二月，倭寇自饶平流入漳州等处，督阃（范钦）遣都指挥孙敖会两广兵进剿，亲率狼兵及千户张春等，二次斩级七十七颗，生擒九名，夺回被掳官民一百八十名。

据《明世宗实录》载，三月，"贼屯潮之乌石，流突戎水都神山沟地方，三千余人。都阃范钦会同两广军门吴桂芳、恭顺侯吴继爵督兵进剿。三月二十六日，总兵俞大猷移营，五鼓发兵……大战良久，一鼓破之"。

四月，"倭二千余突犯饶平、海丰，攻破黄冈城，巡抚南赣副都御史范钦等责成两广军门移驻惠、潮近地，调兵剿御。事宁"。

范钦管辖的这一区域，南临百粤，北枕大江，东连闽峭，西接荆蛮，地延千里，址交四省，自古至今都是民风彪悍的地方。明正德十三年（1518），王阳明在此大破"山中贼"，百姓焚香迎拜，以为天下太平。王阳明也欣欣自喜，专门设立了一个"和平县"。但事实上，这里从来没有和平过，暴动频发，新起的流民与山里的惯匪连成一片，巡抚不知撤换了几个。当然，范钦也无法例外。仅据《范钦集·奏议》记述，就有多起：

四月，广东大埔、木窖、下水、李子寨、岭脚等处，贼合伙白日骑马扬旗，约有八百余徒，见屯连界三饶地方扎营，杀牛搬谷，烧屋掳人。

五月，广东潮州府大埔县木窖、乌槎等地强盗数千，啸聚山林，烧屋掳掠，势甚猖獗。

六月，有饶平、诏安二县强盗等三千余徒，突来攻劫平和县大峰社寨，三日不克，矢石如雨，合乡房尽行烧毁。又有倭寇百余人，从平和县到大溪等处地方烧劫。还有流贼二千余徒，自翠微到陈旗岭，攻打罗家土楼，见今未退，离云霄镇二十余里。

七月，饶平贼伙五千余徒，直往闽广交界小篆，烧屋四十余座，并劫家财难计。同一天，有矿徒六百余名，往龙岩县颜畲劫矿，忽聚忽散。至本月初七日，官兵伏截，贼伙散遁饶平县三饶地方。

范钦向来以天下为己任，何况王命在身、义不容辞，所以这段时期，他运筹帷幄，忙于指挥。连仰慕已久且近在咫尺的郁孤台，他也无暇游览，直至秋尽冬来，战事稍息，才登临以缓解心力交瘁、绷得太紧的神经。

郁孤台是赣州最著名的古迹，建于城区西北贺兰山上，“冠冕一郡之形势，而襟带千里之江山”，郁然孤峙，因而得名。历史上名闻遐迩，文人墨客题咏甚多。其中尤以南宋辛弃疾的“郁孤台下清江水，中间多少行人泪”传诵千古。范钦也不能免俗，添上一首《秋日郁孤台》，虽无新意，却也道出了当时身心俱疲、怀乡思亲的真情。诗曰：

斜日沧江上，凭虚倦眼开。
时危常抚剑，秋尽始登台。
霜重丹枫暗，云间紫雁来。
故乡缈何所，延伫首重回。①

在范钦看来，勤王安民的官员，应该是文武兼备的全才。他批评“时平则资经术之士，世乱则用介胄之夫”的观念，认为这是“判文武为两途”。他赞同“赳赳武夫，公侯腹心”的说法：“古者寓兵于农，寓卿于将。平生握奇抱璞，悛悛若处子，至运筹发策，或涉历戎行，咸奏肤功，由夙养完粹，其出无方。”②

南赣巡抚，素有“四省三司，听其节制”，可以便宜行事的特权；如果是文武兼备像王阳明这样的人物，那就无事不能摆平了。范钦私心里，肯定自以为文武全才，认为只要圣上用人得当，必定马到成功。但是一年下来，他就痛感理论与实际相去甚远，掣肘的问题何其多也。他空有其出无方的文韬武略，实际上只是一名手忙脚乱、疲于奔走、到处“救火”的消防队长。而且，他手上既没有得力的救火兵，又没有充足的行军费，是个人财两缺、壮志难酬的光杆司令。

① 《天一阁集》卷七。
② 《天一阁集》卷一八。

范钦发现，所谓“四省三司，听其节制”的特权，实质上并不存在。各地官员倒是听从巡抚指挥认真抗击境内的倭寇山匪，但一般都是赶走了事。至于行政区域外的暴民，则作壁上观，大都装聋作哑。尤其是边界地区，各省画地为牢，互相推诿，任凭其游击抢掠。更糟糕的是，这四省接合部，崇山峻岭，洞穴丛林，只有鸟道与外界沟通。车马不得长驱直入，粮草不能及时供给。官军扑来，暴民就闻风四散，东追则西蹿，南扑则北奔。在山中，大军如涸辙之鱼，难以维持；暴民则如鱼得水，兵进彼退，兵退彼进，而且狡兔三窟，勾连成片；更因官逼民反，兵源也是源源不断，似乎永无剿灭之日。

范钦认为，这一带暴民得不到肃清的原因，就在于官府“各人自扫门前雪，不管他人瓦上霜”的地方保护主义，各省都推托观望，不肯协力合作，致使贼情蔓延。他虽然有皇帝圣旨和兵部咨文，毕竟不能动真格的，唯一的良策，是组织一支独立的军事力量，由高级别的参将统率驻扎在各省的接合部会昌，归他指挥，专事剿匪。

于是，范钦向嘉靖皇帝上了一道《议复参将以安地方事》的奏议。

他上奏：“臣看得南、赣地方，崇山迭嶂，延袤千里，与闽、广、湖、湘壤土相连，故盗贼易于啸聚，而官司难于禁戢。先年议设参将一员，统领江西赣州等府卫并福建汀州等卫所各官军民兵，驻扎会昌，往来防御，威行法举，盗遂宁息。”成化二十三年（1487），时任巡抚江西李都御史“题奉钦依，将会昌守备停革，调取福建汀州及武平、上杭各卫所官军，并兴、宁、雩、赣民兵共七千员名，改设参将一员，驻扎会昌控制。后于弘治四年，地方宁息，仍改守备，将各官军、民兵也尽数撤回”。

范钦指出，这一举措“非不善也”，可惜守备不比参将，“事权轻眇，既无以统一众心，兵力寡弱，又无以防遏贼势。岁月浸淫，遂致闽广流贼数千，近年越入会昌，甚于鸱张；三巢之徒，盘据和平、龙南之间，殆同狼噬。内地居民遭其蹂躏，室家消亡，田庐芜没，愁苦之声耳不忍闻，颠连之状目不忍见。斯已甚矣。无知之徒又复效尤，以为官兵无如之何。远迩警动，凡以制驭之无术，而责任之大轻也”。而各地的据镇守委官，“随带兵夫不过百数，若外无重兵镇压，设有窃发，徒自坐困。况闽、广流寇无时出没，而程乡、安远诸路乡兵亦每以报复私雠，横行无忌，虽南、赣、汀、漳、惠、潮、郴、桂设有守备官四员，然皆地分各省，兵无统制，每遇盗贼生发，止以追逐出境为功，殊于流毒贻害无补”。

“为今之计，应比前例，将会昌守备革回别用，仍复参将一员在彼驻札。就于四省附近，有司如江西南、赣二府属县及万安、龙泉，福建长汀、武平、上杭，广东保昌、始兴、翁源、仁化、程乡、大埔、和平、龙川、兴宁，湖广桂东、桂阳各县；军卫如江西赣州卫，信丰、会昌、南安千户所，福建汀州卫，武平、上杭千户所，广东南雄、韶州、河源、龙川、长乐、程乡各千户所，湖广郴州、广安、桂阳、宜章各千户所，官军民兵内共选调三千员名，听其统领训练。其惠、潮、汀、漳、郴、桂各守备及南、赣坐营官兵与诸路乡兵，平时听其调度节制，有警悉从调遣。庶在内委官镇守，得以稽查出入，而潜销各贼剽窃之心。在外设将镇压，得以联属兵权，而杜绝诸路不轨之谋，盗贼或可屏息，地方亦赖安宁等因。”

奏议是派专人送往北京的，结果却如石沉大海，没有回音。范钦不得不再上奏议，提出新的理由：“臣自莅任以来，宣扬皇上威德，流贼颇已敛戢，新民亦渐向化。故以众议，于三巢适中之处，地名大竹园，设馆筑城，以资控扼。”但是，“犹恐犬羊之性变诈非常，有如往年流贼入境剽掠，诸巢汹汹，则彼守备不能镇压于平时；而欲应变于仓猝，亦恐其身虽劳瘁，患终难弭。臣用是忧惧，反复思惟，与其善图其后，不若预防于先。故必得人畀以重寄，内以制藏伏之奸，外以弭奔突之贼，然后缓急有备，而后可也”。因此，“前项参将亟应议复。如蒙皇上轸念地方，乞敕该部再加查议，将守备革除别用，仍设参将一员，照例赐给应得敕书、关防、符验，旗牌，俾令前来任事”。

他对参将的职、责、权作了明确规定：“选拨四省附近各卫所官军及州县民兵共三千员名，听其统领；于会昌县及和平、龙南二县适中城馆往来驻扎，弹压诸巢，务在操练兵马，保固城池，和辑乡民。遇有盗贼生发，即便相机剿捕。惠、潮、汀、漳、郴、桂各守备，南、赣坐营并前项附近衙门，如南、赣二府所属及龙泉、万安等县，赣州信丰等卫所，俱听其管摄，有警从宜调遣，不得阻抗。凡事关军旅，轻则径自处分，重则与守巡道计议停当而行。”不过，最终

“仍听臣节制，亦不许本官参谒各该衙门，远涉道途，妨碍政务”。

他向皇帝保证：“有各官专守于诸巢，守备、坐营分理于四徼，而又有参将居中统理往来截杀，则规为颇密，戎务易饰。盗贼知所惮慑，而民生或有倚籍矣。”他只求早日下旨允准，又派专人快马加鞭送往北京。

然而，朝廷却再一次置若罔闻，不予理睬。

范钦是个富于责任感的人，认准的事情，就会锲而不舍，不会因为上边不批就撒手不管。而且，他还找到了新的理由：这些“山贼”“倭寇”，绝大多数“俱系良民，皆穷困所逼”。如饶平之“乱民”达5000余，就是因为“去年失收，各家乏食”，造反也是情有可原的。对付他们，“欲调兵征剿，则恐玉石俱焚”，“欲照常抚绥，则恐犬羊易肆”。最好的办法，还是在开垦边地、兴屯足食的同时，“筑城建馆，设官驻扎”，从而使其“居常得以钤束，有警便于擒剿”。

于是，范钦又一次具表上奏，退而求其次，只希望增设捕盗通判一员，地点也改在广东潮州府程乡县豪居太平营。这里“适当三省边陲，山峒盘亙，逋逃渊薮，且其地壤绵旷，远离县治二百余里，招抚诸民易于鼓煽，如近年巢贼李南涧等三千余众，流劫福建永安、江西南丰等处，攻城掠野，荼毒生灵，声闻远迩，人心惊骇。今虽渠魁已翦，党类尚众”。如果在这里“筑城建馆，设官驻扎”，“添设本府捕盗通判一员，专在公馆驻扎”，“训练军兵，整束乡伍，缉捕盗贼，绥安良善，不许别项差委，有妨政务”，那么“岁月既深，恩威流布，将使化盗贼为良民，卖刀剑为牛犊，要亦无难”。

范钦确实有长远的战略思维，标本兼治，既做好眼前的工作，又能考虑到长远的效益，绝非拉完网就走，而是力图根治匪患。

也许是这一乐观的看法打动了嘉靖皇帝，兵部终于奉皇帝谕旨批复此事：“兵部复议、提督两广侍郎郑絅、巡抚南赣都御史范钦言，‘程乡豪居太平营等处俱系招抚贼巢，壤接三省，易与为乱，宜及地方稍宁，建立城镇，徙丰顺乡巡司弓兵守之；增设潮州府通判一员，令其专驻本城，兼辖附近兴宁、安远、会昌、武平、上杭诸县’。报可。”[①]批复是在嘉靖三十九年（1560）九月下达

① 《明世宗实录》卷四八八。

的，这对范钦来说，实在太晚了。一个月后，他就被革职查办了。

范钦这位“提督四省军务”的巡抚大人，听起来好生威武，其实活得非常憋屈。他手上没有可直接指挥的兵将，为此再三上书，要一个参将或捕盗通判，却是千呼万唤不下达。但是让他更加苦恼的还是军费空虚，且无从筹措。现代人说，有钱不是万能的，没钱则是万万不能的，这句话同样适用于当时的范钦。常言道“兵马未动，粮草先行”，也就是说，要打仗，先要花钱筹备足够的粮饷。对范钦来说，花钱的地方远不止此。如修理城寨隘堡、置造衣甲、添修战具、招募新兵、作战训练以及补充赏功，等等，无处不要钱，却又无处去要钱。如此，既没军队，又没军费，他拿什么去剿匪抗倭呢？

朱元璋最恨贪官污吏，明朝的刑罚极其严苛。但事实上，朝廷十官九贪，州县墨吏遍地，民脂民膏，吮吸殆尽，虽一再增税加捐，财政仍入不敷出。可怜范钦管辖的四省交界处，偏偏是个鸟不拉屎的穷地方，挖地三尺也找不出钱来。范钦为粮饷和军需供应绞尽脑汁，简直陷入了山穷水尽的绝境。

当地的军费开支，向来依靠盐税收入。所抽税银以十分为率，八分解京，接济边储；二分量留本处，以备军饷支用。封建社会的盐是官方严格控制的特殊商品，洪武初年，即陆续设立两淮等六都转运盐使司、广东等七盐课提举司，推行盐专卖制度。主要有：民产（官拨荡地，官给灶具，官支工本，由佥派之灶户进行生产）、官收（包括以工本米钞垄断灶户的正额盐课、低价购买灶户的煎剩余盐）、商运商销（开中制）。盐税为商业税之大宗，在国家财政中举足轻重。“先年题准广盐通行南、赣、吉、袁、临五府，缘是商贩日众，税课倍增。故当其时，兵力精强，疆圉宁谧，岁日既深，积贮遂至三十余万”。这使经营淮盐的徽商眼红了，于嘉靖十五年（1536）买通御史，上疏要求在袁州、临川二府行销淮盐，理由冠冕堂皇，说是为了“体国济边”。徽商素以牟取暴利著称，淮盐在产地的价格是每斤约制钱二三文，运到江西等地，每斤售价六七十文。照此计算，哪怕“一岁扣存二分之数”，各府存留作为军费的钱财也应大涨，然而结果却适得其反，“坐是帑藏空匮，支用窘缩，盗贼亦复借口”。等到范钦上任时，早年积贮的30余万荡然无存，最近20多年的淮盐税收也只剩下120余两。

其时范钦正需要解决一个难题：军门同意筑龙南堡馆，预算需五六千两，可是该府库藏却只有120余两，当真是杯水车薪，英雄气短啊。而当范钦搞清楚了这笔禁广盐、行淮盐的历史旧账之后，明知道必将得罪徽商及其在朝的代言人，仍毅然决然地参照先例具表上奏，“题为军需缺乏，亟图计处，以绥地方事”，要求在袁、临二府恢复行销广盐。他认为这样做有五大利好：“近年袁、临行食淮盐，岁入国课不过二三千两，视昔之所入，仅十之一二而已，今则抽纳既广，扣解必多，则国课增盈，其利一也；盐税既缺，军饷无资，必将派征，编氓死亡转徙之余，何以堪命！今赋不加而民不扰，其利二也；淮盐色黑味苦而价高，广盐色白味厚而价廉，袁、临之人鲜不愿食广盐，得以省费食美，往来无禁，其利三也；广商皆出江右，家非富饶，自盐法阻滞，本业亏损，不肯应募，将使博锱铢之利，商旅流通，其利四也；广盐之行，南经雄安，则用担夫，北趋袁、临，则用船户，转徙执事，俯仰有赖，南不至为山寇，北不至为水盗，其利五也。反是，则不免于害。”

范钦又从大局观出发，向皇帝进言道：“夫淮盐、广盐，皆国家利也，东南之民与西北之民皆国家赤子也。袁、临既可行淮盐，亦可行广盐，为西北之民计，独不为东南之民计乎？……今闽、广、荆、吴之地，视南、赣以为安危，山谷巢峒之民，视南、赣以为向背。乃使馈饷缺乏，兵力单弱，攻则不足，守非有余，盗贼乘机肆行冲突，又将何以应之？庸愚如臣，分甘重谴，其如生民何？其如地方何？此臣所以日夕忧惶而不能已也。”“伏望皇上轸念地方，俯从舆论，乞敕该部计议，许令袁、临二府与南、赣、吉五府均食广盐，照例纳税，以资军需。”

嘉靖皇帝是否看到了这道奏议，是否允准，都不得而知。范钦的奏议，在庞大的帝国利益集团及其成法惯例面前，简直是太微不足道了。谁来听你的？而且，即使皇帝同意了，也是远水不解近渴，因为到处都在向他伸手要钱，无一不是刻不容缓！

特别是嘉靖三十九年（1560），一方面福建征倭，要求范钦发兵策应，行粮赏犒等项，岁费不止万金。另一方面，还有许多援助的客兵，他们“行粮缺乏，张口待哺，屡求解去”。范钦知道，“弭盗以强兵为先，强兵以足食为要”，客兵的要求毫不过分。“前兵一撤，盗即蜂起。上廑圣明南顾之忧，下益百姓倒悬之困。当此之时，即有饷金十万，四路征兵，亦恐缓不及事，徒贻噬脐之悔。臣虽万死，何足为赎!”范钦慰勉有加，答应亟行处给。

可是，二分盐税连日常开支都不够，还有哪里能弄钱呢？范钦不得不向皇帝叹苦经：“臣职专军旅，不预民事，原无赃罚银两可以接济。各省俱有专官，巡抚一切钱粮，额坐已定，又非臣可以动支，即欲加派于民，兵燹之余，疮痍未起，救死且犹不赡，何能应官出办?”挖空心思，他只有在盐税上动脑筋，于是又上了一道关于“库藏万分窘乏，暂留盐税以济急用”的奏议，请求“将八分起运盐税，自嘉靖三十六年起，暂留五年，以应目前紧急之用。待后年份，积贮稍充，照旧解部，以济边储”。

在军费问题上，范钦显然没有胡宗宪聪明。胡宗宪“创编提均徭之法，加赋额外”，也就是通常所说的加派，“南畿、浙、闽多额外提编，江南至四十万（两）”。同时，通过赵文华厚结严嵩、严世蕃父子，“岁遗金帛子女珍奇淫巧无数”，奴颜以事，恃严嵩为内援，“东南帑藏，悉从调取；天下兵勇，便宜征用”。

范钦是把教养中的词藻当成真谛的正人君子，坚决反对“劳民以攘寇”。他在《赠大参王方湖序》中用治病救人作比喻：

> 夫人之疾也，邪沴之侵蚀也，元气之耗蠹也。善医者固亟于攻去，而尤以培养真元为本，乃第其标本之缓急而施之，则气日以充，而邪日以去。不善医者，反是。夫民犹元气也，寇犹邪沴也，不度寇之缓急，而一于劳民以攘寇，则民日以困，而寇日以炽。[①]

当然，他也不屑于像胡宗宪那样，向严嵩父子拍马溜须来换取便宜征用，便改在盐税上打主意。但事关国税，非同小可。以身家性命为重的官员，一般是不愿冒这个险的，生怕“没吃上羊肉，倒惹了一身骚”。而范钦自以为襟怀坦

---

①《天一阁集》卷一八。

白，目的就是“兵费足、攻守如意，而地方赖以宁谧”，忠诚之心，指天可表。他声称：“臣是以不避斧钺，特申前请。伏望皇上轸念南、赣重地，饷馈缺乏，安危所系，特敕刻部，再加查议。”

范钦似乎总难忘怀责任。但究实而言，救民于水火的责任感并不是主要的，主要的恐怕是功名心，不愿意一事无成。不过，无论怎么说，范钦还是勤于王事的典范。

十几年后，有个名叫江新泉的官员，与他经历相仿，由浙江布政使升南赣巡抚，范钦于是借题发挥，在《赠少司徒新泉江公序》中为自己申辩道：“尝溯而论之，盖有二难。藩辖以前，难在己。督抚以后，难在人。倖门四辟，竞者蚁聚，乃深念逊避，斤斤自喜，非不善矣；犹虑忌者龁龁，怙者恣睢，进退维谷，置身何所。斯难在已也。不幸而值山寇水沴，亟图康乂，脱一不当，变生呼吸，百万之命，鲜不罹锋镝沟壑，而旁睨者且议其后，斯难在人也。”但是，“士大夫起而擅当时之誉，岂徒计日取资哉？盖必有凝定之守，不可概之量”。因为“守凝定则外无可欲，而精气完；量不可概”；从而“与道浸淫，出入不悖。禄爵不能縻，祸害不能怵。故能任天下之重，茂建勋伐，声施后世”。[①]

除了兵力和军费让范钦一筹莫展，他在官员的使用上也很不如意。

范钦也信奉治民先治官之理。他认为“地方之安危，系于民生之休戚；民生之休戚，系于有司之贤否。有司诚得其人，则居常可以抚绥，遇灾必能拯救。若当盗贼之冲，荐罹侵掠，非得敏达果毅之才，则必不能究心民瘼，消弭奸萌。因循养祸，重贻元元之害，此贤者所宜专任，而不肖者不得不亟去也”。特别是“南、赣、汀、漳等郡，崇山内盘，巨海外环，寇盗生发，岁无宁时，故有司视他方为重，而县官尤宜得人”。他上任之后，一手抓剿抚乱民，一手抓考察官员，不久即向皇帝报告：“臣待罪一年于兹，贤否亦颇周知。”

在这篇题为《议处有司官员以资安攘事》的奏折中，范钦竭力推荐福建汀州府武平县和漳州府诏安县的知县，称前者“器局恢宏，才猷精敏。莅政而克勤安辑，当事而不避险艰。抚剿得宜，则象峒之积盗敛迹；控扼有法，则程乡

① 《天一阁集》卷二二。

之巨寇输心。爱戴切于士民，声闻彰于远迩”，说后者“性资敦悫，操守谨严。请谒不行，百度悉循公法；辑宁无倦，一念常在茕民。捍孤城而倭不内侵，谨四乡而盗无外掠。时方赖其有为，民犹恐其速去”。范钦建议他俩仍留在任，就近迁转，以尽其才。与此同时，他发现江西赣州府信丰县知县马某无德无能，“小邑尚难支持，盗区岂堪措理？”他认为，“此一臣者，所当改教以全其终者也”。最后他请求道：“如蒙乞敕该部再加查核，如果臣言不谬，将徐甫宰等仍留在任，候有附近地方员缺迁转；马某改教。庶几臧否不至混淆，而化理得以责成，地方民生咸有赖矣。”

这份奏议送上后，依然如泥牛入海无消息。倒是另一份关于汀州通判邹子进的奏议，颇有戏剧性的命运。

“（上杭县）溪南地方，先年未蒙设馆，肆行劫掠，流毒乡村，虽经官司多方招安，抚而复叛，诚为民患。自设馆坐委通判邹子进于彼驻扎，本官宣示军门德威，新民俱已从化。近年奉调出征，颇为易使，输粮服役，各无推避。”范钦很是欣赏邹子进。他对于招抚来的新民也管理有方，“忠诚镇率，和易格孚，教以孝亲敬长，垦田训子。新民翕然向化，近年以来，地方赖以宁谧”，士民均服其贤。不料，朝廷忽然下令，升任其为贵州镇宁州知州，临行时，“新民扶携导送，如失所依”。范钦由此看出，邹子进深得新民之心，是个好官。当前“众心甫定，庶务草创”，一旦离去，“使或代理非人，犹恐事出意外”。所以他竭力挽留，具表恳请其改任汀州府同知，“或加增俸给，仍留专抚溪南新民，庶官得久任，人无异志，政体便于责成，而疆陲借以宁谧矣。”

这一次，朝廷倒很痛快，决定仍让邹子进任汀州府通判，但升知州服色俸级。皇帝也御笔批曰：“是，钦此。”可谁曾想到，就在公文下达前十天，邹子进的母亲忽然去世了，他只得按例丁忧，回籍守制。范钦空高兴了一场，只得再打紧急报告，请求朝廷赶快添设捕盗通判一员。

范钦擢贤汰劣、奖能退庸的用人之道，由此可见一斑。他以德才兼备、精明强干、操持廉洁、杜绝请谒，以及黎民满意与否作为考察官员的重要标准，信赏必罚，雷厉风行。明朝的官吏成千上万，若都像他这样，就没有倭乱、暴民了。

第十一章　福祸回旋不可测

在巡抚南赣期间，范钦的政绩，不是抗倭，是捕获以冯天爵为首的一群叛兵、一伙无法无天的强盗。

明代实行军户制，军是卫所的军士，由朝廷发给粮饷，设有专门的军籍，称为军户，为世袭制，由五军都督府直接管理，不受地方行政长官的约束。明代中叶以后，军户制弊端丛生，兵不能战，不得不改而实行募兵制。当时威震东南的“戚家军”，就是抗倭名将戚继光到浙江义乌招募兵员组成的。

冯天爵是募兵中的败类。他是从广东到福建应募当兵的。军法规定，募兵须长期服役，不能无故脱离军队。此人却因地方官没能满足其提出的犒赏要求，纠合100多个同党，于嘉靖三十九年（1560）六月的某日，冲击福建闽清县的库房，击杀守兵，抢劫库银，然后斩关出城，从此到处打家劫舍。沿途经行，或屯扎三二日，寻访大户、劫夺金银，掳掠妇女、分占奸宿，杀人放火、斩掠猪牛。官府向来不顾黎民百姓的安危，督兵追剿，不过遥为声势，不去决一死战，而是等着盗匪离境了事。一路上，这帮强盗居然畅行无阻，直至八月上旬，才在新城县（今江西黎川）遭遇官兵围捕。

新城县守备王址，是个忠于职守的好官，预先督同千户刘兆元、百户戴麒、典史徐洪等带领军兵各据信地，严兵以待，安排截捕。可惜他的运气不好，战斗中反被强盗所擒。冯天爵兽性大发，竟将王守备斩头、剖肚，砍折一足，抢走了他的黄伞、牌棍、帷幔等仪仗，以及皮箱、马匹。此后，冯天爵胆大包天，干脆就冒充守备，顶冠束带，坐在轿中，将夺得的黄伞、牌棍、帷幔摆列前行。

其余同伙仍是官兵打扮，假称守备带兵防御，远近传报，使无惊避，过抚州，往清阳、崇仁而去。

劫库杀官，罪大恶极，沿途官府再也不能装聋作哑，纷纷飞报巡抚南赣范都御史。若是换作别的巡抚，也就移文调遣，以免坐视之罚；应名追捕，聊为招抚之媒。何况大盗作案的闽清县，并不属于南赣巡抚的管辖范围。可范钦有责任感，给自己搬出皇帝圣旨："但有盗贼生发，即便严督各该兵备、守、巡，并各军卫有司，设法剿捕。钦此。"还有兵部训令："如遇盗贼入境劫掠，即便调兵剿杀。所部官军，若在军前违期逗留退缩，俱听以军法从事。生擒盗贼，鞫问明白，亦听斩首示众。"他立刻调兵遣将，派千户李烈带领精兵前往宁都等处，会合官乡兵夫，于紧关要路及南城等处，策应剿杀，同时发兵前去石城县防截。

但是，冯天爵不仅心狠手辣，而且诡计多端，一看行踪败露，便将仪仗等物扔入水中，强掳船只14条扮作商船，从永丰、吉水等县夜过吉安府，又弃船登岸，转往泰和县。虽遭官兵围困，仍然分头突围，潜走间道，企图遁回原籍广东，一路上仍是杀人毁屋、劫掠人财，无恶不作。

范钦闻报，又派千户吴鸿统领精兵2000名，百户殷玺捧旗牌，由间道径往上犹、崇义等县通要去处堵截；又差百户严约统兵前去万安等县，会同官兵捕于通江沿河水陆一带地方，相机截杀。终于先后擒获贼首冯天爵以下共67人，审讯明白，立即具表上奏，详述围捕经过：

> 今照强贼冯天爵等，本系应募广兵，辄敢纠连伙党，内蓄祸心，外张名号，潜用冠裳轿伞，伪刻关防批牌，戕人性命，奸人妇女，驯至攻劫库藏，敌杀官兵，转战迨历于三藩，流毒已延于数月，诚神人之所共愤，国法之所不容。虽非境内盗贼，乃今擒捕殆尽。是皆仰仗皇上神武懋昭，天威震垒，以致官兵用命，易于成功。臣愚殊深感激，庆忭而不能已也。……其强贼冯天爵等监候处决……缘系募兵倡乱事理，未敢擅便，为此，具本差舍人孙琼亲赍。谨题请旨。

范钦不是一个贪功冒赏的人，他在奏议中一再声明，自己只是尽了点催督之责，同时详细列出出力效劳的将吏名单，为他们请奖，还提出了论功行赏的初步建议，希望“贤否不混，劝戒适宜，人争奋励于事功，而盗寇不足平矣”。他在这里早就发现，南赣之兵本有数千，然而是不见敌就跑，不等打就败。其原因在于进而效死，无爵赏之功；退而奔逃，无诛戮之罚。

冯天爵能号令100多人随他作乱，估计是个下级军官。明代皇室对军队控制特别严格，处理问题也特别慎重。《大明律》规定，军官犯罪由五军都督府向皇帝请旨以后才能取问，奉旨推问拟处轻罪也要经皇帝批准，如果是杖罪以上，必须由皇帝裁决。范钦不敢自作主张，上书请嘉靖皇帝裁决。

当时明朝的治安状况恶劣之极，“京师十里之外，大盗十百为群”。因此，据《明世宗实录》载，朱厚熜看到范钦的奏折，龙颜大悦，下旨严惩强盗：“凌迟冯天爵、梁宽，斩罪赵继宗等六十五名。”同时奖励死难将官，“诏赠（王）址都指挥使、（戴）权正千户，各升袭子孙一级”，召范钦进京，升任兵部右侍郎。

范钦接到圣旨，自然是欣喜若狂。他阔别京城20年，如今“前度刘郎又重来”，朝思暮想的目标终于实现了，能不喜煞人！不过，他并没有归心似箭地启程返京，而是恪尽职守，站好最后一班岗。他遵奉皇帝敕谕：“有司官员中政务修举者，量加奖劝；其有贪残畏缩误事者径自拿问。钦此。”临行之前，他对属下官员进行考核，擢贤汰劣，奖能罢庸，严惩顽劣渎职者。

范钦根据“二年以来，盖尝于各官验其行事，察其心术”的结果，连续上书《题为荐举贤能方面官员事》《题为荐举抚属守巡官员事》《题为举劾有司官员，以昭劝惩事》《题为举劾武职官员以饬戎政事》《题为荐举教职官员以备叙用事》等奏议，荐举奖劝了一批良臣好官，又一一指陈潮州府通判陈某、安远县知县章某、龙川县知县李某和连城县知县方某的劣迹，认为“以上四臣，俱污滥不谨，所当纠劾者也”。原任守备湖广郴桂等处地方以都指挥体统行事、今升贵州都司孙某，守备广东惠潮等处地方以都指挥体统行事指挥佥事陈某，“以上二臣，力不副任，避难误事，所当革罢者也”。对于“才虽不赡，守尚未渝”的两名官员，则建议“所宜调简，以示创艾者也”。有意思的是，他还专门具表上奏《题为荐举教职官员以备叙用事》。在他看来，“图治以人才为先，育才以师儒为重，盖必其人德履可以树范，问学可以发蒙，然后师道既立，善人自兴。大者足任梁栋，而小者亦不失为榱桷之用，是其官职虽微，而系于治道，诚不轻也”。这位巡抚大人重视人才、重视教育的远见卓识，令人敬佩。

这是嘉靖三十九年（1560）八月的事情。九月，广东左布政使杨伊志升任南赣巡抚。范钦与之交接完毕，便凯旋赴京。他年富力强，各方面均趋成熟，跻身于六部大臣之列，前途一片光明。

然而，正所谓“福兮祸所伏”，范钦刚刚抵达北京，可能连兵部大堂的基本情况都来不及熟悉，弹劾他的奏章也几乎同时送到了皇帝案头。《明世宗实录》卷四八九载：“嘉靖三十九年十月壬子，南京、贵州等道御史王宗徐等劾奏：新升兵部侍郎范钦抚南赣时，黩货纵贼，贻患地方，而代之者杨伊志，亦非统御才，乞并议处。章下吏部覆言：钦被劾，罪当行勘；伊志履任方新，当责其后功。”

明代的都察院设左右都御史、副都御史、佥都御史等官，下设十三道监察御史。监察御史直接向皇帝负责，不受都御史的节制，位卑权重，在明代政治与法制中扮演了相当重要的角色。都察院派遣出巡地方的监察御史称巡按，“代天子巡狩，所按藩服大臣、府州县官，诸考察举劾尤专，大事奏裁，小事立断”。论级别，巡按御史不过正七品，与知县级别相同，但其“任纪纲之职，受耳目之寄，纠劾百僚，肃清庶政。若巡按一方，则御史朝廷所差，序于三司官之上”。其位既尊，其权更大。照巡按出巡事宜规定，其有倚重监司、分道巡历、委会府佐、审取官评、督责县令、整饬纪纲、详慎审录、亲审词状、拿问官员、严禁访察、躬行节俭等10余种权力，几乎涉及所有地方事务。尤其是纠劾督责、拿问审评之权，直接关系到地方官员的施政乃至命运。

明代御史作为天子耳目，得以在朝廷预议大政，参与廷推内阁大学士。凡是朝廷官员犯罪，基本上都由御史弹劾。弹劾如果获准，官员就交给刑部治罪。因此据《明经世文编》记载，嘉靖时，“两司见御史，屏息屈躬，御史出入，守令门跪”。“相见之际，知府以下长跪不起，布政以下列位随行。甚者答应之际，皆俯首至膝，明曰拱手，而实屈伏如拜跪矣。至于审刑议事，考核官吏之际，与夺轻重，皆惟巡按出言，而藩臬唯唯承命，不得稍致商榷矣。”

而在正人君子范钦的想象中，作为皇帝“耳目腹心”的监察御史，其人应是“肝胆志赤，习览当世之故”，“持白简，在天子左，争可可否否，定国是，纠正百僚。出则奉玺书巡行郡国，许以便宜从事，计安元元”。[①]然而，不幸的是，有明一代，称得上“铁面御史”如海瑞之辈寥若晨星，相反，以权谋私的御史却大有人在。他们凭借参劾权，主观武断，偏听偏信，依仗个人喜怒弹劾官员，罗织成罪。弹劾时“多任己意”或“追求细故”，甚至根据“传闻飞误，遂相附和，假托民谣，以为佐证”。这在屠大山和张时彻的事上，已经有过体现。但范钦万万没有想到，现在竟轮到自己了。按照当时的规矩，任职官员一旦被御史上书弹劾，必须暂停处理政务，以避嫌疑。范钦的大好前程，就被这帮言官的胡说八道给断送了。他把满腔悲愤，化作一首《浮沤行》：

> 鸱鸮吓凤狐作虎，世事翻覆那可睹？
> 我欲问天天莫凭，昨日晴明今日雨。
> 君不见，运去英雄同累囚，时来奴虏厕通侯，今古得丧谁能谋？
> 揽衣大笑出门去，茫茫天地一浮沤。[②]

这飞来横祸是范钦命运的转折点，值得深究。

天下没有无缘无故的爱，也没有无缘无故的恨。范钦和王宗徐素不相识，也从无交集。此人之前从事教育工作，曾任广东归善县儒学教谕、国子监学正，与范钦风马牛不相及。他实授御史仅四个月，一个“菜鸟”，通常是不会去弹劾部堂大员的。那么，究竟是什么原因促使王宗徐造谣诽谤、欲置范钦于死地呢？

笼统的说法，诚如《明史·循吏传序》所言：“嘉、隆以后，吏部考察之法，徒为具文。而人皆不自顾惜，抚按之权太重，举劾惟贿是亲，而人皆贪墨

---

① 《天一阁集》卷二三。
② 《天一阁集》卷四。

以奉上司，于是吏治日偷，民生日蹙，而国亦以亡矣。……中叶以来，官方隳裂，吏治窳敝，动谓衰朝秕政”。

而范钦生前的具体说法，迄今唯有张时彻在《寿少司马东明范公七十序》（《芝园定集》卷三五）中略为提到：“赣故盗薮也，矢其猷略，敉宁反侧，大江以西宴如也，晋少司马职。贰夏卿有请求而弗，慊者构谤书中之，公论弗与也。而交口讼冤久之，其事得白。”张时彻是范钦挚友，这又是写给范钦本人的，此说自然可信。

“贰夏卿”和“少司马”一样，都是兵部侍郎的别称。也就是说，另一位兵部侍郎向范钦有所请求，什么事情不清楚，但种种迹象表明，很有可能涉及被范钦参劾的那些官员。其事明显触碰到了范钦为人处世的底线，所以尽管有同堂共事之谊，他还是断然拒绝了。此人恼羞成怒，怀恨在心，而报复的最佳手段，便是勾结唆使御史诬蔑中伤范钦。那么，为什么偏偏是由王宗徐这个“菜鸟”御史跳出来打冲锋呢？

认真分析，至少有两点可见端倪。首先，王宗徐当上御史仅四个月，“新官上任三把火”是必须的；而选择对兵部侍郎下手，更有轰动效应，成功了就是大政绩。其次，王宗徐的老家在江西泰和县马市南富圩，恰好属于范钦巡抚范围，虽然他在嘉靖二十九年（1550）就离开家乡去做官，但不难想见，家乡必定有不少亲戚朋友，其中或有被范钦动了利益的人，甚至有可能正是贰夏卿请托之人。于是他俩一拍即合，狼狈为奸，心甘情愿地充当了急先锋。

王宗徐罗列的罪名是范钦“黩货纵贼，贻患地方”，其实无须勘查就清清楚楚。范钦在任二年，天天为筹集军费而一筹莫展，哪里还有可“黩”之“货”？“纵贼”之罪更加可笑。皇帝正是因为范钦彻底消灭了冯天爵一伙叛兵山贼，立下军功，才欣然下旨加官晋级的。说他“纵贼”，岂非在打皇帝的脸？或许，是因为范钦发现“山贼”中有不少草根穷人，皆因被土豪劣绅逼得生计无着才沦落，所以他主张剿抚结合，对这些人以抚为主，尽量给一条活路。但在既得利益者看来，这就是“纵贼”。

而所谓“贻患地方”，其实就是指范钦动了地方上既得利益者的利益。尤其是范钦提出袁州、临川二州府用广盐取代淮盐以增收军费，损害了经营淮盐的徽州盐商和当地豪强的利益。严嵩家族就是袁州最大势力，与暴利的淮盐买卖无关是不可能的。这是王宗徐之流蓄意陷害范钦的重要原因。

至于被殃及的池鱼杨伊志，竟然指称他“非统御才，乞并议处”，实在是太荒唐了。他出身官宦之家，是著名书法家王宠弟子；嘉靖十一年（1532）与范钦同科进士，历任工部主事、刑部员外郎、江西佥事、山东参议、湖广副使、河南按察使、福建右布政使、广东左布政使等职，从政经验之丰富并不亚于范钦。上任不到一个月，凭什么就断定他不是“统御才”？——如此弹劾，可见御史台之腐败！——所以吏部很快覆言：“伊志履任方新，当责其后功。”

吏部对于范钦的覆言是“被劾，罪重当行勘”，意思是被劾之罪应当经过调查核实才能判定，而非立刻治罪。这就让声讨范钦的朝廷利益集团陷入两难——如当即行勘，结论无疑是无罪；如不勘查，则违反了规矩——无论怎么做，都会便宜了范钦。最终，熟悉官场游戏的内阁大臣如严嵩之流，要了个巧妙的文字花招，为皇帝票拟的谕旨是“钦回籍听勘”。其关键就在“回籍”二字——既不当即勘查，也不明说不查，而是免去范钦官职，让他返回老家等消息，然后再实施惯用的“拖字诀”。慢慢地勘查，至于何时结束、把结论通知范钦，只有天知道了。

事实上，案发两月后就已真相大白。嘉靖四十年（1561）正月，兵部尚书杨博在《复巡抚南赣都御史范钦报功行勘疏》中指出：“范钦及贺镂等，或先罪后功，或有功无罪，即今该作如何处分？”[①]这里的“先罪后功”，范钦肯定不沾边，那么“有功无罪”便是对他的勘查结论了。也许，当时范钦还尚未回籍，正奔走申冤哩！但很遗憾，奏疏上报后，内阁乃至皇帝并无回音。

可怜范钦的仕途，就这样从顶峰跌至谷底，他被罢官回家，听候处理。而王宗徐则因捏造罪名，诬害范钦“有功”，不久便由七品升至四品，出任开封知府。

官场的人最是势利，范钦此时痛彻地感受到世态炎凉：“不烦《招隐曲》，已广《绝交书》”（《林中》）；“有觉言俱废，无营道自尊”（《闲居》）。幸亏

---

① 转引自袁良植：《范钦罢官之我见》，《天一阁文丛》第十二辑。

故乡还有同病相怜人张时彻为他接风洗尘，并赋诗《闻东明侍郎归次韵有作》安慰。

不过，这种颠覆性的变故，临到谁的头上也难以释怀。歌咏言，诗言志，范钦缘此而大发诗兴：

长想思

我有匣中镜，团圆如明月。
我有箧中衣，皎洁如霜雪。
君今别我万里行，欲留不留难为情。
把镜赠君兼赠衣，心轮宛转知不知？

有车篇

有车不畏太行山，有舟且上瞿塘滩。
何况人心险巇不可测，戈矛只在谈笑间。
昔为猛虎步，今为羝羊藩，使我不得舒心颜。
击我缶，酣且歌，嗟嗟戈矛当奈何？

归来篇

团团天上月，蟾蜍啖食光精缺。灼灼园中花，随风飘荡委泥沙。世情变换反复手，哪能终始不相负。君不见，姬旦负扆忠，流言四国身居东。申生恭世子，骊姬密构衔冤死。煌煌君父诚不投，何况龌龊萌隶流。崇虎甘心赞西伯，盗跖犹然笑孔丘。遡哉壮士模，结念志倜傥。子房不受万户侯，鲁连且薄千金赏。归来乎，泱漭东海神仙都，有山可樵水可渔，蹈衅贾祸非良图。君不见，炎汉中兴征草泽，往奴去作富贵客。①

这三首诗，《长相思》暗示君臣关系，抒发自己空怀雄才而报国无门之情；《有车篇》和《归来篇》，则多用比喻，称自己是遭谗蒙冤，坏就坏在笑里藏刀的掌权小人蒙蔽了圣明天子。范钦晚年自书诗翰长卷，开卷就是上述三篇，可

① 《天一阁集》卷四。

见其重要程度。

在此期间，他还撰文赠送抗倭名将卢镗和胡宗宪，文章体现了同样的观念。

卢镗在抗倭战事中屡建奇功，被提升为都督佥事兼江南、浙江总兵官，驻兵宁波。他在定海（今宁波镇海）招宝山巅主持建造威远城。嘉靖四十年（1561），威远城置5000斤重铁炮4尊、300斤的铜炮100余尊，是为镇海口有大炮之始。同年，倭寇再举进犯浙东，卢镗与参将牛天赐破敌于宁波、温州，后来连续水陆十余战，歼敌1400多人。再加上戚继光在台州机动使用兵力，以伏击、包围、突袭等战术连续击歼倭寇数以千计，遂使浙东倭乱基本平定。朝廷特给卢镗增加俸禄、赐赍金帛作为奖赏。

范钦当年在福建任按察使，曾经帮助过遭陷害下狱的卢镗，乃撰文向老友祝贺，其主题则是“伏叹圣上知人之明而君力于任事”。他重提旧事，然后议论道：“昔人有言，知人未易，人未易知。贤如汉文，而失之冯唐；哲如光武，而失之马援。使当其时，谗间得行，吾恐肘腋之间、肺腑之亲，且将按剑起视，祸罹旋踵。欲以从容阃外，展布才猷，殆不可觊。而况都巍秩，蒙上赏，委心推毂，弥久弥专，若今之所值，岂不至难至难者耶？余故伏叹我皇上知人之明也。……是因夷平而服君之功，因君功而颂皇上之明。”其言下之意，亦即他有功而皇上看不到，未能被赏识。

胡宗宪在诱捕王直成功之后，深得嘉靖皇帝赏识，称“宗宪矢心为国，殚竭忠谋，劳绩殊常，宜加显擢，以示激励”。他在嘉靖三十九年（1560）连升两次，先是升任太子太保、都察院左都御史兼兵部右侍郎，总督如故；仅隔三月，又被擢为兵部尚书兼都察院右都御史。次年九月，浙东倭寇基本平定，他将捷报上奏朝廷，嘉靖皇帝更加赏识，再给他加上少保头衔。不久，又命他节制江西军务，可以便宜行事。因为范钦离任后，“寇盗蜂起，吉、赣、建、抚诸郡，横罹钞掠，至杀虏宪臣，患至巨矣”。

范钦回籍后，一直思考南赣时期的成败得失，特写了一篇《赠梅林胡公节制江西军务序》作一番总结。他的结论是：“夫天下非寇盗之患，而不握权之难。权握矣，病在于望之不隆；乃其望屹然起也，犹虑于不蒙主知。”也就是说，要战胜寇盗，首先必须大权在握，其次必须威望高，最后也是最关键的，必须得到皇上的赏识。

他以早年几任巡抚为例，说明威权的重要性："金公泽、陈公金、周公南皆得专制，相继驱除，其后王公守仁武烈最著。当其时，帑金以四十万计，诸听便宜，用能成功。"可他在任的时候，"虔南帑储，数不满百，而闽、广、江西各有专抚，偶一举措，则苦牵掣"；结果，"抚则专守建昌，督则兼厉汀潮而已。何者？以他非可隶，且权有专执也"。处于这样的境地，怎能成功？

现在胡宗宪上任，情况就大不一样了。"主上命公节制，畀以便宜之权，三省抚臣将拱手受成，欲食则食，欲兵则兵，欲战则战，欲攻则攻，投之所向，靡不如意，牵掣将何从生？"而最了不起的是，君臣关系如心和臂、鱼和水一般和谐。"主上神智先物，委寄心膂，鱼水之投，千载一时。娼嫉不能间，异议不能夺，得以终始展布，弘济艰难。"这是范钦最羡慕的。他认为自己失败，就因缺少这个条件。

范钦显然是太高估了嘉靖皇帝。范钦擒获大盗冯天爵，他又是表扬，又是提升；没过几天，别人一弹劾，便又疑忌起来，不由分说，御笔一挥，革职查办，回籍听勘。在他身上，刚愎自用与出尔反尔是相互为用的。好在范钦很快清醒过来。

嘉靖四十一年（1562），专权20多年的严嵩，终于让嘉靖皇帝讨厌了。一次，朱厚熜请道士蓝道行扶乩，蓝道行借乩仙的意旨，劝他除掉严嵩，朱厚熜微有心动的表示。此事让御史邹应龙打听到了，判定是严嵩失宠的征兆，出手打击的时机到了。但经周密考虑，他决定暂时不动严嵩，先从弹劾严世蕃下手。奏疏曰：

> 工部侍郎严世蕃凭借父权，专利无厌，私擅爵赏，广致赂遗，使选法败坏，市道公行，群小竞趋，要价转巨。……嵩父子故籍袁州，乃广置良田美宅于南京、扬州，无虑数十所，以豪仆严冬主之，抑勒侵夺，民怨入骨。外地牟利若是，乡里又何如！……今天下水旱频仍，南北多警，而世蕃父子，方日事掊克，内外百司，莫不竭民脂膏，塞彼溪壑；民安得不贫，国安得不病，天人灾变安得不迭至也？臣请斩世蕃首，悬之于市，以为人

臣凶横不忠之戒。苟臣一言失实，甘伏显戮。嵩溺爱恶子，召赂市权，亦宜亟放归田，用清政本！

邹应龙的判断准确无误。朱厚熜阅罢奏章，当即下旨，将严世蕃充军到海南雷州，并勒令严嵩退休。

城门失火，殃及池鱼。由于胡宗宪曾厚结严氏父子，其政敌陆凤仪便趁机弹劾，说胡也是严嵩一党，将其逮捕入狱。受胡宗宪重用的卢镗，也难逃“一损俱损”的官场规律，给事中丘舜以抗倭督师不力、作战失利等八大罪状参劾这位抗倭名将。卢镗也被逮下狱，后又罢免遣归。

卢镗离甬时，范钦为之饯行，珍重告别，并作《送卢总戎镗解任二首》。诗曰：

提师东伐树勋名，解印南归谢宠荣。
正拟盟书颁幕府，翻令谤箧涸承明。
眠鸥待月移江槛，战马嘶风恋野营。
借问当年横海士，许身谁更请长缨？

鸾骖鹤驾杳难攀，玉带金貂鬓始班。
马援久标铜柱绩，留侯今伴赤松闲。
钓杆倒挂扶桑树，步屧频过吏隐山。
可道圣明恩遇薄，玉门老将几生还？

上述两首七律的尾联，“借问当年横海士，许身谁更请长缨?”，“可道圣明恩遇薄，玉门老将几生还?”，充分反映了范钦对官场、对嘉靖皇帝的极度失望。

嘉靖四十四年（1565），经过御史林润再弹劾，明朝最大的权奸终于灭亡。严世蕃被处斩弃市，严嵩被削籍为民、抄没家产，最后冻馁而死。他俩罪有应得，而胡宗宪却辩诬无望。十一月三日，他低吟着“宝剑埋冤狱，忠魂绕白云”，愤而引刃自杀。

一代抗倭名将，含冤屈死狱中。曾为胡宗宪幕僚、也是范钦好友的著名布衣诗人沈明臣作“孤愤走墓下哭，天下闻而悲焉”。范钦把两篇为胡宗宪所写的文章收入《天一阁集》作为纪念。他在《赠少保梅林胡公序》中高度评价胡宗宪：“吾观公忠耿天植，表见中外。为县令则子良而贞，为御史则方严而靖，为卿丞则博大而亮。官高而愈谦，勋崇而愈惕，期在鞠躬尽力，以答上知。”[①]

胡宗宪自杀这一年，也是范钦年届耳顺之时。他赋《生日》诗明志道：

转眼流光六十秋，抚时怀旧思悠悠。
芸窗雪日疲青简，陆海风尘笑白头。
恋阙马牛心独远，违亲风木涕长流。
迩来婚嫁称初毕，五岳三山拟并游。[②]

他还写下了两首酬答朋友祝寿的诗篇：

眼底深交我与公，无端世路逐飞蓬。
新秋门径张罗外，故国山川对酒中。
姓字漫标蓬海籍，梦魂不到建章宫。
由来厚禄惭无补，敢向人前说战功？

一谢春明归海东，五看秋水度征鸿。
晴窗散帙松风静，虚阁凭栏海月空。
自抱长镵亲稼穑，肯将孤剑倚崆峒。
怪来诗思常清逸，绝有君家太白风。[③]

这三首七律的意境，尤其是“恋阙马牛心独远”，“梦魂不到建章宫”和

① 《天一阁集》卷一八。
② 《天一阁集》卷一二。
③ 《天一阁集》卷一二。

“芸窗雪日疲青简”，“五岳三山拟并游”等句，都体现了范钦绝意仕进、不愿再为皇帝做牛马的态度。

那个刚愎自用、反复无常、一味修道、妄想成仙的嘉靖皇帝，也确已到了引起天怨人怒的地步。嘉靖四十五年（1566），时任户部主事的海瑞，委实看不过，决定上书直谏。临行时，海瑞买好棺材，一边吩咐妻子准备后事，说：“这条性命，就献给皇上罢！”朱厚熜看到这份奏疏，果然暴跳如雷。其中特别摘录最激昂的几句：

> 陛下诚知斋醮无益，一旦翻然悔悟，日御正朝，与宰相、侍从、言官讲求天下利害，洗数十年之积误，置身于尧舜禹汤文武之间，使诸臣亦得自洗数十年阿君之耻，置其身于皋夔伊傅之列，天下何忧不治，万事何忧不理。此在陛下一振作间而已。释此不为，而切切于轻举度世，敝精劳神，以求之于系风捕影、茫然不可知之域，臣见劳苦终身，而终于无所成也。

海瑞的檄文把朱厚熜刺激得震惊以至狂怒，他将奏疏扔在地下，大声吩咐；“把他捉住，不要让他走了！”内监黄锦禀告：奏明皇上，此人不会走的，连后事也准备好了。这又让嘉靖大吃一惊，他冷静下来，捡起奏疏，读了一遍又一遍，长叹道：“此人可方比干，第朕非纣耳。”

海瑞骂皇帝，惊天动地，竟把皇帝骂死了。是年岁末，在砭人肌肤的寒风中，朱厚熜结束了长达45年的统治，往他追求了一辈子的仙境驾鹤西去了。

明朝官员的升沉起伏，往往有戏剧性，荣辱全在皇帝的一念之间。范钦回籍听勘，理论上是案情还在调查，尚无结论。不少研究者认为，此案早已不了了之。但这显然是不可能的。朝廷不会明言，范钦也不肯罢休，因为这关系到他的政治生命，政治地位又与经济利益密切关联。根据朝廷规定，官员如果有罪，不但前功尽弃，连身家性命都难保；如果晚节不终、有所规避者，则只能是“冠带闲住、不准致仕”。如果是冠带致仕，不但保住了政治名誉，经济上也有了保障。《大明会典》规定：“见任及以礼致仕官员，照例优免杂泛差徭。”《明世宗实录》记载：京官二品免粮二十四石、人丁二十四丁，以礼致仕者免十之七，闲仕者免半”。且不说政治地位，光是这些优惠政策对全家生活的影响就极大啊！

诚如张时彻所言，范钦一直在“交口讼冤。久之，其事得白”。具体时间张时彻没说，研究者大都认为在隆庆元年（1567），大抵是因为严嵩已经死去，世宗朱厚熜也驾崩了，穆宗朱载厚即位，丁卯年改元隆庆。新帝登基，大赦天下，许多在前朝蒙冤的官员平反复职。据说范钦也在拟议之列，但最终仍是镜花水月。笔者则认为，时间当在嘉靖四十二年（1563），证据是范大冲在《天一阁书目》跋语中所言：“冲先君宦游两京、各藩省几四十载，致政二十余载，享年八帙。”如果是在隆庆元年，致政的时间就不到二十载了。但是近年发现的史料却证明了以上两种说法都是错误的。

这份史料题为《大臣病故疏督抚》，系明代名臣温纯所写，收入《温恭毅公集》卷四，其中引用了范大冲在范钦去世后申请恤典的呈文。略谓：“嘉靖三十九年九月内升兵部右侍郎，被论回籍听勘，屡蒙抚按衙门先后勘明，至万历二年（1574）七月二十六日题奉圣旨：‘范钦既勘明无干，准致仕。’”

范大冲的呈文，有范钦致仕的准确日期和圣旨内容，这也让我们深感范钦“交口讼冤”之艰难！这一过程竟长达14年，其中有着多少不为人知的辛酸和无奈啊！为了平反，范钦不得不低下头，三番五次去求人，忍气吞声说些违心话。如蒙冤第二年，适逢严嵩夫人欧阳氏去世，他奉上一篇《祭欧阳夫人文》，尊称严嵩为“师相”，对欧阳夫人倍加赞扬，无非是希望严嵩高抬贵手。又如隆庆四年（1570），高拱以大学士兼掌吏部重新登台，范钦专门寄去《贺高少师掌绘衡启》求助道：“某早拜下风，获叨殊施；十年衔谤，嗟无路之能明。万里陈情，幸有冤之获察；傥未忘于簪履，终可拔于泥途。”[①]但是，直到穆宗驾崩、神宗即位，这位顾命大臣也不曾帮忙，虽然早已“屡蒙抚按衙门先后勘明”。反而是高拱的政敌张居正，实施其从政“十条”，终把范钦“拔于泥途”。值得庆幸的是范钦高寿，14年间若有不测，昭雪沉冤恐怕就基本无望了，那范氏家族乃至天一阁，必将出现另一番景象了。而今范钦“复冠带致仕”，便是可以享受

① 转引自袁良植：《范钦罢官之我见》，《天一阁文丛》第十二辑。

相应权益，并且荫庇子孙了。

万历皇帝下恩诏为范钦平反的喜讯传来，他的心中除了想载酒痛饮，更多的是五味杂陈、感慨万千。他赋诗《春日感述》道：

诏下中朝日，诬分南国年。
臣心元似水，帝德自同天。
卧觉沧洲稳，名看白首全。
春风殊有意，频见好音传。①

另有《诏许致仕作》：

解佩归来岁荐更，何缘恩诏出承明。
伏波薏苡心仍见，陶令田园计始成。
满眼苍山堪载酒，几人清世获逃名。
交亲意气胡为者，却向风前叹未平。②

诗里行间，范钦并没有对皇帝感激涕零、诚惶诚恐地望北谢恩。他只是淡淡地说了一句“臣心元似水，帝德自同天”，且又表示“陶令田园计始成”，“满眼苍山堪载酒”，已丝毫看不出东山再起的意愿。显而易见，范钦在这段时期抚今追昔、痛定思痛，原先热衷功名的人生态度发生了深刻的变化。他赋诗《寄同年吕信卿尚书》寄给曾任内阁大臣的吕本，明确表示了绝意仕进的态度：

碧霄龙马想风神，四十年来榜内人。
铜柱早标南纪绩，草堂重结北山邻。
乾坤讵意更新主，鼎鼐还应属老臣。

---

①《天一阁集》卷八。
②《天一阁集》卷一三。

多病腐儒沧海上，懒心已共白纶巾。[①]

在此期间，值得注意的是，范钦还写下了这样的诗句："心远久疏还阙梦，年丰初给买书钱"（《初秋湖阁》）；"趋时勋伐从英达，投老心情只典坟"（《纳凉》）；"耽书吾道在，弹剑故情违"（《秋日闲居》）。

从这些诗句可知，范钦在绝意仕进之后，决心专注于聚书典藏，把藏书作为自己的"道"来看待。假如范钦没有遭受罢官遣归的厄运，仕途上一帆风顺，无非是在衮衮诸公中多了一名好官而已，但天一阁藏书能否有现今的名望就难以知晓。

也许，这就是"祸兮福所倚"的哲理所在。

① 《寄同年吕信卿尚书》，《天一阁集》卷十三。

第十二章　天一阁名有新说

有人曾总结明代官员的下场："虽贵为卿相，必有一篇极丑文字送归林下（弹章）；虽恶如梼杌，必有一篇绝好文字送归地下（墓志）。"[1]这一断语，真是既俏皮又准确。屠大山如此，张时彻也如此，范钦又是如此。一个大司马，两个少司马，人称"东海三司马"，却谁也没有运筹帷幄、决胜千里的雄风了。百无聊赖之余，他们弃兵符而握笔管，成立"东山诗社"，舞文弄墨，打发归隐林下的岁月。

宁波城里似乎找不到一个叫东山的地方，这社名是否蕴含"东山再起"之意，不得而知。张时彻写给范钦的一首诗或可供参考：

投劾归来海上洲，初从羽客问丹丘。
青春每著闲居赋，白发难忘漆室忧。
清世定应收楚璧，壮怀时自拂吴钩。
东山正系苍生望，未许逍遥范蠡舟。[2]

明代士大夫素有结社聚会的传统。尤其是那些辞职罢官之士，"兼济天下"的大志和名垂史册的欲望，无法完全释怀，需要发泄内心郁积的愤懑与焦灼。

---

① 〔明〕徐学谟：《归有园尘谈》。

② 〔明〕张时彻：《村居贻赠三友・范东明少司马》，《芝园定集》卷一六。

诗社活动，一言以蔽之，游、宴、诗、酒而已，所谓选胜赋诗，觞咏自娱是也。花时月夕，或登山，或放舟，遇景命题，同心投分，乐志忘形，有倡斯和，互相砥砺，间事校评，期臻雅道。燕集赋诗，诗成酒散，下月复聚。当然，社必有会，会必有宴，他们迭为主宾，轮流做东。而诗酒之会的活动场所，则在各自的别业。

张时彻说过："不佞自解兵政，东归海上也。盖与少司马竹墟屠先生、东明范先生欢甚，时时过从屠先生遂初堂、范先生天一阁。而两公亦时时过余月湖精舍，衔杯酒谈笑。盖无月不会，无会不倾隐衷而赓赋咏。或约登四明、扪石窗、观烟云日月之去来，踞海门、看苍溟、见长波大风之回荡；将放情丘壑而洞视天壤，不复厝意人间事。"①

在范钦《天一阁集》中，写给张时彻的诗篇多达37首，与屠大山的唱和则有26首。张时彻的《芝园定集》中也收录了如下诗篇：

东明池馆玩月即席限秋字霜字

最爱今宵月，同来作胜游。
繁花红映锦，曲沼碧凝秋。
歌管遥相送，星河澹不流。
只愁尊酒尽，玉漏转添筹。

芳亭开胜燕，金谷讵能方。
未学孙登啸，聊为阮籍狂。
修篁寒散雪，白石静飞霜。
莫道为欢易，婵娟不可常。

八月十一燕东明山亭玩月

皓月出云间，清光披八延。

---

①〔明〕张时彻：《寿少司马东明范公七十序》，《芝园定集》卷三五。

如珪何太泽，似镜不成圆。
室以芝兰媚，歌从子夜传。
主人真爱客，高咏白驹篇。

十八夜山亭燕竹墟东明二首

本自怜同好，良辰数举觞。
陈生能下榻，荀令惯携香。
画阁迟华月，清池照拒霜。
风流何得似，仿佛在柴桑。

人生几佳节，对酒不成欢。
白发江湖老，青眸宇宙宽。
山当百雉出，水向十洲盘。
且复留俄顷，相将入广寒。

范东明约游城南僧寺即事二首

同是怀春客，相邀选胜辰。
烟霞镜里见，梧竹雨中新。
草长全迷路，莺啼不避人。
扣关寻熏远，挥尘得相亲。

芝苑开芳宴，清幽类浣花。
松高多刺日，竹密昼笼霞。
地以临流胜，人因拾翠哗。
不须寻洞壑，已占白云家。

秋日闲居走笔次东明韵

归隐无钱可买山，借山亦自展欢颜。

满亭绿竹堪题字，绕径名花好伴闲。
泛艇每怜新雨后，吹箫还向白云间。
风前松子纷纷落，疑是玄猿作意攀。

张时彻关于范钦天一阁的表述，其真实性是毋庸置疑的。我们不得不怀疑：范钦建造天一阁的初衷，恐怕不是为了藏书，而是为了诗酒唱和、交游宴饮之用。

明代中晚期，游道广泛是令人艳羡的雅事，声望地位的标志。哪怕高官显宦，也视交游为要务。当时宴饮之风盛行，是士大夫的重要社交活动。优雅的聚会宴饮场所，自然也不可或缺。当时，张时彻隐然为宁波文坛盟主，他除了月湖精舍，还有两处别墅。《甬上耆旧诗》载："在东皋曰'茂屿草堂'，在西皋曰'武陵庄'，时引上客共觞咏其间。即单门年少，一经品目，俱借以扬名。"他声望远播，"殁后数十年，士有郁弗无所见者，尚忾然曰：'吾恨不与张大司马同时耳！'"

范钦一家，原先都聚族居于西城门外后莫家漕老宅。估计是父母双亡之后，范钦兄弟析产分居，他开始在城内预备仓右巷置地购房，另起府邸。但府邸内这种接待宾客、饮酒吟诗的亭台楼阁，大概尚不具备。因此，当他罢官归里、加盟诗社之后，眼看屠大山有遂初堂、张时彻有月湖精舍，他岂能不建一个像样的园林别墅？地点就选在宅第右侧、靠近月湖之处——据徐兆昺的《四明谈助》记载，范家私宅占地颇广。

学界曾对天一阁的落成时间争论不休，目前基本认为是在嘉靖末年，嘉靖四十年至四十五年间，应该最接近事实，不必精确到何年何月何日所建。可现在又有人反对，理由是：范钦当时"虽未正式定罪，但毕竟也是一个戴罪之人，在这种情况下，范钦又怎敢大兴土木、建阁藏书呢？"论者同时还提供了一个印证："按明代风气，'仕宦家居者，台司令守必作匾相赠'；而范钦是'回籍听勘'戴罪之人，因此在这段时间中，宁波几任知府曾镒、雷金科等均未送匾。那时范钦与屠大山、张时彻有所交往，基本上是深居简出，在家看书编目，偶尔亦做诗恭维地方守令一番。直至隆庆元年，仁宗登基，大赦天下，范钦之罪也就不了了之。故在隆庆五年新任宁波太守王原相有题'宝书楼'匾相送之举。

范钦也就此从惶恐不安中解脱出来。”结论是：“由此可见，范钦不可能在嘉靖四十年至四十五年间建阁。”[①]

这一说法，需要商榷之处甚多。

第一，范钦“回籍听勘”，并没有不了了之，而是早已“诏许致仕”。这在前面已有详细说明。

第二，凭什么说宁波几任知府“均未送匾”？王原相送的匾，因挂在天一阁而保存下来；别人送的匾，很可能因挂在“司马第”而随之消失了。嘉靖末年的几任宁波知府，其实都与范钦保持着良好关系。先是曾镒（嘉靖三十九年至嘉靖四十一年），范钦应约为他本人及其父亲写过文章。接着是雷金科（嘉靖四十二年），虽然当年即因病辞官，范钦也写了《送雷郡侯序》。然后是吴道直（嘉靖四十三年至嘉靖四十五年），升迁时范钦又是赋诗《吴太守歌赠泰恒使君》，又是撰文《赠吴宪副泰恒之山东序》。这些诗文的字里行间都颇见真情，实在看不出有避而远之的迹象。

第三，那几年范钦并没有“深居简出”，而是相当活跃。姑且不说东山诗社的活动，光是和官府、社会相关的文章，就有嘉靖三十九年的《赠王宪副印东平倭序》《祭闻庄简文》《宁波府重修江东大石碶碑》等；嘉靖四十年的《送曾封君东归序》《赠卢都督序》《赠少保梅林胡公序》等；嘉靖四十一年的《赠梅林胡公节制江西军务序》《定海县重修江南塘碑记》《送曾侯迁陕苑马少卿序》等。他所过的，哪里是“惶恐不安”的生活？

此文有破有立，还提出了自认为最准确的建阁时间：“便是范钦丁父母忧、去官归里时。”理由有三：一是丁忧三年，有充足的时间建阁；二是原来的藏书楼东明草堂太小了，需要新建；三是想通过建阁来炫耀自己的儒将风度。

这后面两条，纯属作者猜想，文章中没有提供任何足资佐证的材料。而第一条，又恰恰反证当时建阁之不可能。

中国历代王朝，大多提倡“以孝治天下”，殡葬礼仪作为治国之策的一部分，极为重要。丁忧期间，孝子们不能参加一切社会活动，谢绝应酬，不得应

---

① 良植：《天一阁究竟建于何时》，《宁波晚报》2005年1月8日。

考；对起居、服饰、举止等也都有规定，家门不贴红纸对联，不办嫁娶喜事，不穿华丽衣服；等等。如有违者，将受到处罚。因此，范钦怎可能大兴土木、喜气洋洋地建造亭台楼阁？

天一阁落成之际，范钦曾亲笔致函，邀请屠大山和张时彻光临。《邀竹墟东沙过湖上小启》函曰：

> 节届清和，神当游衍，爰傍西湖之渚，乃开北海之尊。画栋朱帘，虽远愧于滕阁；瑶台仙峤，或可希于鉴湖。敢修芜楮，敬展私忱。将期奉竹林之清娱，亦以追兰亭之高会。湖中鱼鸟，依藻荇以交迎；篱下烟花，伫楯阑而望幸。过承金诺，遂启朱轩。纾春来抑郁之怀，吐吞日月；却世上间关之迹，傲睨乾坤。白马霏诸，沧洲改色。卧雪本为奇才，却暑遂成雅兴。犹喜平子蠲去四愁，况奉仲舒夙称三策。酒杯缱绻，忽惊片月之西流；蕈艇盘桓，遂睹云光之东逝。望尘成恋，凤藻鸾章，列一天之星斗；锦心绣口，吐万斛之珠玑。服以为荣，藏之无斁，遂稽命使，咎刻载移。爰畀墨卿，神情共迈。①

毋庸置疑，这绝对不是范钦守孝期间应有的口吻。也因此可知：天一阁根本不是专为藏书而建的秘阁，而是诗坛酒社宴饮的别墅。事实上，即使从今天来看天一阁，其一楼的功能也不像是藏书的，而更适宜于接待宾客。

楼上的设计，可能起始就有藏书的打算，但也迟至隆庆年间才实行。这有宁波知府王原相所书“宝书楼”黑底金字匾额为证，题款为“宁郡前柱史东粤王原相于隆庆五年岁次辛未季冬吉旦立”，至今仍完好无损地高悬于天一阁楼上正中。王原相，字鹏江，广东番禺人，隆庆三年至六年（1569—1572）任宁波知府，与范钦极为相契。

此外，《天一阁集》中提到天一阁的诗文也能有力地印证此说。例如《上元诸彦集天一阁即事》：

---

①《天一阁集》卷三〇。

阆城花月拥笙歌，仙客何当结轸过。
吟倚鳌峰夸白雪，笑看星驾度银河。
苑风应节舒梅柳，径雾含香散绮罗。
接席呼卢堪一醉，向来心赏屡蹉跎。

根据这首诗的题旨与内容，都可知是某年元宵节范钦在天一阁大宴宾客所作。再看《书本事诗后》这篇短文，范钦又把天一阁当作避暑的别墅，至多是研读、迻录、考订、校雠图书的场所：

此为唐孟（啓）[棨]作，世罕传布。伏日偃仰天一阁中，池林过雨，凉飔荐爽，四望无人，蝉鸣高树，遂披襟散帙，漫书此篇。已而云影低昂，新月吐照，欣焉会于予心。据胡床，披鹤氅，停尘尾，抚无弦琴，歌《白云》之章、清商之曲，啜杯茗而寝，殊忘其为盛暑。顾城楼已下二鼓矣。晨起即题其后。

值得注意的是，把范钦《天一阁集》翻阅一遍，发现“天一阁”三个字，只出现过上述两次。再联想到全祖望在《天一阁碑目记》中所言：“阁之初建也，凿一池于其下，环植竹木，然尚未署名也。”可以肯定，全祖望的说法并非虚妄，而且命名为“天一阁”的时间是比较晚的。否则，在这部以应酬诗文为主的集子中，不可能只出现这么两次。

然而，更值得注意的是，在建成而尚未命名为“天一阁”的时期，这栋楼阁难道真的没有名号吗？就像生下一个宝贝儿子却不给他取名一样，按常理来说是不可能的。

那么，建成之初称为什么呢？根据资料显示，十有八九叫作“十洲阁”。《天一阁集》中有《七月晦集诸彦于十洲阁分得何字》《夏日集十洲阁》《秋日集十洲阁》等诗篇。而更有说服力的是旁证，则是下列诗篇：

为范司马题十洲阁二首

高阁俯平流，居然旧十洲。
西连天姥阔，东控大瀛浮。
风雨三山动，乾坤一镜留。
拂衣归卧者，贺监得同游。

何处有高楼，乾坤此十洲。
九天仙露满，尽日紫云留。
道在尊青桂，人闲信白鸥。
尘寰知不有，莫更梦丹丘。[①]

题范少司马十洲阁

画栋雕甍绛阙浮，双飞燕雀正清秋。
望来月挂三株树，坐见烟横十二楼。
兰畹蕙畦通小径，琳宫绀宇峙神洲。
他时定有王乔事，一曲笙歌度斗牛。[②]

沈明臣（1518—1596），字嘉则，鄞县人，早年为诸生，累赴乡试不中，遂专意于诗。胡宗宪在浙江抗倭时，他与徐渭、余寅同为幕僚，曾作“狭巷短兵相接处，杀人如草不闻声”而令督抚拍案叫绝。胡宗宪死后，沈明臣沦落江湖，放浪诗酒。据《明史》记载，当时王世贞与李攀龙同为文坛盟主，“一时士大夫及山人、词客、衲子、羽流，莫不奔走门下，片言褒赏，声价骤起”[③]。沈明臣也去见了一次，据说是“高坐论诗，直气凌其上。弇州虽阳许为布衣之杰，然实心惮之”。不久，他倦游归里，受到“东海三司马”的诚挚欢迎，于是便有了上述诗歌唱酬。他归来的时间在嘉靖末、隆庆初，应是范钦的新阁落成不久时。

---

① 〔明〕沈明臣：《丰对楼诗选》卷一五。
② 〔明〕屠大山之子屠本畯作，转引自屠宗伊辑《屠氏先世见闻录》卷四。
③ 《明史・王世贞传》。

北宋元祐年间，月湖上有过一座十洲阁。《四明谈助·十洲阁》称："元祐八年（1093），刘纯父守是邦，浚西湖（即月湖），增卑培薄，环植松柳，复因其积土广为十洲，而敞寿圣之阁，以其名名之。"全祖望的《西湖十洲志》则指出："鄞西湖之胜，至宋元祐间而极盛。南渡以后，十洲皆遭变置，约略考定，大抵中央得四，而东西两岸各分其三。寿圣院为十洲首，即花屿也；逸老堂即柳汀也；芳草洲后改名碧沚；松岛即真隐观，后名竹洲；是中央之四址也。由松岛绝湖而东为竹屿，竹屿之下为月岛，月岛之下为菊洲，史氏宝奎里在焉，是东岸之三址也。由松岛绝湖而西为烟屿，烟屿之下为雪汀，雪汀之下为芙蓉洲，是西岸之三址也。"古代月湖的水面，应比如今大得多。

可知北宋的十洲阁早已消失，其故址也在老远的花屿，范钦想必不会在那里重建一座别墅十洲阁。而月湖十洲，名称虽变，地址仍在。当新阁建成，范钦登楼东望，月湖尽收眼底，思古之幽情油然而生，命名为"十洲阁"也在情理之中。

沈明臣后来成为范家常客，若有一段时间不来饮酒谈心，范钦就要想念——"已近中秋节，常怀良夜游。美人不我至，明月为谁留？露下蒹葭冷，天空岛屿浮。一尊殊可对，空复上南楼。"《怀沈嘉则》所以当十洲阁改名为天一阁之后，他又写了《灯夕范司马按卿天一阁即事》：

良时引客坐清辉，杰阁雕甍俯翠微。
青岭露花攲野鬓，碧池春水媚游衣。
灯悬高树星河近，帘卷中天海月飞。
共喜太平歌既醉，六街尘静未言归。

不言而喻，这首诗是与范钦的《上元诸彦集天一阁即事》同时创作的，描写的客体也与前两首诗相同。

那么，范钦何以要将阁名改为"天一阁"？据全祖望《天一阁碑目记》介绍：范钦在搜集碑版时，"忽得吴道士龙虎山天一池石刻，元揭文安公所书，而有记于其阴，大喜，以为适与是阁凿池之意相合，因即移以名阁"。这是因为

《天一池记》提到了“天一生水”的观念：“吴公凿大池宫南门之外……请名吴大宗师，宗师曰：‘夫生天地者道也，载天地者气也。无形曰道，有形曰气，气者道之用也。道为万物之祖，气为万物之母，道与气一而已。故天一生水，一者万物之所由生也，一之生无穷，万物之生生亦与之无穷，故一者万物之终始也，宜名曰天一之池。”

这就是说，范钦正是看中了“天一生水”，水能制火，而书最怕火，因此将上有宝书楼的十洲阁改名为天一阁。后来，全祖望在《揭文安公天一池记跋》中再次强调了这一点：“张真人龙虎山天一池，揭文安公为之记并为之书，别有‘天一池’三大字。吾乡范侍郎东明筑阁贮书，亦取以水制火之旨，署曰‘天一阁’。而凿池于其前，双勾文安三大字，将重摹上石，未果而卒，今其旧刻归于予。”这也从另一方面说明，范钦命名天一阁是晚年的事情，否则不会“未果而卒”。

东山诗社同人中，还有一位司空全元立。此人便是全祖望的六世祖，嘉靖十四年（1535）进士，供职于翰林院。他为人正直、忧国忧民，既反对奸枭严嵩专权害贤，也讨厌嘉靖皇帝学道求仙。嘉靖三十五年（1556）升侍讲学士，因不愿写青词，宁可远离皇帝、去南京做“板凳队员”，任太常寺卿，兼署光禄寺，却也颇有作为，不畏权贵，大刀阔斧地裁冗丁、汰冗食、清幕僚。5年后，在他升任南京工部右侍郎时，严嵩发难，一面矫旨命他致仕，一面托人询问：“全侍郎能悉归田故否?”元立抚掌答曰：“乞休得休，岂相扼哉？先民有言：怀仁负义天下悦，阿意顺旨要领绝。为我谢严公，勉旃自爱。”①于是他紧跟着范钦回到宁波，也参加了东山诗社。范钦与他交谊甚笃，写下不少情真意切的诗篇。现录两首如下：

病中奉怀同社诸公·全学士

籍籍芳声振玉堂，掞天词赋擅《长杨》。
何期劲气妨时贵，却使高车返故乡。

---

① 清光绪《鄞县志》卷三六。

天路冥鸿真避弋，郊原栖凤定朝阳。
可怜林壑追随地，肺病秋来罢举觞。[①]

哭全汝礼之二

白发沧江涕泪悬，故人高谊总堪怜。
京华听漏连床夜，乡国飞觞结社年。
不见风前辉玉树，恍闻天上辍金莲。
新阡宰木凭谁问，凄断空山日暮鹃。[②]

可见全、范两家是世交，渊源颇深。全祖望在其弱冠之年，即有幸登上天一阁。15年后，他返回宁波，范家又打开紧闭的天一阁之门。他治学十载，登楼观书的次数已无法统计。关于“天一生水”的说法，想必正是范钦后人告诉他的，而他本人又是治学严谨的史学大师，长久以来似乎从来没人怀疑过此说的权威性。但是，此说近年来却频频遭到质疑。

私家藏书楼的命名，大体而言，一是为表达爱书如命之情如宋代徐鹿卿的“味书阁”，明代江元祚的“拥书楼”和徐干学的“传是楼”（认为传子孙以藏书远胜于钱财）。二是标榜嗜古成瘾，如宋代田镐的“博古堂”，元代杜处逸的“览古楼”，明代胡彭述的“好古堂”和毛晋的“汲古阁”。三是炫示数量惊人，其中以“万卷楼”最为常见。宋代有方略、石待旦、张用道、陈贻范等，元代有陈杰、汪惟正等，明代则有项笃寿、杨仪、吴自新和范钦的好友丰坊等。综观古今，确乎没有为了防备什么而命名者

譬如，有人说：“仅仅理解为‘以水克火’似乎简单了点，应有深意存在焉。老子《道德经》说，‘水善利万物而不争’。水不仅可以克火，水的根本品质是滋养万物，恩泽万物。以藏书楼主人范钦的见识、品格，对天一自应有一种更大的胸怀，更深的寓意。他视书为清明、纯净、有着高尚品质的水，视为滋生泽被万物的生命之源，人类文化的精神导引，视为生命的、永恒的传承者，

① 《天一阁集》卷一二。
② 《天一阁集》卷一三。

可谓真知灼见。”[1]

又如，有人引用庞朴《宇宙生成新说——漫说郭店铺楚简之二》的见解：“太一生水，水反辅太一，是以成天。天反辅太一，是以成地。天地复相辅也，是以成神明。神明复相辅也，是以成阴阳。阴阳复相辅也，是以成四时。四时复相辅也，是以成冷热。冷热复相辅也，是以成湿燥。湿燥复相辅也，成岁而后止。”接着声称：“这段文字，学术界一般认为是‘天一生水’之源，其中并无‘以水制火’之意。五行之说虽有相克，亦含相辅。显然在这里不是相克，是相辅，是共生，是源文化，是文化源，是宇宙生成之说。”因此，“范钦以‘天一’命名藏书楼，应该是有深刻寓意的。我以为只有用宇宙生成之说解读天一，诠释天一阁，才算得上是认识到位。”[2]

显而易见，这些质疑都有一个先验的前提，即把范钦想象成一个学究天人、深谙阴阳五行的哲人，觉得用“以水制火”来解释“天一”，太直言，太简单，简单得就像这二字的笔画，必定是低估甚至曲解了范钦恢宏高深的本来寓意。

然而，只要通读一遍《天一阁集》，就不难发现，范钦实在是个没有什么思想的俗人。阴阳五行、宇宙生成之类的玄思冥想，他压根儿就不感兴趣，只字没有提到过。充其量，他不过是个典型的正人君子，以养性、修身、齐家、治国平天下为毕生追求，热衷事功但清正廉洁，达能兼济天下，穷可独善其身。如此而已，岂有他哉？

“东海三司马”，论学识文才，他不如张时彻；论超尘脱俗，他不如屠大山。范钦的长处，在于世事洞明，人情练达，是个讲求实效的现实主义者。所以，“天一生水，以水制火”确与范钦的思想吻合。甚至可以说，那种天为大，一为始，二字组合，富于想象，能给人以自豪，以自勉的民间理解，在他的内心也许比宇宙生成之说更有分量。

不过，怀疑论者关于“天一”的高深新解，其实也无可厚非。凡是存在的，都是合理的。天一阁历经400多年风雨沧桑仍巍然屹立而基本无损，其高龄居

① 俞立华：《秋谒天一阁》，《光明日报》2003年3月19日。

② 毛卫国：《宁波天一阁的启示》，《江苏地方志》2003年第4期。

世界第三、亚洲第一。这岂非奇迹？它在世人眼里，已经不是一座具象的藏书楼，而是一个抽象的符号、中华民族灿烂悠久文化的象征。因此，再崇高的评价、再玄虚的理解，都不为过。

第十三章　满纸烟岚见性情

范钦于26岁步入仕途，54岁挂冠归里，其间除了3年丁忧，一直是戎马倥偬，政务繁忙，足迹遍及大半个中国。而一旦回家闲居，原先熟悉的公案文牍、衙堂威仪，登时消失，生活就像陡然急转弯，走上了另一条轨道。更何况他是被诬罢官、带着满腹牢骚回来的，要完全适应着实不易。他的《秋日闲居》（《天一阁集》卷一二）真切地道出了这段痛苦的适应过程，举三首如下：

一被恩纶返故山，几从镜里揽秋颜。
非才自觉沧洲稳，寡虑真看白昼闲。
四海风尘高枕外，百年怀抱放歌间。
鸱夷本是吾宗彦，片舸遗风尚足攀。

城居心远即林丘，草阁花蹊数散愁。
世路几看沧海变，野情常共白云浮。
澄湖积水长天尽，疏柳寒蝉落日留。
拟学闭关犹未得，酒朋诗社坐相求。

漫说年来学闭关，直将心迹企商山。
行天日月两丸转，倦雨蛟龙一壑闲。
不遣缁尘侵谷口，也知阆苑亦人间。

淮南丛桂年年发，拟结幽人一往还。

范钦家居，长达四分之一世纪，成为宁波城内著名的乡绅士大夫。在此期间，他写下大量诗文以言志抒情、消磨岁月，后来大都收入《天一阁集》，可惜尚未付梓即溘然长逝。家属特请同里后学、内阁大学士沈一贯（1537—1615）为之作序。沈一贯赞扬范钦勤学苦思，“虽晚暮，好学弥笃，常诵读至夜分，声哕哕振林末，惊其四邻人。每受简，则收思凝神，终日始舍一辞，宁腐毫，无污牍”。

他认为范钦文如其人，“余少时谒司马公，论文要以典则雅驯为诣”。而且为人一丝不苟，“揆名责实，考之参伍，若大匠执规矩以运斧斤，虽千百锥鐻，而终不出方圆平直之外。故其文气安而语泽，思平而旨完，此所谓先进之彬彬哉”。

他认为，“东海三司马”的诗风各不相同：“张（时彻）腴而赡，屠（大山）介而简，（范钦）先生修而泽”。在他看来，范钦“诗以汉魏为宗，而加大历一等，意所独到，自谓可方陶、谢。先生之大都若是矣”。也就是说，范钦对主宰当时文坛的“前后七子”的理论主张，持基本赞同的态度，也是一个复古派。

因此，沈一贯不客气地批评道：“夫义不必罕矚，期于适；辞不必更摛，期于似。如其违物理而徒工，反性情而收丽，当年而朽，方行而踬，未入马迁、相如之室，而先自绝于游、夏之门，范先生之悲也。”

沈一贯的评论，大体不错，但说范钦“违物理而徒工，反性情而收丽，当年而朽，方行而踬”，过于苛刻了。《天一阁集》已收入《续修四库全书》，可保不朽。而且，满纸烟岚，常能见到范钦的真性情。范钦始终以天下为己任，努力为国担道，为民请命。他因“拟学闭关犹未得”而“酒朋诗社坐相求”，但这条“蛟龙”只是“倦雨”而已，骨子里仍以“兴云布雨、拯救苍生”为己任。所以，范钦在优游林泉的同时，依然不能忘情于山水，更不可能对家乡的吏治民生不闻不问，而是热切关注。

乡绅士大夫，简称乡士夫，也就是缙绅，朝廷在法律上赋予他们一定特权，本身的政治地位也高于守令，又有多年营就的强大关系网，因而绝大部分缙绅，特别是嘉隆以后的江南乡士夫，常常干预行政，把持乡里，地方官也无可奈何。黄宗羲的老师刘宗周曾愤然指出："江南冠盖辐辏之地，无一事无衿绅孝廉把持，无一时无衿绅孝廉把持，有司惟力是视。"万历时《杭州府志》的编纂者陈善也说："今士大夫居乡者，高爵厚禄，身占朝籍，抗礼公府，风雷由其片言，或垄断罔利，莫之敢争，煦之则生，嘘之则枯，侵官浸讼，纳赂千金，少亦足抵数吏之入，剥众肥家，岂其微哉。"

范钦则不然，不仅自重自爱、约束检点，还对土豪劣绅干预行政、滥施淫威深恶痛绝。"举，以官为家；罢，则四出关请；鱼肉其乡之人，莫之省恤，夫复何言！"①

早在他丁忧期间，宁波知府丘玳（次皋）为抗击倭寇，下令修筑城墙，个别豪绅觉得那损害了他们的利益，果真是"抗礼公府，风雷由其片言"，丘玳很快就被调往贫穷的衢州。

范钦与丘玳有过接触，知道他是个贤官能吏。治温州时，"修废振坠，四民乐业，庭无淹狱，海无逋寇"，后因丁忧去职，"老稚遮留莫能得，至有泣下者"；任户部员外郎时，"督输江右，殆数十万计，悉心疏理，不亟不徐，民用不怼，而赋入倍昔，一时以干理称最，盖予所亲睹已"。所以，他宁可得罪豪绅和权要，也要为丘玳鸣不平。他在《赠丘次皋移衢郡序》中说："政理以久而备，人心以久而服，毁誉以久而明，举措以久而当，上下古今，谁能易之？当事者以民哗处公，安知他日不以民颂举公乎？"②

归里之后，范钦又发现了一件土豪劣绅损害抗倭军事的劣迹。他在《赠别驾徐方舆奏绩序》中揭露道："东海起自登州，延漫至琼厓，迨八千里，棋置卫所，分屯列戍，以备倭夷。而吾宁适当其冲，岁给军饷十余万，故所在建仓收贮，司以官攒，特设别驾一员以总敛散之权，非不严且重也。顾其地荒遐，山谷深阻，毒雾飓风非时为厉，夏冬溽暑层冰犹难猝婴，以故重发转，令他官摄之。"土豪劣绅乃乘虚而入，"奸蠹盘互，往往舟车鳞次水浒，旬日不得通。即

① 《天一阁集》卷二〇。

② 《天一阁集》卷一八。

通，以大量入，小量出，输者积疲于道路，称贷以给军”。更有甚者，“土奸乘隙，往往交通，用银钱私兑，粮不入庾，辄假印券报成事，流弊相沿，莫之穷诘。间或逗漏，更相牵引，官吏人辈固有听其请求，或罹要胁，丽于刑书，逃亡相继，然已不可追偿。一行戍守，驯至枵腹不任防御，而主者亦以代去为幸，非朝夕之故矣”。

幸亏来了一位新任别驾徐方舆，不愿“坐视民之膏血填委诸奸沟壑”，下令“敢有仍袭旧弊，蠹国殃民者，按法毋得贷”，并且亲力亲为，一举革除。因此，范钦大加赞扬，在朝廷考绩时竭力推荐，称其有五美：“奸豪不敢攘利私兑也，官吏无从污蔑也，运户不复留难也，军人得饫饱趋事也，官家免于追赔也。”

对于那些“以代去为幸”的“巧宦”，范钦也非常厌恶。那些人处世圆滑、不负责任、专替自己打算、为保官、升官、得禄而无原则、无是非。孔子称为“乡愿，德之贼也”（《论语》）。阅尽官场黑暗的范钦，发现“浮湛巧宦，与驰骛就功名者”比比皆是，致使土豪劣绅更加横行不法、鱼肉乡里。

其在《贺比部少东包公序》中言：

溯自高庙，年垂二百，良法美意沦澌殆尽。巽软者不事事，善宦者且容容，冀岁时得代去为幸。以故豪右专利，善良失业。[①]

在《赠刘建平上计序》中言：

夫令者，元元之所倚为命也。今海内日漓且惫，所望于上人者，惟聚欲去恶，更化善俗而已。士方平居，侈谈阔视，上下千古，薄卓、鲁为不足为，一旦入官，遂弃去如弁髦，斯不必论矣。顾世所称，上焉者崇饰虚恢，改易观听，以为名高；次则卑卑靡所表见，惟计日取资焉耳。欲使身肩时艰，拊循康定，前无营觊，后不避委者，几何哉？[②]

① 《天一阁集》卷二三。
② 《天一阁集》卷二二。

但最让他痛心的是，一旦真的出现那种“铁肩担道义”的仁人志士，“人之所不能为，所不敢为，而直以身当之”，可结果，“虽便利国家，谗构亦缘是生”，下场往往很惨。范钦因而仰天长叹：“肮脏仕途，胡能终自免哉！”

范钦还非常重视国计民生，他在《理财篇赠贾君》中指出：“成祖定鼎北平，岁运漕粟四百万计，上供乘舆及百官六军之用，诸边亦且屡有请发，以充兵饷。时方内而营建，外而征调，费甚繁猥，皆仰给度支，不闻有所窘缩。用是宇内宁谧，士马精强，府库充牣，贯朽粟陈，而民间亦无横征，坐享丰阜之乐。至于弘治之间，号为极治。”可到嘉靖年间，朝廷横征暴敛，达于极限，搜刮来的钱财，却又不知流向何处，国库极度空虚。“迩年以来，京通诸储不支两岁，而司府积聚亦且罄空，虽称西北防虏、东南备倭，计其所费，犹不如国初之夥。间一施措，所司辄以乏告。遂殚搜括之方，广输纳之路，百官献俸，齐民增赋，盖前此所未闻者。”①

他因此在《赠司理秦春晖考绩序》中大声质问：“诸赋征输并于一时，贫民力不能。前官坐谪，罚更侵冒之刑。例之边海，株逮善良，督厉接踵，所司方救过不暇，而民间惴惴怀恐，无复乐生之心，此岂圣明意哉？夫亦当揆者之责乎？”②

那么，原因何在？怎样解决呢？范钦认为，国家财政困难，出路不在横征暴敛式的开源，而在于节流，在于吃皇粮的各级衙门精兵简政，各色人等勤俭节约，不能浪费，更不得贪污。他以自己多年从政的经验在《理财篇赠贾君》中提出建议：

明兴二百年于兹，圣君贤相，旰夕图惟财源利孔，盖以神谙而力辟，岂复有遗漏之隙足以开拓见闻所患者，特流之未节耳。夫漏卮非沧海可实，野烧非林木可供，岁入有限，而出顾不赀，无惑乎用日以蹙，敛日以急也。

---

① 《天一阁集》卷三一。

② 《天一阁集》卷二三。

圣明在上，斡旋化机，官府监局有可减输者乎？部司郡县有可罢征者乎？官军厨校有可汰除者乎？京用边饷有可稽核者乎？藩封岁禄有可疏分者乎？无名之需、不急之务有可厘正而停辍者乎？在在而综之，事事而度之，德意流衍，人自向风。帑藏何惧不盈？经费何惧不给？①

在国家财政收入中，盐税的分量举足轻重。范钦巡抚南赣时，曾因盐税问题遭到非议，此后深入研究“开中法”，认为其法久而弊生，导致“商、灶交病，军国称窘”。万历七年（1579），宁波知府游一川调任两浙都盐运。他作《鹾议赠游都运》，借题发挥，揭示当时灶（盐民）之病四，（盐）商之病六：

国初定盐，以四百斤为一引，官给灶丁工本米一石。已而给钞二贯，五百文一贯，直可一金也。后罢给，蠲杂徭，朝夕在事，生殖尽废，茕茕一身，俯仰将何所藉？灶之病一也。鬻海之利，所资者草，岁征大引盐十，给以草荡。近日豪家侵夺，贫丁出售，展转湮没，而且例许召佃征银矣，将何以共伏火之用？灶之病二也。灶丁业各结课，今公私窘迫，流亡相寻，所遗逋负不赀，更责见丁代办，勉应一时，卒归乌有，蔓延牵引，迄不可已。灶之病三也。盐课乏人，报中淹积有至二三十年者，人既物故，累及他灶，往年有减价折纳银布之法，寻以报罢，来者日增，前者日壅，将何底极？灶之病四也。

初开中时，酌量诸边刍粟贵贱及道里远迩险易，召商运纳，上下称便。成化中始有纳银之例，贮之户曹，俟时而发。迨边警旁午，商莫肯应，即应亦甚微，远水欲济近火，能乎？商之病一也。引直率八钱，少不下六钱，视往岁已倍矣。而赍纳刍粟则有费，买窝则有费，劝借则有费，分搭则有费，牵头网斗胥吏之类不与焉，盖一引而当三引之直，欲不亏损难矣。商之病二也。盐有定额，夹带余盐割没，例也。后乃许其行鬻，然随所余之多寡为纳价之重轻，未有浮于正额也，今且倍之矣，余盐行则正盐塞。商

① 《天一阁集》卷三一。

之病三也。卖窝者故事正罪没货，人莫敢犯。近则凭借权威，要胁造请，当事莫之谁何，而输者且饮气扼腕，滞留不前矣。商之病四也。存积价重而支速，常股价轻而支缓，创自正统。近有毋论岁日久近，事平之后，概行减价，如林侍史所论者，奸黠专利，善柔束手。商之病五也。越境私贩，……私盐盛行，官盐将何流通？商之病六也。

写这篇文章时，范钦已垂垂老矣，而忧国忧民之情，依旧跃然纸上。他很清楚，游一川“职守所限，有难自专”，但是“廉公明练，万物一体”，所以将“杞人之见，第与诸贤披露之，诚不计卮言无当云”。他的唯一要求是：“与诸当事者图。”

范钦也始终不忘生养他的四明大地，关注乡亲生活、桑梓公益。

范钦与地方官的关系，似乎颇为和谐。他归里后，相继有曾镒、雷金科、吴道直、徐善庆、王原相、周良宾、游应乾和李一本等来宁波任知府。当他们考绩或离任时，范钦总是撰文或赋诗相赠，不吝溢美之词。这些应酬文章，假如一口气通读下来，着实乏味，结构千篇一律、评语千人一腔，无一不是贤官能吏，无一不是政绩卓著。①假如逐一排下来，宁波百姓这20年的生活，应该说是相当不错了，似乎范钦也八面玲珑。但是，假如仔细研读，则不难看到他对当地行政因循腐败的批评，对乡亲生活水深火热的关怀。

他在文章中反复提到倭寇带来的数十年灾难：

自倭奴发难，岁侵内地，兵需百出。……民间供输竭尽錙铢。而又适罹大侵，闾井萧条，众心愁叹，皇皇焉不免于朝夕。《赠奉化杨大尹序》②

吾宁黄图之僻郡，而濒海之下壤也。积苦倭备，岁复荐灾，流亡相禅，

---

① 范钦此类文章，最早是《赠郡侯张巽峰考绩序》，写于嘉靖三十五年，称其：“洞察民隐，朝作晏息，以身为型。屏请谒之门，杜馈遗之径，正内外之体，严吏胥之防，裁贵势之横，苏困穷之厄，纲纪法度，崭焉一新已。又平赋役，释冤滞，公谳断，慎出纳，远邪佞，进善良，崇礼教，后刑罚，修城以卫民，简民以御寇……于是官师士民转相告语，惟恐不得留公为惧。”此后所写，大同小异。

② 《天一阁集》卷一九。

构讦猬兴。所望上人之拯，不啻倒悬。《赠郡理赵侯应召序》[1]

民间积苦兵革，疮痍甫起，杼轴犹空，一闻炮鼓之警，束身待毙。今幸保有家室，流移来归，饮水知源，繄谁之赐？《刘观察出师图序》[2]

吾宁地滨溟海，夙称茕瘠。嘉靖中叶以来，岛夷内讧，荐罂楚毒，因之大蓄客兵，岁饷金谷于常赋外，殆三十年，近复以灾告。《赠一川游郡侯序》[3]

因此，范钦在《赠刘宪副晋大参序》中不遗余力地表扬抗倭的地方官："海上自倭警以来，士大夫触目激衷，释俎豆而秉盾钺，略化海而急攘却，智者效谋，勇者毕力，将使丑夷荡除，疆场康谧。"[4]他满怀激情，记录下这些官员少为人知的抗倭壮举。例如在《赠王宪副印东平倭序》中生动地描写了王印东神机妙算、指挥若定的大将风度：

清戎印东王公遂来摄事，四境方靖谧。一日，公檄兵往舟山，众不知所为。至则倭奴舣舟，将内向。众勠力尽歼乃已，士气飙奋。居无何，倭舟蔽海，分道入寇奉化、象山、定海诸邑，长吏咸告急。公情神怡适，若无所事事。倭闻不为意，乃潜师从间道分兵薄其营……左右伏起，无不一当百，倭踣而授首。已又战诸方门，战诸袁村，战诸朱家店，战诸戴岙，兵数十合，斩级以千计，积尸成丘，溪涧为赤。全军凯还，欢声雷动，盖自用兵以来，未有若斯之捷之奇也。

又如《赠毛大尹迁台郡丞序》，把一位誓死保境的英雄县令刻画得栩栩如生：

---

①《天一阁集》卷二〇。

②《天一阁集》卷二二。

③《天一阁集》卷二二。范钦又有《苦旱叹》诗云："去秋禾稼纷满乡，溪湖港汊水汪洋。今秋旱魃骄无纪，眼看赤地成千里。农人彷徨只悲嘶，纵有桔槔将焉施？大户仅可过，小户愁饥饿。山樵水渔讵得力？况值官家急逋课。居高听卑惟皇天，暴巫磔狗徒可怜。虎头裹符三尺铁，诘朝犹闻触龙穴。"

④《天一阁集》卷一九。

> 钟陵毛侯，起家明经，年三十余令象山。象山当东南海隅，邻比岛夷，无城廓之守、兵卫之防，寇贼剽掠无宁月，往宰者率称疾，或失职罢免。侯下车，俄报寇至，毅然治战具，焚香吁天，与家人诀曰：吾奉明命抚罢民，誓勠力灭此贼。即不讳，汝辈善自裁，无辱。乃戎服跃马，率先督战，设伏置奇，与贼数十合。大衄遁去。……民感激赴战，无不一当百。贼相戒曰：宁拉虎头，无犯毛侯。风声四振，象山自是靖谧者七年。

写到这里，范钦忍不住大发议论："余于毛侯而伤臣职之隳也。语曰：虽忠不烈，视死如归。乃人闻寇至，率奉身鼠窜，曰众寡不伦，坐视其民鱼肉糜烂而莫之省忧。掠取他功以图掩覆，偃然不疑，由之弁髦其君不难矣。斯可谓忠邪？烈邪？封疆之臣死封疆邪？"

这种"坐视其民鱼肉糜烂而莫之省忧"的地方官，在当时多如牛毛。范钦曾撰《定海县重修江南塘碶碑》，沉痛地指出：

> 吾浙东滨涨海，钩连列郡，形势奔会，是惟宁波为雄，居常握中制胜，旁列诸邑，罗若弈棋，而厄顾在定海。其所领六乡，负海挹江。江以南灵岩、太丘二乡，实当水冲，土故沉泻，占田可十数万亩，萌庶错处，力作资赡。异时设塘四十余里，名曰千丈。中列碶五：曰长山大碶，曰小山碶，曰杨家碶，曰贝家碶，曰通山碶。外捍内潴，应时宣泄，昔人之谟逖矣。迨后岁日滋长，海水吞啮，临丘四睨，荡然一壑，即有高阜，卤卤浸淫，年比不登，民乃转徙，数以困告。所司率视寻常，莫之省忧，盖数十载于兹矣。

因此，他对下令重修江南塘堰的定海知县何愈深表敬意："惟兹庶民，夙夜歌讴。何以报之，穹碑道周。时崇时护，百世不掊。"①

① 《天一阁集》卷二四。

水利乃农业之命脉，在古代农业社会尤其如此，所以范钦格外关注。除了这篇，他还撰写过《宁波府重修江东大石碶碑》和《重修梅墟塘记》。

宁波有个东钱湖，是浙江第一大湖，“南受金峨、白杜、横溪诸水，东受阿育王、天童、太白诸水，湖所潴，七十二溪，又贯输其中，溉田数十万顷。然湖注于河，河复注江，势若建瓴，往往设碶以司蓄泄”。江东大石碶即为其中之一。由于年久缺少疏浚，河道淤塞，当地常常洪涝为患。张时彻曾多次呼吁重修大石碶，但因牵涉到当地土豪的利益，几任太守都不敢动土。唯有曾镒于嘉靖三十九年（1560）来甬后，慨然采纳张时彻的建议，顶住压力、坚决重修，“碶成，连岁大水不为害，田入视昔较倍”①。于是范钦撰写了《宁波府重修江东大石碶碑》，以纪念这位好官。

宁波的江河水系，有奉化江、余姚江和甬江三大水流：奉化江从南而来，余姚江自北而至，在宁波城区汇合成甬江，然后流入东海，其汇合之处称为“三江口”。梅墟系鄞东古镇，地处甬江中段岙澎江口，江流在这里突然一个大转弯，“江阔滩横，急流奔涌，万顷田无籽粒，庐舍皆为鱼游”。万历九年（1581）鄞县主簿孙春芳“称畚锸，程土物，略基址，量日命工，不愆于素，凡阅月而告成焉，其功最钜亦最险”。范钦因此撰写《重修梅墟江塘记》：“嗟乎，秦凿泾渠，关中沃野；漳水既决，安邑称饶。虽利有大小，其于惠民一也。孙公德泽，其在人心乎！凡此三县七乡，尸而祝之，社而稷之。公今去矣，歌咏不忘。”

对于这种为老百姓做好事的官员，范钦总是不吝赞扬之辞。象山县令陈思爱上任伊始，首先葺学宫斋舍，接着饬战舰兵械、修预备仓，再次治昌国、石浦诸孔道，最后才重修县公署。范钦浓墨重彩撰写了《重修象山县公署记》，并说：“无翼而飞者声也，无根而固者情也。”②

范钦虽在宦海浮沉了大半辈子，身上却并不缺乏“无根而固”之真情。他珍惜朋友情谊，同情弱势群体。

---

① 《天一阁集》卷二四。

② 《天一阁集》卷二六。

范钦最珍视的，当然是“东海三司马”的莫逆之交。由于无话不谈，相知极深，在屠大山和张时彻“随心所欲不逾矩”的时候，范钦写下了他俩如何达到这一人生境界的过程，为我们留下了最早也最翔实的传记资料。

关于屠大山，他说：“不佞，幸以肺腑之亲从公后，滥厕社列，知公甚习，故自其其系于世教者得备论之。”《寿司马竹墟屠公七十序》略谓：

公自筮仕州守，至卿亚，扬历中外逾三十年，毅然以天下为己任。所在砥节平政，以寇绥氓，奕有声烈，更仆未暇论。当严氏柄政时，门趋若市，彼以时望属意于公，公谢绝不与通。大有谪意，迄不为动。久之，公业以都御史晋少司空矣，乃矫令原职，抚湖南。既总督湖南、川、贵，则又改抚南畿，与时格大戾，意假苗、倭以泄忿，卒与祸会，被逮，舆论壮之。赖先帝神圣，公遂东归，无复仕进念矣。杜门捐俗，绝口不及前事，至或引咎自艾，略无悁愠见于言面。间与三五亲交缔社，逍遥山水间。酒酣耳热，援笔赋诗，以明得意，不复理人间黜陟兴罢事。会柄臣败，一时罹害者交口称快。公敛神摄气，默似有指。至闻国恤边报，深念动容，隐然老臣之度，谊均休戚也。用是，望倾海内，苍生翘首，而公务退逊，若将浼焉。今年且七十矣，其于世何如邪？嗟乎，道一也，无所择于显晦、壮耄、利不利也。出以是，处亦以是，要在尚于中行，不愆其素。故在朝廷则朝廷重，在山野则山野重，名生一时，范贻百世。[①]

关于张时彻，《寿大司马东沙张公七十序》说：

筮仕南礼曹时，方兴饬礼文之事。公下上千载，驳正同异，举可施行。而尤交湛甘泉、吕泾野诸公，潜心理学与孔氏之旨，大相发明。比晋江西学宪，崇正划伪，不少假贷，虽值构谗，踣而复奋。周流藩臬，至中丞、少司马、留都大司马，政绩辐辏。总之，饬官常，究民瘼，淑教化，精法

①《天一阁集》卷二〇。

> 理，视时所利病而兴罢之，遂因而不改，曰“张公规式”云。白草番当蜀西徼，稔祸十余载，莫敢问。公至，即料兵遴将，指授方略，不数月荡平，全蜀底定。会俺傛犯圻甸，用言者荐，署篆本兵，经略边务，发谋设间，雷动若神。虏遂远遁，不敢南窥。……既服阕，晋秩留都，世蕃掠为己美，要重谢。不应，遂坐他事，矫令致仕。公处之怡如，无怨言忿色。归即修社，徜徉泉石，称觞哦诗，曰：吾道若是也。至其综览“六经”、子、史，含精咀华，九流、二氏之书，亦皆探其窔奥，发为文词，洪深奥衍，成一家言。……居常方毅严整，而中实宽平。至临事决疑，神闲气定，若不见其营思，具协机宜。性尤孝友，施及亲族，友朋丧葬婚嫁，往往周给，不以死生存亡易虑。每闻国事边警，忧念深至。郡中民隐，细细陈于所司，语不及私。盖自束发以迄今兹，较若一日，是其志行通神明，勋勚扶社稷，文章斡元化，效众美而萃之身。①

范钦也念念不忘患难之交俞礼卿和顾一江。这三位年轻人，怀着无私无畏的凛然正气，不怕坐牢，不怕革职，敢于向胡作非为的郭勋发难。即使今天看来，我们也不能不佩服，因为他们并非言官，不在其位，大可不谋其政。这段经历，范钦刻骨铭心，后来在《祭顾一江宪副文》中作过比较详尽的叙述：

> 方公之仕于朝也，为都水郎，俞公咨伯为屯田郎，某为营缮郎，用同年为同官，以意气相砥砺。国家方肇建陵庙诸工，物力大诎，奸商黠贾，根附郭翊国勋、高阉忠、陈锦衣寅，表里擅权，兢为奸利。咸不自揆，思以效万分之一，挺身挠格，势莫能支，某与俞公竟坐诬下狱。赖先皇帝圣明，获保首领。而公先几以病去矣。②

范钦和俞咨伯分别出守袁州和泉州，保持着密切联系，《天一阁集》中有不

①《天一阁集》卷二〇。

②《天一阁集》卷二七。

少他俩唱和的诗篇。俞咨伯后来升任山西提学副使，因病乞休，恩准致仕，不幸英年早逝。范钦总也忘不了与他患难与共的情谊，到了垂暮之年，还写过一首《追忆亡友俞礼卿学宪》，诗中高唱道：

含香早岁联华省，意气如君薄九垓。
忤贵一时同下狱，移官何地不怜才。
枫丘未挂延陵剑，骏骨空余蓟野台。
短笛山阳听不彻，吟猿唳鹤共悲哀。[1]

范钦与顾一江，虽然早就失去联系，但心中一直惦记着。嘉靖四十四年（1565），他的堂弟范大卿以恩贡授常熟县学训导，那里正是顾一江的故里，打听下来，才知道他后来官至山东副宪，“奉公秉法，罔有骫骳，声问藉甚”。但因严嵩当国，“借宠灵肆威福，以疏暱为丑好，以喜怒主升黜，一不当意，奇祸立婴”。于是他辞官归乡，偃息林丘，“与畸人逸士促膝论心，龙游清泠之渊，蝉蜕尘埃之表”。此时也已去世。

接到信息，范钦悲从中来，涕泗交颐，追忆相知相交的生平，不禁又佩服他的激流勇退。“俞公既早殁，某复触世贵之怒，待罪东归，未尝不服公之先机也。”范钦很想亲临凭吊，但因“川坻悬隔，无能凭棺而哭”，只能精心撰写《祭顾一江宪副文》，以寄哀思，“不腆之辞，聊以讬与生刍之荐也”[2]。

范钦虽然做过一方大员，官至九卿，却从未抛弃贫贱之交。《天一阁集》中有《寿王惟和二首》，诗曰：

少日文华迥射牛，稀年华发且盈头。
逃名迹类嵇中散，玩世情怜马少游。
一曲水山时按调，千峰烟月几登楼。

① 《天一阁集》卷一三。
② 《天一阁集》卷二七。

谁言逸兴浑无极？欲向苍溟理钓舟。

清朝名隐合蒿莱，眼底如君亦俊才。
曲巷门庐依五柳，旧家冠冕数三槐。
林中见月频呼酒，江上乘春独探梅。
何幸非才叨结并，百年高谊薄陈雷。[①]

此人与范钦，“生同里巷，学同简编，雅称推让”。后来范钦进士及第，步步高升，而王惟和虽然学识深湛，人品高尚，“执信蹈义，急难必先”，不幸“竟乏一第”。但范钦始终视其为知己，“时常过从，论心吐言，良有人不能知而君独知，人不必怜而君独怜”，因而交久弥坚。当他挂冠归里，正准备“相从于丹山赤水之上，期终身而周旋”，没想到他却溘然长辞，魂归九天。范钦十分悲痛，特撰悼词《祭王惟和文》在灵前祭奠，呼唤“遄归来乎故园，君而惠念，视此芜篇”。[②]

范钦是个性情中人，不仅童稚至交，对普通朋友也是以诚相见。试看《寄吴叔嘉》：

去年花满越江东，逢君下马洒泠风。今年草茁长洲甸，胡君去我不曾面？来去蹉跎阅岁时，凄凉怀抱谁当知？世人重耳不重目，燕石连城鄙荆璞。卖赋江城不直钱，天台投足亦徒然。落魄复向空门栖，书剑萧萧只布衣。病骨凌嶒日闭户，秃奴狞狰宁辞侮？起来忽见芳草新，回首高堂思老亲。五年不得展温情，何言依依相为命。低眉涕泪横交颐，一夜空江鼓棹西。嗟嗟人生值此情可怜，出门浩气犹冲天。我今闻之惊且觍，君顾谓我情不浅。不见古来重倾盖，寸心千里耿耿在。明年花发江上村，迟君匹练来吴门。

---

① 《天一阁集》卷一三。
② 《天一阁集》卷二七。

《寄吴叔嘉》一诗流畅而动人，相当完美地体现了范钦对怀才不遇落魄者的真情。而他的《拟乌生八九子》，更以富于哲理的寓言诗体表达他对弱势群体的同情：

> 乌生八九子，乃在南山岩石居，朝暮喂饲八九子，出入忧以劬。八九子羽翼长成，飞入秦氏林，拮据为巢，返哺两老乌。不虞秦氏子，左执繁弱，右插忘归，伺其旁。一挥中巢，乌起飞彷徨。我谓秦氏子何太毒荼，毁巢兼欲得乌。天命各有当，尔何能迁？螳螂能攫蝉，回头乃有黄雀在树颠。鹬入蚌穴，渔父张肩捋鬚，安得祸福无回旋？举手谢里闾，入门呼所亲，南山婆娑树枝可以栖，有生不作东家邻。乌飞起傞傞，嗟今之人奈尔何？

范钦对于弱势群体的同情，还突出地表现在妇女儿童身上。其经典之作是民歌体的《我生歌》：“父兮父兮，我生不获汝怜，母没弃掷长河边；嗟嗟我父，胡不念豺与虎？”诗前小序曰：“人有妻死图再娶而溺其女者，范子哀之，作是歌。”

在明代中叶，范钦的这种观念，可以说是相当先进。

第十四章　私秘深闭非其旨

直到耳顺之年，范钦终于平静下来，绝意仕进，决定将余生专注于心爱的藏书事业。其明证之一，就是在隆庆年间，他致书王世贞，两人约定互相借抄书籍。

王世贞（1526—1590）字元美，号凤洲、弇州山人，江苏太仓人。生有异禀，读书过目不忘，21岁金榜题名，初任刑部主事，屡迁员外郎、郎中。为官正直，不附权贵，好友杨继盛和父亲王忬均被严嵩害死，自己也被压制多年。他在当时的文坛上赫赫有名，与李攀龙、谢榛、宗臣、梁有誉、吴国伦、徐中行等相唱和，继承并鼓吹前七子“文必秦汉，诗必盛唐”的复古理论，史称“后七子”。而在中国藏书界，他的名声也同样显赫。其所居之处弇州园内有凉风堂小酉馆，藏书3万余卷；又有尔雅楼，专储宋刻之书；另外还有九友斋，专庋最难得之佳本，如宋刻《周易》《礼经》《毛诗》《左传》《史记》《三国志》《唐书》《六臣注文选》《两汉书》。特别是《两汉书》，得来不易，成为他嗜书成癖的经典故事。

某日，王世贞遇到书商出售《两汉书》，越看越爱，不忍释手，书商趁机漫天要价。他因现钱不够，又惟恐被别人所得，竟甘心挨宰，用一座庄园与书商交换。此举轰动一时，许多人笑他傻，王世贞却觉得物有所值，认定该书“尤为诸本之冠”。其子王士骐亦在书后跋曰：“此先尚书九友斋中第一宝也。”曹子念的跋语也说：“予于万卷楼见弇州公所得《两汉书》，为宋版第一。”后来王世贞处境困窘，身居茅屋，“六体之外无长物”，却依然念念不忘曾经拥有过的这部宝籍。叶昌炽《藏书纪事诗》所谓“得一奇书失一庄，团焦犹恋旧青箱”，说的就是这段故事。

范钦与王世贞，年龄相差20岁，没有什么资料可以佐证两人见过面，但作为同时代的藏书家，神交已久，则是可以肯定的。因此，范钦主动去信，向王世贞提出“彼此各出书目，互补其缺失”的建议。没想到正中凤洲下怀，欣然从命，立即复函道：

> 所谕欲彼此各出书目，互补其缺失，甚盛心也。家旧无藏书目，不佞之嗜之，颇有所储蓄。二藏外，亦不下三万卷。而戊辰后，薄宦南北，旋置旋失，未暇整理。今春构一书楼于弇山园度之，长夏小闲，当如命也。闻古碑及抄本，毋逾于邺架者。若家所有宋梓及书画名迹，庶足供游目耳。①

戊辰是隆庆二年（1568），其时王世贞在山西做官，任按察使；隆庆四年（1570）丁母忧，回太仓里居，至万历元年（1573）服除，起补湖广按察使。从这封书信的内容及口气来看，应是他在家中守制期间写的。其中所透露的信息，非常宝贵，不可等闲视之。

首先，说明范钦当时已编有书目，否则，怎么可能“各出书目，互补其缺失”？这也就印证了朱睦㮮《万卷堂书目》中所载《范氏东明书目》的真实性。这本书编于隆庆四年（1570）。

其次，说明范钦所藏的古碑及抄本，在当时已经名闻遐迩，连见多识广的王世贞也很感兴趣。这些碑帖，据清代全祖望《天一阁碑目记》载，范钦自己也非常重视，“手自题签，精细详审，并记其所得之岁月”。而其收藏之富，据清代钱大昕《天一阁碑目》记载，“自三代讫宋元凡七百二十余通”，其中周秦碑3种，汉碑49种，魏晋南北朝碑22种，隋碑5种，唐碑144种，五代碑5种，宋碑202种，金碑41种，元碑257种，年代不详者2种。后来，清代金石学家孙

---

①〔明〕王世贞：《弇州续编·答范司马书》。

星衍编纂《寰宇访碑录》，其中有："取鄞县范氏拓本，自汉至宋元几二百种，皆天下无双本也。"其中最著名的有北宋拓本《石鼓文》《秦封泰山碑》《汉西岳华山庙碑》。

最后也是最重要的，这说明范钦并不是古代藏书家秘惜不宣的代表人物；相反，他是主张图书传布、抄录相易、开互通有无之风气的先驱。

私人藏书应该秘藏还是公开借阅，历来是藏书史上两种不同的态度。唐开元时杜暹藏书万卷，他在每一部书上都题写道："清俸买来手自校，子孙读之知圣道，鬻及借人皆不孝。"[①]这是最早可考的藏书家所立训诫。宋代以来，此类禁约渐次增多，内容不外乎杜暹提到的"鬻及借人"，这也使得私家藏书以深藏为旨的风气有愈演愈烈之势。明代藏书家徐𤊹评，他们对待图书"以独得为可矜，以公诸世为失策"，"乐于我知人不知，宝秘自好而不肯传"。甚至椟藏典守，扃其楼钥，使举世不得寓目。

谈到这一问题，现今的论者都以范钦为典型例子。"明代范钦'天一阁'一开始就立下了'代不分书，书不出阁'的族训。这些禁戒确实为避免图书流失发挥了作用，但往往也禁锢了图书的传布。"[②]

可是，对照范钦与王世贞的约定，岂非自行破坏了"书不出阁"的族训？《天一阁集》中有一首七律《酬王凤洲中丞》，说的就是这件事：

交臂论文上国秋，别来梦想满沧洲。
远书缱绻高怀见，往事侵寻短发愁。
肯向乾坤论瓠落，直惊词赋擅风流。
平原旧约依然在，安得乘槎十日留？

有人在《甬上耆旧诗》中证实，范钦"与王凤洲家、岁以书目取较，各抄所未见相易"。钱大昕在《天一阁碑目序》中也说："予尝读《弇州续稿》中

① 周少川：《文化情结：中国古代私家藏书心态探微》，《图书馆学研究》2002年第6期。
② 周少川：《文化情结：中国古代私家藏书心态探微》，《图书馆学研究》2002年第6期。

《答范司马小简》有书籍互相借抄之约，今检《围令赵君碑》，背面有侍郎手书‘凤洲送’三字，风流好事，令人叹慕不置。”

这些事实证明，他俩都是一诺千金的君子，确乎实践了“互补其缺失”的承诺，不仅互相抄录，还慨然赠送对方没有的古碑名迹。王世贞赠送的，想必不止这一篇，而范钦想必也是“投之以木瓜，报之以琼瑶”。可惜现在已经无从查考了。

互相借抄，其利无穷。从借出方看，藏有者不以珍稀为秘，无私提供底本，使一书由此而复制出更多副本。在古代通信、交通俱不发达的条件下，通过许多人的辗转借抄，一本书不仅可以化作千百本，还能跨越时空的阻隔而流通传播。从借抄方看，其目的或许仅为丰富和增加自己的藏书，但他们经年累月地抄写，所产生的效应，则是无心插柳柳成荫，积少成多，聚沙成塔，极大地丰富了民间私藏，增加了文献典籍的抗灾祸力。当许多刻本毁灭绝迹时，惟赖抄本书的存在而得以薪火相传。

事实上，历代藏书家几乎无一不曾借抄过书。他们或抄自官藏，或源从私家，或亲自动手，或雇人代劳，千方百计，孜孜以求。但是，学术界普遍认为，最早倡导在藏书家之间进行交流的宣言，是曹溶的《流通古书约》和丁雄飞的《古欢社约》。曹溶提出“偕同志申借书约，以书不出门为期，第两人各列所欲得，时代先后、卷帙多寡相敌者，彼此各自觅工写之，写毕，各以本归”的办法，《古欢社约》则是丁雄飞与黄虞稷订立的，旨在“或彼藏我阙，或彼阙我藏，互相质证，当有发明”。

然而，只要稍作比较，就不难发现，曹溶和丁雄飞的想法，与范钦和王世贞的“藏书互抄之约”，其实大同小异，没有本质差别。而作为藏书家有限开放之象征的“两约”，迟至清初才问世，所以范、王二人，实乃“但开风气不为师”的先驱。

由此也可以断定，立下“代不分书，书不出阁”这一族训者，不会是范钦。

据考证，范钦确实只立下“书不可分”的家训。他的公子范大冲，作出了“代不分书，书不出阁”的遗训。当然，这里也包含着范大冲希望这座文化库房能长久保存的苦心。其后人又再接再厉，将保管和阅览天一阁藏书的制度定得越来越严格，连范氏族人平时也极难登阁。可惜今人统而论之，把天一阁“私秘深闭”的问题一概归咎于范钦。

由此还可以断定，关于范钦不肯借书给范大澈观阅、导致大澈斗气争胜的传闻轶事，其实不可信。

范大澈（1524—1610）字子宣，号讷庵，是范钦大哥范镛的长子。范镛（1501—1562），字文卿，号正所。他一生没有功名，代父持家，支持范钦一意宦学，兄弟二人情深。他去世时，范钦痛哭流涕，撰《祭长兄文》在灵前奠之，又赋七律《送长兄葬》，诗曰：

地老天荒恨独长，物华飘转感年光。
懒从东阁瞻荆树，泪向西风忆雁行。
去住心情同惝恍，幽明歧路各凄凉。
承家知有诸郎在，何日貤恩下建章？

从这首诗的尾联，可知范大澈尚未获得功名官衔。范钦一直关心大澈的功名前途，还特地带他游京师，找机会。学士袁炜，出于同乡之谊和范钦的交情，延大澈为塾师。三年后大澈补国子生，被大学士徐阶请去掌记室，大约在其父去世不久后补为鸿胪寺序班。喜讯传来，范钦高兴异常，特作《侄澈受官鸿胪》记之：

牢落京华二十春，喜逢献绩焕恩纶。
身当玉阶传天语，名列金闺作近臣。
漫以驰驱供岁月，好将忠孝答君亲。
栖迟愧我邻衰暮，吟倚江天望北辰。

范大澈主要是作为朝廷使节出访。一次是去范钦曾经工作过的云南。范钦想起往事，特写诗给他，现录《侄澈使滇南四首》其中二首：

忆忝分方地，今当览胜时。
苍山迭蜀道，绀宇匝滇池。
却瘴频呼酒，观风一采诗。
武侯声绩满，千古使人思。

念尔阿咸行，悬弧志莫忘。
清朝初奉使，华省复为郎。
九折轻王坂，千金谢陆装。
归来报成事，天子正垂裳。

由此可见，范钦有大恩于大澈，叔侄感情非同一般。大澈还深受范钦影响，酷嗜抄书、藏书。“每见人有写本未传，必苦借之，在长安邸中所养书佣日抄，多至二三十人。”

此事见于李邺嗣的《甬上耆旧传》。他还写道：“初，司马公归里，于宅中起天一阁，藏书极浙东之盛。子宣数从借观，司马不时应。子宣怫然，益遍搜海内异书秘本，不惜重值购之，充其家。凡得一种，知为天一阁所未有，辄具酒茗佳设，迎司马至其家，以所得书置几上。司马取阅之，默然而去。”这就是说，大澈因叔父不常借书给他而怫然不悦，暗中较劲，并设圈套报复，以气走叔父为乐事。

但据范大澈的传称，他是个“居家孝友端懿，奉母，百方适其意”的孝子，那么，对于恩重如山、平素非常亲厚的叔父，怎么可能如此相待呢？再就范钦而言，既然能和王世贞互相抄录未见书籍，为什么偏偏要对自己很欣赏的至亲私秘封锁呢？

此事于情于理，都是解释不通的。尤难解释的是时间。天一阁建成后，范钦始终在宁波家中，大澈则始终在北京任上，直至其66岁，万历十八年（1590）才致仕归里。那时，范钦与世长辞已经5年，两人仙凡永隔，哪里还有机会经常在一起喝酒看书？

李邺嗣家与范大澈家“世有姻”，此事极有可能出自长辈的道听途说，被他记载下来。仔细考证，实在不足为信。

对于范钦来说，“私秘深闭非其旨”的最有说服力证据，还不是那份君子之约，而在于他既是藏书巨擘，又是出版大家，晚年不惜资财，从万卷藏书中精选细择刻印了珍贵的“范氏奇书”。

书籍的流播，在古代不外乎三条途径：第一条是借阅之途，目前仍然流行；第二条是借抄之途，如范钦和王世贞所实行的；第三条便是刻印之途。这是流布藏书的最佳途径，也是服务社会、流芳百世的至高境界。前人说得好：藏书不如读书，读书不如刻书，读书只以为己，刻书可以泽人。

书籍的刻印与收藏，其实是互为因果、互为源流的。雕版印刷术的发明，使书源变得空前充足，这就为公私的大规模藏书提供了必需的条件，而丰富的藏书，反过来又会促进刻书业的发达和繁荣。事实上，在当时要想成为出版家，首先应该是个藏书家。古代藏书家的经历，大体不越“三部曲”：首先是千方百计广聚书籍；其次是挑选中意的书籍进行校勘，编纂汇辑；最后，就是把校勘和汇编的书籍刊刻出来，传布四方，提高书籍的流传能量和保存能力。

考察范钦的经历，称其为践行“三部曲”的典范毫不过分。他是古代藏书家兼出版家中的佼佼者。

印刷术是中国古代的四大发明之一，也是中华民族贡献于世界文化之林的一朵奇葩。至迟在唐代初叶，雕版印刷术即已出现，并应用于书籍的镂版施印了。雕版印刷的普及，带来了图书生产上的革命，印本书代替了写本书。由于印刷术的使用，书籍复本量大大增加，图书的流通范围也相应扩大。而明代时的中国，在经济文化方面是居于世界先进之列的。学术文化的繁荣，带来了许多新的著作，也带来了图书出版的兴旺发达。其刻书机构之多，刻书地区之广，刻书数量之大，以及刻书家之普遍，皆超越前代不知凡几。

明代刻书系统和前代一样，由官刻、坊刻、私刻三大类组成，特色鲜明。官方刻书，可谓“书出多门”，刻书机构之多，内容与数量之丰富，堪称历代官刻之最；坊间刻书，在明代书业中以规模最大、分布地域最广、所刻内容最为丰富而著称；私人刻书，明初尚少，中叶之后，此风大炽，尤以嘉靖、隆庆、万历间为盛。而范钦的刻书事业，恰好就在这一时期。

天一阁所刻书籍，有些是范钦亲自校订的，有些是他不曾校订而实施刻印的。范钦亲自校订并且精心翻刻的古籍有20种：

1.《乾坤凿度》2卷，《周易乾凿度》2卷，汉郑康成注。
2.《周易古占法》2卷，宋程迥编注。
3.《周易略例》1卷，魏王弼著。
4.《周易举正》3卷，唐郭京撰。
5.《京氏易传》3卷，吴陆绩注。
6.《关氏易传》1卷，唐赵蕤注。
7.《麻衣道者正易心法》1卷，东明山人订。
8.《穆天子传》6卷，晋郭璞注。
9.《孔子集语》2卷，南宋薛据纂。
10.《论语笔解》2卷，唐韩愈、李翱著。
11.《郭子翼庄》1卷，三一子高凳允叔纂。
12.《广成子解》1卷，广成子著，宋苏轼解。
13.《三坟》1卷，毛渐序。
14.《商子》5卷。
15.《素履子》3卷，唐张弧撰。
16.《竹书纪年》2卷，梁沈约附注。
17.《潜虚》1卷，宋司马光撰。
18.《虎钤经》20卷，宋许洞著。
19.《两同书》2卷，唐罗隐昭谏撰。
20.《新语》2卷，汉中大夫陆贾撰。

范钦不曾校订而付梓刻印的古籍有8种：

1.《司马温公稽古录》20卷，宋司马光撰。

2.《孙子集注》13卷，宋欧阳修辑注。

3.《元包经传》5卷，后周卫元嵩述，唐苏源明传，李江注并序。

4.《元包数总义》2卷，蜀张行成述。

5.《说苑》20卷，汉刘向撰。

6.《新序》10卷，汉刘向撰。

7.《法帖释文》□卷。

8.《奏进郭勋招供》（或称《明武定侯郭勋案资料选编》）。

此外，还曾刻印范钦和范大冲自己的著作4种：

1.《范司马奏议》4卷，范钦撰。

2.《古今谚》1卷，范钦撰。

3.《天一阁集》32卷，范钦撰。

4.《三史统类臆断》1卷，范大冲撰。[①]

这三大类32种天一阁刻书，以第一类最负盛名，特征也很明显：一为范钦手订，或具名，或具号，名字前或冠以籍贯，或冠以时代，落款格式与原书著者的题法相称；二是版式相同，即半页九行，行十八字，白口，左右双边。

范钦之后，浙东最负盛名的藏书家是万历年间绍兴的祁承㸁。他在自编的《澹生堂藏书目》中，首创丛书-类，列入了上述第一类古籍，并且命名为《范氏二十种奇书》（又称《范氏奇书》《范子杂汇》《天一阁奇书》）。从此，《范氏奇书》这个并非范钦自定的称号，名声响亮。它作为一部丛书，被藏书家和目录学家认可。

① 据范钦研究专家袁慧考证："范钦本人的著作（包括由他编写和编辑的），有《天一阁集》三十二卷，《明文臣爵谱》未分卷一册，《革朝遗忠录》（卷册未详），《范司马奏议》（又名《抚南赣奏议》）四卷一册，《抚掌录》（卷数未详），《赋苑联芳》（南京图书馆藏有红格钞本六册），《贡举录》（手稿）一册，《四明范氏天一阁书目》四卷，《烟霞小说》八卷，《古今谚》一卷，《歌谣谚语》一卷和《汉书隽》（卷册未详）。可惜这些书籍大多已散佚，今天一阁庋藏者仅《天一阁集》《范司马奏议》《贡举录》（稿本）、《歌谣谚语》（稿本残页）四种。"袁慧：《范钦评传》，宁波出版社2003年版，第71页。

清嘉庆四年（1799），清桐川顾修编《汇刻书目》，称："范氏二十种奇书，明鄞范钦天一阁校刊。"1935年，商务印书馆编印《丛书集成》，其提要也说："范氏二十种奇书，六十五卷。……此集为钦所手订，世知宝贵。在全部中，《周易》及《元包》《潜虚》等书居其九，而《乾坤凿度》又析出为《乾凿度》《坤凿度》，故二十种亦称为二十一种也。内如吴陆绩注之《京氏易传》、唐郭京之《周易举正》，唐赵蕤注之《关氏易传》，皆不易得之书，正不能以其偏重而少之耳。"

《范氏奇书》现存19种，只有《虎钤经》遍访不得，想已失传。

范钦一生刻书，除了上述31种，还有前面提到过的《王彭衙诗》9卷，《熊士选集》1卷，《阮嗣宗集》2卷。此外，1940年冯贞群编《鄞范氏天一阁书目内编》时认为，天一阁刻本尚有《烟霞小说》《汉书隽》两种，但原书至今未见。而范钦另有《杨右河侍御窗稿序》一文，是他任河南左布政使时写的。文曰：

> 某需次京邑，获读今巡台杨公右河先生《窗稿》数篇，譬则尝鼎一脔，思睹全集未由。比承乏河藩，从棘闱之役，朝夕侍公。时百执事楚糾，左启右白，口决手披无停宿。既而某以程文请于公，逊辞不获已，乃据几濡毫，抽思铸言，浑若天成。盖经书之文凡十二篇，而不百刻间，蔚乎就已。某间请于公奉全集，……于是刻诸藩司……[①]

由此可见，范钦还曾刻印《杨右河侍御窗稿》一书。

有专家作过统计，明代比较著名的私人刻书家，在范钦之前及与其同时期的，大致有如下16位：

> 江阴朱承爵，正德年间刻唐杜牧《樊川诗集》《浣花集》等。
>
> 游明，天顺年间翻刻元代中统刻本《史记集解索隐》130卷，《宋史全

---

① 《天一阁集》卷一八。

文续资治通鉴》36卷，附《宋季朝事录》2卷。

江阴涂祯，弘治年间仿宋刻印九行本汉桓宽《盐铁论》10卷。

金台汪谅，嘉靖四年刻《史记集解索隐正义》130卷。

震泽王延哲，嘉靖六年刻《史记集解索隐正义》130卷。

吴县袁氏嘉趣堂，嘉靖年间刻《大戴礼记》13卷，《世说新语》3卷，《文选六臣注》60卷。

顾春世德堂。嘉靖十二年刻《六子全书》《老子道德经》2卷，《华南真经》10卷，《冲虚至德经》8卷，《荀子》20卷，《新纂门目五臣注》，《杨子法言》10卷，《中说》10卷。嘉靖十三年刻《王子年拾遗》10卷。

余姚闻人铨，嘉靖十八年刻《旧唐书》200卷。

福建汪文盛，嘉靖二十八年刻《前汉书》120卷，《后汉书》122卷，《五代史记》74卷等。

吴县郭氏济美堂，嘉靖年间刻《分类补注李太白诗集》30卷，《曹子建集》10卷，《河东先生集》43卷、外集2卷、附录2卷、集传1卷、后序1卷。

苏氏通津草堂，嘉靖三十八年刻王充《论衡》30卷，《韩诗外传》10卷。

晁氏宝文堂，嘉靖年间刻《昭德新论》3卷，晁冲之《兴茨集》1卷，晁说之《晁氏客语》1卷，《晁氏儒语》1卷，《晁回道院要集》3卷，《法藏碎金》10卷。

昆山叶氏绿竹堂，隆庆年间刻《陶谷清异录》10卷，《云仙杂记》10卷。

钱塘洪氏清平山堂，刻《清平山堂话本》6种，以及《路史》《唐诗纪事》《绘事指蒙》《新编分类夷坚志》等。

王世贞，刻有《乔庄简公集》《皇明盛事》《唐世说新语》《弇州山人四部稿》等。

张氏双柏堂，刻有《越绝书》《华阳国志》《天目先生集》《居来先生集》等。

由此可见，范钦在出版方面的成就丝毫不亚于他们，特别是在书籍的种类上，恐怕无出其右者。

藏书家私人刻书，需要雇佣大批写刻工人，非财力雄厚者莫为。天一阁所刻书籍上，大都记录着写刻工人的姓名。据专家统计，书上记着姓名的写工有范正祥、黄瑞，刻工有戴锐、徐升、余堂等40人，其中《稽古录》一书的刻工就有25人。可知天一阁的刻书事业当时已具相当规模。范钦所付出的财力和精力，也可以想见。袁氏嘉趣堂翻刻《六臣注文选》，曾在《跋题》中指出："余家藏书百年，此本堪称精善，因命工翻雕，……计十六载而完，用费浩繁，梓人难集。"

天一阁对于刻书事业的贡献，还在于至今仍保存着大量版片，现存25种，除了半片的，计双面597片、单面100片。这批明代版片，已成为我国雕版印刷史上珍贵的文化遗物。

明版书籍，被后代许多藏书家所轻视，自然有其不可否认的客观原因。但时至今日，综观中国古代刻书史，宋刊本已如拱璧，元代书业非能称盛，清初则有愈演愈烈的文字狱，以及清高宗修《四库全书》寓禁于征，使不少古籍面目全非，更是古书一大浩劫。明代刻书之盛，本身就是对传统文化保存的一大贡献，何况明代刻本也有不少精刊佳构，其中就包括天一阁的《范氏奇书》。

藏书家而兼刻书家，应该说是古代中国文化的一个鲜明特色和优良传统，对于我国历代典籍的延续与传播，有着不可估量的贡献。范钦以其非凡的作为，成为这支队伍中的佼佼者。

第十五章　耽书藏籍吾道在

范钦归里后，他的藏书开始以惊人的速度增加。1556年，他在家丁忧期间，“邺架虚称万卷书”，而到他临终之前竟已达到了7万余卷。也就是说，后30年的收藏，比前50年多了六倍。

书籍作为商品，在明代是相当昂贵的。据考证，一套《封神演义》开价2两纹银，《春秋列国志传》也要纹银1两。当时的一个私塾先生要带三五个学生，每月才能拿到1两银子。中低级官员靠俸禄也无力购买。至于藏书家孜孜以求的古籍，更非常人敢问津。晚明大藏书家、出版家毛晋，曾悬榜于门曰：“有以宋椠本至者，门内主人计页酬钱，每页出二百；有以旧抄本至者，每页出四十；有以时下善本至者，别家出一千，主人出一千二百。”不难想见，范钦为聚书不知花了多少钱财。

由于历代辗转抄写或刊刻的误失，没有古籍是没有错讹的，即“无错不成书”。因此，几乎没有一个藏书家没有做过校勘工作。他们自觉且欣然地担当起校书纠误的职责，或孤军奋战，或相互切磋，长年累月、无休无止地校勘古籍、补阙订讹。这是藏书家最普遍也是最艰巨最乏味的日常性工作，范钦也同样乐此不疲，老死无悔，默默地沉浸于陈编烂简，从事这种为人作嫁衣的苦差，亲手校订出版了《范氏奇书》20种。此外，天一阁藏珍版善本《古乐府》10卷，元代左克明编，元至正年刻，卷一左下方有“四明东明子参校”题记，正文有范钦朱墨批校和抄补。类似的这种书籍想必不少。再从范钦《吹剑庐外集》跋语中可看出，他和历代所有藏书家一样，曾亲自动手抄录借来的古籍。

然而，究竟是什么力量促使范钦如此苦心孤诣，投入大量的精力、财力来聚书藏典，惨淡经营呢？这个深层次的原动力问题，似乎从未引起学术界的关注探讨，好像他天生就是个藏书家似的。

唐朝《隋书·经籍志》指出："夫经籍也者，机神之妙旨，圣哲之能事，所以经天地、纬阴阳、正纪纲、弘道德，显仁足以利物，藏用足以独善，学者将殖焉，不学者将堕焉。"这段话，不仅概括说明了书籍作为凝聚传统文化的结晶，是历代学子承袭人文精神、修身齐家以至治国平天下的根本依据，同时也揭示了历代私人藏书家共同的思想基础——对中华民族文化典籍与生俱来的敬意和热爱。聚藏书籍，就是保存传统、传承文化。

不过，书籍乃圣道之所在、安身立命之根本，这是所有读书人都明白的道理。那为什么偏偏只有这么一些人，自觉自愿、废寝忘食、矢志不移、甚至抛家舍业地聚书藏书呢？个中奥秘，也许在于藏书家独特的文化心态——都爱书如命，认为通过读书、品味题旨意蕴，可以怡心赏目，陶冶情操，独善其身。

比范钦稍早的藏书家高濂在《遵生八笺》中说过：尝耽书，每见新异之典，不议价之贵贱，以必得为期，其好亦专矣。故积书充栋，类聚门分，时乎开函摊兀，俾长日更深，沉潜玩索，恍对圣贤，面谈千古，悦心快目，何乐可胜？古云开卷有益，岂欺我哉？而比范钦稍晚的藏书家徐𤊹亦称：余尝谓人生之乐，莫过闭门读书。得一僻书，识一奇字，遇一异事，见一佳句，不觉踊跃。虽丝竹满前，绣罗盈目，不足喻其快也。

蕴含在文化传统中的这种读书意识，是一种不含功利观念的、自然的"天欲"。它不计较任何物质利益和功名利禄的得失，故能淡泊俗欲，一往无前地追求高尚的精神情趣。诚如毛晋在《重镌十三经十七史缘起》中所言："回首丁卯至今三十年……夏不知暑，冬不知寒，昼不知出户，夜不知掩扉，迄今头颅如雪，犹夫牧人一梦耳。"这在范钦身上，也有鲜明的体现。

这种爱书如命的痴迷心态，是历代藏书家的集体无意识，也是其精神力量之所在，推动着他们为藏书事业作出常人很难理解的举动甚至牺牲，却能自得其乐。有一位散文家也说过："范钦的选择，是基于文化良知的健全人格。没有这种东西，他就不可能如此矢志不移，轻常人之所重，重常人之所轻。""事实上他已经把人生的第一要务看成是搜集图书，做官倒成了业余，或者说，成了他搜集图书的必要手段。他内心隐潜着的轻重判断是这样，历史的宏观裁断也是这样。好像历史要当时的中国出一个藏书家，于是把他放在一个颠簸九州的官位上来成全他。”①

但事实是，范钦做官做得有滋有味，并没有“把人生的第一要务看成是搜集图书，做官倒成了业余”。他狂热地聚书，是在罢职归里、绝意仕进之后。因此，这样解释范钦深层的原动力，显然与事实不符，没有切中肯綮。

毋庸置疑，范钦始终是个积极进取的儒家事功派，相信“天生我材必有用”，也相信“有失必有得”的哲理：如若不能治国平天下，则一定能在别的方面建功立业、扬名天下。他在《赠包白厓序》中说过：

> 人之所违，天之所相也。时之所啬，道之所裕也。故天定则能胜人，道在则可俟时。夫虞卿、马迁、杨雄、王通，世之所谓贤人君子也。方其穷居林丘，沉迷下僚，著书自见，若所谓《春秋》《史记》《太玄》《元经》者，后人视之，不啻和玉。使遇其时，必不能发愤自见，如是炳显。……先生方修古人之业，将崇王道、黜伯略、翼圣经、斥异端、阐微发幽、记纪名实、作一家之言，藏之名山，以诏人人，当不让前数子矣。是道不伸于恒人而伸于知己，不行于一时而行于后世，不取必于人而取必于天。②

后来在《贺比部少东包公序》一文中，他更加简明地表达了这一理念：

> 夫君子应世而兴，鼎峙三才，囊括万汇，岂徒与俗浮沉，晻没终年已哉？将必抗志人代，茂树名行。进则佐人主，遵皇王之略，起仆苴漏，康济元元；否则奉身而退，闭关却扫。举圣人之道而阐明之，成一家言，以诏人人。斯能矫世振俗，列于儒者之林。前之千古，后之来今，何莫不

① 余秋雨：《秋雨散文》，浙江文艺出版社1994年版，第99页。

② 《天一阁集》卷一九。

由斯？①

范钦才力平平，不可能著书立说，“成一家言，以诏人人”，只有另辟蹊径以建功立业。因此，可以说，范钦致力于藏书事业，除了文化的认同心理和以读书为乐的癖好，还有着强烈的事功意识。换言之，这是他深受朝廷重视藏书的影响，把儒学倡导的修齐治平之志转移到藏书事业的结果。

明太祖朱元璋出身农家，苦无学术，但在长期的政治斗争中，他深谙“武定祸乱，文治太平”这一封建社会治国平天下的大道。在国事初定的洪武二年（1369），他就诏谕中书省：“朕恒谓国之要，教化为先。教化之道，学校为本。”要行教化，施教育，书籍的重要性不言自明。他定都南京，即下令将元大都宫中图籍运往金陵，又下诏到各地访求遗书，藏于南京宫中文渊阁。明成祖朱棣即位后也如法炮制，派遣臣下到民间购求，指示不要计较书价，力求购致文渊阁中所缺之书。同时，他命翰林学士解缙主持编纂一部类书于永乐五年（1407）完成。这就是《永乐大典》，全书22877卷，另有凡例目录60卷，辑录古今图书七八千种。

此后自仁宗至世宗，其间虽然不乏昏庸糊涂，乃至胡天胡地的皇帝，对书业大都采取重视保护的政策，宫廷藏书远超前代。尤其是嘉靖皇帝，闻名中外的皇史宬，就是在他的手上建成的。

皇史宬是我国保存得最为完整、极有特色的古代国家档案库。整座建筑物不用木料，系砖石结构。屋顶为拱券式，不用一根梁柱，所以正殿也叫无梁殿。殿墙很厚，东西墙有对开的大窗户，利于防潮、防火、防蛀、通风和调节温度。档案柜不放在平地上，而是放在殿内高1.42米的石台上，均为铜皮鎏金的木柜，即所谓金匮，专门储放本朝各个皇帝的“实录”“圣训”和“玉牒”等重要典籍。嘉靖四十一年（1562），朱厚熜还下令将《永乐大典》重抄1部，其复本也藏于皇史宬。不过，这项工作到他死了才完成。

朝廷重抄《永乐大典》的时期，恰好是范钦经历罢职归里、从“拟学闭关

① 《天一阁集》卷二三。

犹未得”到绝意仕进、专心致志于藏书事业的思想转变之时。他写下的这些诗句：“耽书吾道在，弹剑故情违”（《秋日闲居》），“趋时勋伐从英达，投老心情只典坟”（《纳凉》），“心远久疏还阙梦，年丰初给买书钱”（《初秋湖阁》）。

这些都清楚不过地表明，范钦是把藏书当作“奉身而退，闭关却扫”后，“矫世振俗，列于儒者之林”的事功看待的，力图以此来达到“抗志人代，茂树名行”的目的。所以，他才会如此地苦心孤诣、投入余生的全部精力和财力，才会如此飞速积聚、取得千古惊叹的辉煌成就。

明代藏书家，大都有嗜宋元、癖珍秘之风尚，许多人不畏艰难，甚至不惜倾家荡产奋力搜寻各种孤本秘籍。例如王世贞、毛晋，已经到了如痴如狂的程度。

但是范钦却不然。从未听说他不惜任何代价追求孤本秘籍的故事，相反，他比任何一个藏书家都更为重视当代人的著作，采取的是“兼收并蓄”甚至“厚今薄古”的搜访原则。藏书以明刻本为主，最多的是明代地方志、登科录，本是很容易成为过眼烟云的“时人之集、三式之书”，以及别人无力获得的各种正书、实录，乃至《军令》《营规》《大阅览》《国子监监规》等官书。

这不是买得起、买不起的问题，而是因为范钦“佐人主，遵皇王之略，起仆直漏，康济元元”的仕途突然阻塞，俗欲难消，潜意识中希望通过皇上重视的藏书事业，来弥补他治国平天下壮志未酬的缺憾。

明代地方志，何以成为天一阁藏书中最显著的特色之一？毫无疑问，与朝廷提倡修志密切相关，也与其“治天下以史为鉴，治郡国者以志为鉴”的观点密切相关。收藏地方志，反映了范钦强烈的事功意识。

明太祖建国后，为了使功业永垂，即诏令天下编纂地方志书。《明太祖实录》卷八一载：洪武六年（1373），令府州“绘上山川险易图”。卷八七载：洪武七年（1374）二月，命浙江等行省并直隶府州县，皆以山川险易图来献。卷一五五载：洪武十五年（1382）七月，诏天下都司，凡所属卫所、城池及境内道里远近、山川险易、关津亭堠、舟车漕运、仓库邮传、土地所产，悉绘图以献。卷二二三载：洪武二十五年（1392）十二月，诏五军都督府谕各都指挥使司，以军马粮储之数及关隘要冲、山川险易、道里远近，悉绘图以闻。可见洪武时朝廷对修志的重视。

明成祖朱棣即位后，对纂修地方志书更为重视。永乐十年（1412）颁布了《修志凡例》16则，规定志书内容应包括建置沿革、分野、疆域、城池、里至、山川、城郭、乡镇、土产、贡赋、风俗、形势、户口、学校、军卫、廨舍、寺观、祠庙、桥梁、宦迹、人物、仙释、杂志、诗文等24类，以及各类目编写原则。这是迄今发现的最早的由朝廷颁布的修志凡例。永乐十六年（1418），又诏纂天下郡县志书，颁降《纂修志书凡例》21条。此后，宣德、正统、嘉靖等朝也都诏修志书，受到地方各级政府的重视。连原来很少修志或未曾修志的边远地区也郑重其事，甚至一修再修，出现了“天下藩郡州邑，莫不有志”的局面。

地方志是我国古代特有的地区史地学著作。约著于东汉建武二十八年（52）的《越绝书》，可称是我国现存最早的一部地方志。自两晋南北朝以迄隋唐，修志不断，但现存完整者无几。宋元时期有大发展，可目前仅存数十部。明代地方志蔚成大观，可究竟纂修了多少种？莫衷一是。林平、张纪亮编纂的《明代方志考》（四川大学出版社2001年版）存佚并录，辑录方志2882种，系迄今有关明代方志最全面的考录性著述之一。这个数字，比宋元方志的总和还多4倍。流传至今的，大约有1000种。

天一阁原藏省、府、州、县志435种，比《明史・艺文志》著录的还要多。经过400多年的风雨沧桑，现存271种。据天一阁研究专家骆兆平考证：

> 有164种在《中国地方志联合目录》和《台湾公藏方志联合目录》中为仅见之本，可称海内孤本。其中，如河北的正德《赵州志》、嘉靖《雄乘》，山东的正德《莘县志》、嘉靖《宁海州志》、万历《兖州府志》，江苏的嘉靖《沛县志》、隆庆《海州志》、万历《江浦县志》，浙江的嘉靖《安吉州志》《象山县志》，安徽的成化《颍州志》、嘉靖《宁国县志》、万历《太平县志》，江西的弘治《抚州府志》、正德《南康府志》、嘉靖《瑞金县志》，福建的景泰《建阳县志》、嘉靖《延平府志》，河南的正德《汝州志》、嘉靖《许州志》《兰阳县志》，湖北的弘治《黄州府志》、正德《德安府志》、嘉靖

> 《归州志》，湖南的弘治《岳州府志》、嘉靖《常德府志》、万历《郴州志》，广东的正德《琼台志》、嘉靖《广州志》《增城县志》，四川的正德《蓬州志》、嘉靖《马湖府志》，万历《营山县志》，等等。此外，还有宁夏、陕西、贵州、云南、广西等明代沿边僻省的一些地方志书，除天一阁外，早已散佚无存。孤本中除刻本之外，还有一些明抄本，如弘治《偃师县志》、正德《新乡县志》、嘉靖《钧州志》《涉县志》《长泰县志》《仁化县志》等都是在当时得不到刻本的情况下用蓝格棉纸抄录的。嘉靖《翁源县志》卷末题记云，此志因纂修《广东通志》的需要而纂辑，“一样二本，一本附学立案，一本附县立案”，可知当时尚未梓行。这些抄本，今天尤为珍贵。
>
> 天一阁现藏的明代地方志，纂修于嘉靖年间的有185种，约占总数的百分之七十；修于嘉靖以前者55种（最早的是永乐《乐清县志》和景泰《建阳县志》）；修于嘉靖以后者31种（最迟的是崇祯《吴县志》）。由于明代以前旧志的失传，有172种已成了各地纂修的方志中现存最早的志书。
>
> 明代地方志也是天一阁藏书中保存得最完好的一批书。虽然经历了四百多年，但大部分仍纸墨精湛，触手如新，一般作包背装，也有蝴蝶装和线装的，保持着明代书籍的装帧形式，展卷悦目，令人爱不忍释。[①]

政府修志，目的明确，旨在彰往训来、有补风化，“企先贤而思齐，睹名宦而思政，审物力而思阜殷，察利病而思兴革，慨风俗而思移易，阅军实而思训练”，“以图为长治之道”。这就是范钦注意搜访的主要原因，也是古代学者和藏书家之所以不屑一顾的主要原因。黄宗羲于清康熙十二年（1673）登天一阁编目时，把地方志与“时人之集、三式之书”一样弃之不录。“下邑陋志”，微不足道，连盗书贼也不愿染指，结果反而因保存最完善而成为天一阁最宝贵的收藏之一。

方志的宝贵，在于它和一般史地学著作不同，具有记述的地域性、广泛性和连续性。明代永乐以后官修的志书，记述范围一般均遵朝廷颁布的修志凡例，

---

① 骆兆平：《天一阁丛谈》，中华书局1993年版，第92—93页。

所以资料非常全面、丰富。上自天文，下至地理，山川水利、物产资源、典制沿革、贡赋徭役、风俗习惯、各类人物、宗教寺院、科举学校、艺文著作、阶级斗争、经济发展天灾人祸、奇闻轶事，无所不有。此外还保存了许许多多古代政治、经济、社会、文化史料，特别是天文、地质、地震、旱涝、气候、潮汐等自然科学史资料，以及江河水利、物产矿藏等自然资源的记载，这对如今的自然科学家来说，真是踏破铁鞋也难觅，太有吸引力了。

最早利用地方志且卓有成效的科学家，也许是范钦的同乡后辈，我国现代地质学、地理学、地震学的奠基人之一翁文灏（1889—1971）。他是中国第一位地质学博士，早就利用各地方志中关于矿藏及其开采的记载，结合实地考察，发表了《铜矿纪要》、《铁矿纪要》与《中国矿产志略》、《中国矿产区域论》等论著。他还运用统计学的方法，研究14—19世纪我国地方志上的地震记录，撰写了《甘肃地震考》、《中国地震区分布简说》等拓荒性的论文。中华人民共和国成立后，山西、安徽、湖北、浙江、河南等省地震局、国家地震局地质大队、兰州地震研究所等单位，循着翁文灏的思路，从天一阁收藏的明代地方志中辑录了大量历史地震资料，作为研究之用。

据骆兆平介绍："天一阁目前收藏的嘉靖《雄乘》《吴邑志》《昆山县志》、万历《黄岩县志》均详载治水文献。隆庆《赵州志》记隋代安济桥，嘉靖《寿州志》记淮南第一桥，均是有关我国桥梁工程的历史资料。嘉靖《许州志》有'戎匠'一目，列有十余种匠人的名称，隆庆《临江府志》有匠人统计数字，涉及的匠人名称有数十种之多，是了解我国手工业发展的有用资料。嘉靖《鲁山县志》《邓州志》《临朐县志》记载了当地的矿藏情况。嘉靖《延平府志》《东乡县志》记述农民起义的经过颇详。嘉靖《惠州府志》《太平县志》记述了少数民族的风俗习惯以及有关起义事件。隆庆《潮阳县志》记载了不少当时广东沿海人民的英勇抗倭事迹以及海上贸易的情况。嘉靖《鄢陵志》记载了嘉靖年间该地大地震的情况。嘉靖《钦州志》'山川'一节中，对当地的潮汐情况有详尽的叙述，弘治《宁夏新志》记述明代边疆军事制度、政治制度以及当地军民生活情况。嘉靖《浦江志略》卷三'册籍'一节中，收录了明洪武至嘉靖年间浦江县所造的各种文册，有助于了解明代地方官署在田赋、徭役、军民、户籍等方面的管理措施。嘉靖《建阳县志》详记了书市情况和书坊书目，是研究明代印刷史的难得资料。”[①]

此外，“河南省水利局从嘉靖《太康县志》等十六部方志中，找到四百多条历史旱涝资料。水利电力部华东勘测设计院从浙江、福建、江西三省的方志中，辑录了不少洪旱灾害资料。江苏农学院查阅了方志中有关畜牧文献。杭州大学数学系从方志记载的‘桥梁’等类目中发掘出蕴藏在里面的数学史资料。上海博物馆和江西景德镇陶瓷研究所，先后从正德《瑞州府志》等志书中查到了有关瓷器发展史资料”[②]。

从20世纪60年代起，《天一阁藏明代地方志选刊》开始影印出版，已有200多种问世，给有关人员提供了极大方便，从中可以挖掘研究的领域也在不断扩大。如《明代灾荒时期之民生——以长江中下游为中心》[③]、《明清人的“奢靡”观念及其演变——基于地方志的考察》[④]，都是这方面的优秀成果。

天一阁藏书的另一个显著特色，是明代科举录。我国历代科举考试的文献，数明代保存得最完整。明以前各代已属寥寥，清代虽比明代晚、开科多，但所存尚不及明代的五分之一。而我国现存的明代科举录，有80%收藏在天一阁。这不能不说是天一阁的一大特色、一大功劳。

明代是科举制度的鼎盛时期。朱元璋于洪武四年（1371）即诏告天下：“自今年八月始，特设科举，务取经明行修，博通古今，名实相称者。朕将亲策于廷，第其高下而任之以官，使中外文臣皆由科举而进，非科举者毋得与官。”这就有了3年一次的科举考试，从下而上，分为院试、乡试、会试和殿试。于是，也就有了乡试录、会试录、进士登科录。

乡试录由各省布政司刊印，除前后序文，内容包括：一、记载主持该科考试官员的官衔、姓名、籍贯、功名；二、记录三场考试的题目，第一场考《四书》《易》《书》《诗》《春秋》《礼记》，第二场考论、诏、诰、表、判语，第三

---

① 骆兆平：《天一阁丛谈》，中华书局1993年版，第98—100页。

② 骆兆平：《天一阁丛谈》，中华书局1993年版，第98—100页。

③ 罗丽馨：《明代灾荒时期之民生——以长江中下游为中心》，《史学集刊》2000年第1期。

④ 钞晓鸿：《明清人的“奢靡”观念及其演变——基于地方志的考察》，《历史研究》2002年第4期。

场考策；三、中式举人名单，包括名次、姓名、籍贯、治何经典；四、乡试录文。

会试录由礼部刊布。其内容除前后序文，内容包括：一、主持该科考试官员的官衔、姓名、籍贯、功名，皆由级别较高的京官充任；二、三场考试题目，第一场《易》《书》《诗》《春秋》《礼记》“四书”，第二场论、诏、诰、表、判语，第三场策问；三、中式贡士名次、籍贯、所治经典；四、选录典范的文章，每题约一至二篇，每篇文章前均有同考官和考试官的批语。

进士登科录也由礼部刊印，内容包括：一、玉音：有礼部尚书奏文及皇帝批示，记录发榜谢恩的仪礼，以及总提调官等参与殿试官员的官衔和姓名；二、荣恩次第即一甲、二甲、三甲的进士名单；三、皇帝制文；四、登科录文，收录一甲三名的策论文章。

这些内容，充分说明了登科录的价值。试问，登科录中记录的考试题目和选录的范文及考官批语，有哪一个应试士子不想参考研究呢？而登科录所记载的姓名、籍贯等人事资料，又有哪一个官场中人不想获得呢？要在风波险恶的宦海中搏击挣扎，这可是一份弥足珍贵的“公关联络图”啊。

明代共开89科，天一阁藏有首科洪武四年（1371）的会试录和进士登科录，又收藏过极为罕见的建文二年（1400）会试录和进士登科录。自宣德五年（1430）起，经正统、景泰、天顺、成化、弘治、正德、嘉靖、隆庆至万历十一年（1583）止，连续52科的会试录和进士登科录均一科不缺。而宣德五年（1430）前，也仅缺10种（很可能是被窃或散佚了）。可以说，万历十一年（1583）之前的明代会试录和进士登科录，基本完整收藏在天一阁里。

凡有功名的人士，都极端重视同年关系。范钦也不例外，翻阅《天一阁集》，随处可见他与同年唱和酬答的诗文。他在临终前几年，还利用洪武四年（1371）至万历七年（1579）的科举录，编写《明贡举录》1卷，录浙江各府解元人数、姓名，各省会元、状元姓名、籍贯、人数，各省中式（进士）姓名。这份手稿至今保存在天一阁。

科举制度，为范钦这样的耕读人家子弟提供了“达则兼济天下”的可能性。因此，登科录作为科举考试结果的集合，得到范钦如此精心的搜寻呵护，其中所蕴含的事功意识不言而喻。

登科录在藏书家眼里的地位，远超地方志。清代的法式善从老妪补窗破纸中，捡得明万历二十五年（1597）顺天乡试录39页残余，虽未能补全，已经传为书林佳话。

商务印书馆涵芬楼创建人张元济，曾得到一份从天一阁散出的《嘉靖二年会试录》，他在跋文中写道："郑端简为吾邑闻人，……公举嘉靖元年浙江乡试第一人。天一阁藏书散出。余收得是年乡试题名录，公褎然举其首。次年联捷成进士，余又收得是册。是虽不能与绍兴十八年同年小录、宝祐四年登科录等观。而自吾邑视之。则不能不谓物以人重。且两录并存。尤为罕有。征文考献，洵足珍已。"

著名学者赵万里则说过这样一件事：记得嘉庆间，法梧门在翰林院里得到了顺治进士三代履历三册，上面有王士祯兄弟的履历，一时翰苑诸彦题字的题字，考据的考据，忙得不亦乐乎，后来传为佳话，如以天一阁所藏相比，真是小巫见大巫，法梧门辈太可笑了。

这些年，"科举学"异军崛起，显示出强劲的发展势头。有人甚至断言，它将是21世纪的显学，因为科举制在中国历史上产生过重大而深远的影响。研究科举，可以加深我们对民族历史和传统文化的认识，并为当今各类考试改革提供借鉴。而在浩如烟海的科举文献中，乡试录、会试录、进士登科录是公认的核心文献，其史料价值也早为海内外史学界所公认。

20世纪60年代，何炳棣在美国根据明清各科进士题名录所载数万名进士的数据进行量化分析，对当时中国的社会阶层流动率进行详细的实证研究，发现在明代有46.7%的进士出身寒微人家，至清末，前三代无功名或仅为生员的进士也有35.5%。他得出结论，这种大量的社会阶层流动，使中国社会逐渐从魏晋南北朝时期的门第社会转变为科第社会。这一研究成果，曾引起西方社会史学界的惊叹。

目前，科举与社会流动的关系，仍是"科举学"的一大热点。要开展这项研究，进行全方位的量化分析，肯定离不开登科录中的籍贯、家庭背景等资料。

对于八股文的评价，也是"科举学"中的一大热点。在清末被人深恶痛绝且扫进文字垃圾堆的八股文，如今又被重新挖掘出来加以研究。这离不开登科录中选录的每题一至二篇的范文，以及文章前同考官和考试官的批语。

登科录中的范文和批语，是研究科举考试的试题内容和应试文体的至宝。八股文由破题、承题、起讲、入手、起股、中股、后股、束股八部分组成。其题型又分为大题、小题、连章题、全章题、一节题、一句题、半句题、数句题等。八股文年复一年在“四书五经”中命题，为防止考生互相蹈袭，不得不避熟就生，深求隐僻之题，于是便出现了截上题、截下题、截上下题、承上题、冒下题、承上冒下题、半面题、上全下偏题、上偏下全题、上下俱偏题。还有一类割裂经文所出的截搭题，其中又分为长搭、短搭、有情搭、无情搭、隔章搭等。要搞清楚这么复杂的问题，还有比登科录中的范文和批语更实证的资料吗？

目前天一阁尚存明代科举录370种，其中90%以上是海内孤本。它们必将为方兴未艾的“科举学”研究作出不可替代的贡献。当然，这也是天一阁主人的无人能够企及的贡献。

天一阁还有相当一部分内部官书文件，都是一般藏书家既不甚关注又难以获得的文献。如《军令》1卷，嘉靖二十六年（1547）颁行，同年刻本；《大阅录》2卷，收有明张居正、霍冀等奏疏，隆庆二年（1568）兵部刻本；《营规》1卷，嘉靖四十年（1561）兵部颁发，同年刻本；《宁波通判谕保甲条约》1卷，嘉靖三十四年（1555）通判吴允裕撰，同年刻本；《吏部四司条例》3卷、《考功验封条例》3卷，明蹇义撰，乌丝栏明抄本；《船政》1卷，明南京兵部车驾司编，嘉靖官刻本；《工部为建殿堂修都城劝民捐款章程》1卷，嘉靖三十八（1559）颁发，同年刻本；《户部集议揭帖》1卷，嘉靖年间抄本；《学政录》1卷，明嘉靖三十年（1551）福建按察司副使朱衡奉旨将学校卧碑奉到敕谕，誊黄誊写，转行合属州县儒学，钦遵施行，嘉靖三十年兴化府刻本；《漕运议单》1卷，明嘉靖二十一年（1542）户部议定，蓝丝栏明抄本；《军政条例续集》5卷，明孙联泉撰，嘉靖三十一年（1552）江西臬司刻本；《余肃敏公经略公牍》1卷，明余子俊撰，嘉靖五年（1526）张缙重刻本；《条例全文》8卷，明佚名氏编，成化弘治年间条例，明钞本；《嘉靖新例》1卷，明佚名氏编，明乌丝栏钞本；《兵部武选取司条例》1卷，明□□□撰，嘉靖中蓝丝栏抄本……20世纪初，著名藏书家缪荃孙专程来宁波，托范氏后人代为抄录的宋《刑统》，也属于此类书籍。

此外，天一阁藏书之丰富及应用性强的特点，还能从以下两件小事中了解：一是著名的古琴学专家查阜西为访求古代琴史、琴谱，曾带领一批中青年古琴工作者遍游全国，结果在天一阁发现了两部从未见过的明刻古琴谱，《浙音释字琴谱》和《三教同声》；二是山东中医学院从《玉机微义》《明医杂著》等明刻医书中采集到了难得见到的古代中医学资料。

藏书家的贡献，集中体现在对中国历代典籍的保存、传播、完善与生产上。不仅是登科录，天一阁历经400余年保存下来的地方志与上述极为罕见的明代典籍，在当今世界也是独一无二的孤本，价值不可估量。历史印证了范钦所认为的“道不伸于恒人而伸于知己，不行于一时而行于后世，不取必于人而取必于天”。

范钦独特的藏书原动力，使他超越了同时代其他藏书家的认识水平。

第十六章　晚景凄凉情何堪

明中叶以后的江南士大夫，一反前人的敦厚古朴风，极尽奢侈享受之能事，目欲穷尽天下之秀色，口欲啖尽天下之美味，耳欲听尽天下之佳音，富厚者还竞治园林。时人何良俊描述其盛况道："凡家累千金，垣屋稍治，必欲营治一园。若士大夫之家，其力稍赢，尤以此相胜。大略三吴城中，园苑棋置，侵市肆民居大半。"缙绅所置园林，其规模、气派、结构，其罗致的奇峰异石、名花珍草，自非一般庶民地主所能比肩。

当时民谚有：三年清知府，十万雪花银。范钦担任知府以上官职达20年，虽属廉吏，但囊中绝对不会羞涩。再从其为官时的言论作为来看，范钦也绝对是个精明强干、善于理财的能吏。他在月湖芙蓉洲建司马第、造天一阁，固然出于客观需要，但与时尚风气恐怕也不无关系。

范钦一家人丁不旺，住宅占地却颇为广阔。清徐兆昺在《四明谈助》谈到过范氏西园："在司马第之西，背城面河。其河本自马牙漕来，北通菱池，达社坛桥大河。自嘉靖间闻主事塞河后，遂为断港。今如大池，横于西园门前，池上有洲，叠假山，古柏阴森，颇有幽趣。……《简要志》云：锦里桥即三板桥，在菱池头，本与西水门里河相通，后为主事闻源所塞，渐流入其宅，内设水关闭之，掩为己有。今属兵部侍郎范钦。"此外。丰坊也把他的碧沚园转让给了范钦，并写有字据："碧沚园，丰氏宅，售与范侍郎为业，南禺笔。"《四明谈助》称"此券犹存天一阁"。

由此可见，当时范家几乎占了现今月湖历史街区的三分之一，里面也罗致了不少奇峰异石、名花珍草。沈明臣就有两首诗歌咏之：

咏范司马宅绿牡丹

买来名品洛阳殊，倾尽江南十五都。
罗袖薄将云髻捧，舞裙低借翠盘扶。
宝阑绰约闱青女，金谷繁华斗绿珠。
从此风光传别种，定知姚魏两家无。[①]

范司马宅赏花

花事今年独较迟，暮春阑槛始葳蕤。
自怜艳色欺头白，莫使芳魂笑客疲。
酒入青山浇磊块，歌翻红袖转参差。
休报夕阳高柳尽，后堂应有夜珠奇。[②]

因为家中有河与月湖相通，范钦经常荡桨湖上，挚友数位，载酒泛舟，促膝谈心，吟诗赏月。屠大山曾赋《中秋东明招游月湖二首》，诗曰：

华堂迟初月，兰桨泛秋光。
城角湖偏朗，波心夜转凉。
水深星可摘，荷老气犹香。
俯仰愁天曙，谁言更漏长？

秋月初昏白，湖光四望多。
杯行天上酒，人坐镜中波。
岸语惊仙棹，空音响醉歌。
非君谋徙席，良夜奈愁何？[③]

---

① 〔明〕沈明臣：《丰对楼诗选》卷二九。
② 〔明〕沈明臣：《丰对楼诗选》卷三三。
③ 《甬上耆旧诗》卷八。

更多的时候，范钦独自一人，或游湖戏水，或登阁观书，随兴之所至，做可心之事。他有大量诗篇吟咏这种潇洒人生，《夏日湖上十首》便是他得意之作：

一入澄湖里，何当暑气消。
台依云壑静，峰落海天遥。
古树行相傍，幽禽坐可招。
不须凉吹发，吾思已飘萧。

颇怜虚阁好，爽气结中洲。
芳树随年长，清波尽日流。
檐端落鸟毳，雾里隐龙湫。
何事淮南客，徒因桂树留。

迩来思避暑，选胜得林塘。
雾气遥连郭，槐阴正压林。
何心结巢许？有梦上羲皇。
俗驾还能避，无须褦襶防。

僻地烦嚣隔，高居云物清。
苍山当户出，白苎挟风轻。
就荫频移席，临流一濯缨。
心期自有适，不是爱逃名。

散发时忘栉，狂歌更倚栏。
遥空云不断，深涧昼生寒。
世已玄风邈，人从白眼看。

夜归犹有兴，飞梦落风湍。

老去一潜夫，披襟思不孤。
风前鸣万籁，树里眇重湖。
独往惟鸥渚，相逢或钓徒。
由来庄惠意，此际未能无。

湖水含清泚，天风送小舠。
一丘元自惬，四海定谁豪？
坐许清桐并，诗希白雪高。
川云如有意，来往不辞劳。

天空湖是月，阁迥树为云。
灵鸟乘时下，清歌满地闻。
未须寻物外，已觉远人群。
渔父何无赖，犹思钓席分。

暝色纡三径，晴光敞十洲。
庭犹余锦树，人却拟丹丘。
高枕松风落，长吟海月浮。
祇缘酬懒慢，讵敢傲王侯？

大隐何城市，幽心只草堂。
抚弦山水得，卷幔海云凉。
虹影驱残雨，蝉声带夕阳。
芰荷随处满，留待结为裳。

但这神仙般的生活，掩盖不了范氏家族的不幸，以及范钦内心的哀愁。

范钦罢官后回籍听勘，似乎把厄运也带到了家中，接二连三地有人谢世。

范钦回家不到一年，侄儿子虚（1528—1561）便与世长辞，年仅33岁。子虚天资聪颖，在同辈中出类拔萃，范钦曾带他在袁州读书，备兵九江时才送他回甬应试，没想到尚未中举即命归黄泉，全家的希望落空了。范钦在《祭侄子虚文》中道："汝父汝母望汝以成树，汝配汝子望汝以依倚。亲党望汝以翊持，门户望汝以光大，乃今将何所藉耶？"[①]

第二年，子虚的父亲范镛因悲伤过度，也随着儿子撒手西去。范钦凭棺泪潸潸下，心情特别沉痛撰《祭长兄文》道："念我父我母生我三儿，二亲弃背，惟兄是资。兄今长往，我辈何依？"[②]

接着轮到范钦自家了。翌年岁末，正当青春年华的大冲之妻屠氏（1540—1563），竟丢下恩爱的丈夫和幼小的女儿，仅23岁就离世。这个儿媳是范钦亲自选定的，象征着他与屠大山的友谊。过门7年，"恭顺静淑，质行天成。嫔于吾门，逌及七祼。妇仪壸则，纂纂好修。凡厥外内，举无间言"，不意如此早夭，实在令人痛惜，他甚至发出了"天道杂揉，孰尸其权？善不必庆，恶不必殃"的质疑。[③]

然后，是季弟范钧（字禹卿，号和轩）一家。范钧病逝于万历三年（1575），但据范钦《祭季弟禹卿文》提到："近复罹子女妇孙之变，痛楚而连绵。吾解官东归，忧患迍邅。幸贝锦之释累，忽中闽之绝弦，……夫何昊云不吊，脾病日煎，众皆望色怀惧，汝犹谓寻常而治不虔。迨于危迫伏枕，执手连惓，泪下如注，且曰百事之未便，岂以弱子孤孙未睹亨达，问田筑舍，莫获康定，斯以轸虑而心牵。"可见他家连年死人，遭遇极其不幸。

范钦当时已年届古稀，手足情深，亲口答应："吾今尚幸健饭，犹当为汝而周旋。"他认为弟弟朴雅敦确，宽厚谦和，履准率绳，不失尺寸，而且"门阀虽幸通显，未尝窃冒冠裳，关说于郡邑之前，亦不敢傲岸凭陵，罔人货利，攘人土田。至遇朋识茕乏，则又捐助而矜怜"。范钦再次发出为何"质行协于神理，

① 《天一阁集》卷二七。
② 《天一阁集》卷二七。
③ 《天一阁集》卷二七。

而不登期颐耄耋之年”的质疑。[①]

但质疑毫无用处，反而是华盖运当头。范钦不得不面对连续不断的悲伤。

首先是伉俪情笃半个世纪的夫人袁氏。她小范钦1岁，生育二子六女，可惜都早岁夭折。这对封建社会的女性来说是最大的隐痛，体质也变得柔弱多病。上年春夏之交，她好几次昏晕倒地，不省人事，请来城里的诸位名医诊治都说不出一个所以然。在范钦急得像热锅上的蚂蚁团团乱转时，她却悠悠然苏醒过来，慢慢康复了。“形虽稍瘠，而神观朗彻，区划事务，纚纚如昔。”

范钧去世不久后的农历四月十五日中午，范钦自外归来，袁氏虽然年迈，仍亲自张罗其用餐，她也陪着吃午饭。谁知过不一会儿，突然痰涌喉间，两眼上翻，百计施救无效，范钦眼睁睁地看着她气绝身亡。

这个打击实在太沉重了。范钦每日“号天擗地，五内崩摧，寝食屡废，若不欲生”。“五七”期满，他又在灵前宣读了一篇发自肺腑的《祭先妻袁宜人文》。[②]略谓：

吾顾可一日而无吾妻邪？忆自结发相从，子夙夜躬视炊饪，奉吾考工部公、母太宜人，得其欢心。脱簪珥文织，佐吾学，幸名成，叨官中外，偕以子从。迨掌闽臬，子念吾二亲春秋高，请留养。至甲寅秋，二亲相继不禄，子黾勉敛事，必诚必谨，使我免为天壤大罪人者，子之勋也。岁时展祀必虔，仰体二亲意，周念胤属，吾心伏之。乃今欲饬祀具，助吾周旋可得邪？欲使胤属退而适愿可得邪？呜呼痛哉！

吾性卞急，触事辄忿发，子徐为之解，吾默然内省，卒以报罢，神情渐宁，免于时诮。盖一月而不知几何也。乃今吾忿谁解邪？神情可宁诮可免邪？呜呼痛哉！

子性虑颖达，娴于世故，自远而台省，近而姻族，巨而出处，微而取予，订议可否，咸适其则，盖有他人所不及语而子与语，他人所不能定而

① 《天一阁集》卷二八。

② 《天一阁集》卷二八。

子与定者。稍有违忤，至贻后悔。乃今谁可我语也？谁可我定邪？呜呼痛哉！

吾性甚懒且耽书，门内之事，一以属子。居尝修雅，不严而整，诸子女诸妇，下及臧获，悛悛奉法惟谨，无敢嘻嘻，久之感服。而且存《缪木》之仁，公《鸤鸠》之爱，吾实赖之。乃今系谁之赖免于内顾邪？呜呼痛哉！吾可一日而无吾妻邪？

又写道：

心神惝恍，视听无所，将使恨积为丘、泪涌成泉，乌能已已。犹念子之不忘吾，犹吾念之不忘子。幽明异路，有梦可通，当冀在天之灵悯我启我也。吾亦当仰体汝心，施之无斁。於呼，词易殚而意难周，心欲舒而力不逮。嗟嗟，吾妻其闻邪？其不闻邪？呜呼痛哉！

这样的悼念文章，在封建士大夫中何曾见过？

范钦把夫人的灵柩停在家中整整半年，天天陪伴，“未尝一日而不怆，一事而不思”，“追溯往昔，实我良师”。等到其逝世一周年，他又撰《先室周年祭文》①道：

……攀号无从，泪彻重泉。日居月诸，食损停眠。奚疑可质？奚愤可宣？仰屋长叹，伊谁之怜？私惟明灵，逍遥宾仙。脱屣尘界，下上云轩。时虽小祥，忧抱犹煎。生也同牢，死则同阡。虽有鸾胶，胡续断弦？海填精卫，林咽愁鹃。物犹如此，吾宁不然？

倘用现代话语解释，这是范钦在向夫人表白：今生今世只爱你！他真是一

① 《天一阁集》，卷二八。

个至情至性、推崇女性的好丈夫。[①]

袁氏夫人去世这一年，适逢范钦七十大寿。他的两位女婿闻继美和陆启威，为排解岳父的悲哀，特请张时彻撰文祝贺。张时彻欣然答应，精心结撰。《寿少司马东明范公七十叙》曰：

> 先生盖世所谓硕人长者。始起家进士，知随州，人称范随州良，则既藉藉有声，语在颜君木赠言中。已升工部员外郎、郎中，以忤权奸郭勋下狱。勋气焰熏灼，所噬无弗伤者，而先生竟以操行得直，以是名益大噪。升袁州守，历广西参政、福建廉访使、云南右辖，转陕西、河南左伯，所至威惠大行，奸宄戢伏，黔首戴而怀之，无弗尸祝先生者，而先生益谦谦不伐。陟赣州巡抚。赣故盗薮也，矢其猷略，敉宁反侧，大江以西宴如也。晋少司马职。贰夏卿有请求而弗，慊者构谤书中之，公论弗与也。而交口讼冤久之，其事得白，遂悬车归，而日与不佞及三数公游。识者咸谓先生经济大略，未究厥施，而先生则角巾布衣为终老计，盖悠然物外，曾不少怏怏于中者。先生少好学，驰骛制作之场，老而不衰，恒燃膏至夜分，而尤注意于古文奇字，积书至数万卷，不减唐李邺侯。
>
> 余观古之名臣将相，其所遭有幸有不幸，所自树有成有不成，而其风采凝峻，皆足以表当时而标后代。得行其志，则进而扬声霄汉之上；不得行其志，则退而乐志衡门之下。进则龙矫，退则溟冥，安往而不得自靖之道哉？彼其视毁誉宠辱，直鼍空之在大泽耳。若先生者，非耶？夫造物忌完，自古记之矣。先生功业不竟于其身，必遗于其子孙；位不极于台司，则必登乎大年。天之道也。今诸子若孙，皆蔚然英秀而文矣，即先生之登大年奚疑哉？

这篇文章，是迄今所见最早最详尽的范钦小传，弥足珍贵。遗憾的是，关

① 封建士大夫有三妻四妾是常事，但范钦除了袁氏，只有大冲和大潜的母亲徐氏。大冲先后三次娶妻，没有纳妾。大潜虽无子女，也不曾纳妾。这种现象，在封建社会极为罕见，应该说与范钦的妇女观有关。

于“先生功业不竟于其身，必遗于其子孙”的美好预言，不幸未能言中。

在此期间，范家又出了一件丧事——长孙汝栊因出天花，被庸医治死了。

范钦有两个儿子：大冲（1540—1602，字子受，号少明）与大潜（1544—1585，字子昭，号继明）。大冲的发妻屠氏育有一女，屠氏死后继娶建平县学教谕包回庵之女，一口气连生四胎，其中只有一个儿子，即汝栊。而大潜与州判陆德时之女结婚后，一直没有子女。这就是说，汝栊乃范钦唯一的孙子，没想到居然夭折了。

古人云：不孝有三，无后为大。对范钦来说，这又是一个难以承受的打击，致使他甚至怀疑：“岂吾积咎，酷罚斯延？”

他想起好友丰坊亦曾经丧子，也痛苦万分，为让爱子尽早去西方极乐净土，特地“临大士像，书《普门品》《大悲咒》《大慧礼拜观音文》”。范钦本来是不信佛的，但因目睹太多的天道不公，“善不必庆，恶不必殃”，乃决定仿效丰坊，刻印分送丰坊所书《观音经》，“爰假此摹勒之，以志余哀”，也祈求大慈大悲救苦救难观世音菩萨保佑全家。①

接着，两个儿子又让范钦深深地失望了。

作为通显名门，范钦对儿子的唯一希望，是和自己一样，能年少得志，金榜题名，高官厚爵，光宗耀祖。可惜大冲和大潜，一点儿不像其父在科举正途上累年蹭蹬，直到母亲去世时都还待在太学里，连个举人的功名也没捞到。万历四年（1576），又到大比之期。范钦丧妻失孙、连遭生命中不能承受之重，盼儿子中举捷报传来的愿望比任何时候都更迫切。但科场的变数，鬼神莫测，两个儿子拼尽全力，仍是名落孙山、铩羽而归。

范钦的殷切期待，再一次付之东流，而他已经年过古稀，时不我待，实在忍不住，写下一首长诗《示冲潜》，给早已过了而立之年的儿子：

金陵放榜日，白发倚庐时。百年门户计，风云万里期。
尔俱仍落魄，吾独叹支离。世态营营见，年光冉冉催。

---

①《天一阁集》，《刻观音经跋》卷三二。

漫矜和氏璞，须下董生帷。深夜亲灯火，随时节酒卮。
游徒停客礼，庄士作师资。业擅雕龙技，文高倚马辞。
有才宁不达，无志欲何为？骐骥轻千里，鹪鹩栖一枝。
杨朱曾泣路，墨子亦悲丝。旷迹常闻古，幽怀可对谁？
道穷惟藉子，肱折始谙医。驷马题何在？桑榆力可施。
三年看转瞬，万事待留思。而父缘何意，凄凉赋此诗。

从那“漫矜和氏璞，须下董生帷。深夜亲灯火，随时节酒卮。游徒停客礼，庄士作师资”，“有才宁不达，无志欲何为?”，“杨朱曾泣路，墨子亦悲丝”等诗句来推断，大冲和大潜恐怕都难免有些公子哥儿的习气。眼高手低，怕用苦功，喜爱游乐宴饮，不愿结交庄士，胸无大志，经不起挫折。不过，显然还没有垮到不可救药的地步，所以全诗的基调是恨铁不成钢，谆谆劝勉。

范钦最看好的后辈，是二女婿陆启威。周围的人在他年少时就说过：“此子歧嶷，咄咄逼人，殆谢砌之兰、丹山之鹫。即未能绝尘奔轶，当不堕于时英之后。”成年后他体貌魁垒，奕奕精英，寤寐文艺，锐志进取，矫首云衢。虽然在“肮脏棘闱”中也是“屡试而未售”，但范钦始终对他充满信心。

万历五年（1577）春，陆启威因父亲光禄公被人诬陷，急火攻心而病倒，朋友去探视，范钦还赋诗《李孝甫兄弟视陆婿病因遣讯酬答》答谢：

何意东床病，频劳问讯过。
人非冰玉倆，情是棣华多。
已借刀圭力，还乘气候和。
所惭无以报，吟望倚松萝。①

由此可见翁婿关系何等默契。可谁会料到，他竟一病不起，奄忽捐世，惊得范钦顿足长号，在《祭子婿陆启威文》感叹自己福薄：

① 《天一阁集》卷九。

痛惟当年谐此婚媾，子方壮龄，吾已白首，犹冀往来夷游，见吾子之昌茂也。而今若此矣，是亦吾之寡祐。①

这一连串的打击，尤其是科第久郁、嗣续稀少，就像两条毒蛇啮咬着范钦的心。这位封建士大夫，别无良策，乃于翌年新秋、万物成熟的季节，打开范氏祠堂大门，跪在列祖列宗像前，用《告宗祖文》求祖宗神灵保佑：

藉我祖宗德泽之贻，先考妣养育之恩，遂以贱陋获厕卿亚，且藉先室宜人为之助也。不幸薄祐，未蒙恩赠。先考妣心行纯厚，事可师法，未尝侵损于人。受封虽一十八年，茹苦力勤，朝夕不遑，而家业寥寥，犹图禄养，竟不可待。悠悠苍天，此恨何言！我正所兄、和轩弟又循理守分，黾勉婚嫁，自分析外未能长益，不肖每与宜人念之。迨解官归，稍以俸入修治诸茔，给田以共祀事。不意宜人亦逝，前年遂将两儿分析，两女适闻、陆二家者，亦稍有给矣。惟是诸侄中有仕学未遂，有身先朝露、食鲜赢余、居尚湫隘者，仰体我考妣之心，昆弟之谊，将先年买自老五房河漕房屋一所，中分两房，并余田旧逋，酌量给蠲，具如别楮。倪、陆二妹，黄婿暨家童，効有积劳者，亦略捐助。盖多宜人先所计议者也。不肖倘藉洪庇，获保长年，尚有图惟，以効勤惓。若科第久郁，嗣续尚稀，欲望门祚光大、宗祏有赖，不肖所为日夕萦虑者，仰祈明灵体恤、早赐成全。②

祖宗果然保佑。此后，大冲夫人包氏接连产下两个麟儿：长子汝楠，生于万历九年（1581）；次子汝桦，生于万历十二年（1584）。

但是，几乎与此同时，张时彻和屠大山又相继谢世了。范钦老泪纵横，提笔撰写祭文和挽词，悼念三人之间半个世纪的莫逆之交：

---

① 《天一阁集》卷二八。

② 《天一阁集》卷二八。

东沙挽词八首·其五

同志复同乡，逢人说范张。
雠书征竹素，品艺属骊黄。
壮观空流水，幽心但夕阳。
辛酸思旧咏，能不似周郎？①

竹墟挽词八首·其七

已失张司马，何当更哭君？
龙蛇当日兆，天壤此生分。
林静余啼鸟，江空出断云。
秖应丹旐发，白马共氤氲。②

“东海三司马”，都是从宁波走出，仕途经历如出一辙，清正廉明相差无几，建功立业大同小异，跑遍了大半个中国，最后都遭奸臣暗算，在兼济天下最有可为的知天命之年罢官归里。但他们依然秉承儒家之优良传统，忧国忧民，报效桑梓，同声相应，同气相求，互相勉励，各有造就。张时彻著作等身，屠大山气节凌云，而范钦藏书万卷、天一阁天下第一。他们“同朝联闻”，“积五十年而如一时”，确乎是一段千古少见的佳话。

两位挚友的仙逝，使范钦清楚自己也时日无多了。他开始准备身后之事。

君子重立言。这方面以张时彻为最，著有《张司马集》《芝园定集》《东沙史论》，又编纂了《宁波府志》《定海县志》《皇明文范》《续四明风雅》等书，而屠大山也留下了《竹墟集》。范钦当然不能落后。他将历年来（主要是后期）所写诗文审阅修改，按体裁分类编排为32卷，定名《天一阁集》。各卷收录的内容如下：卷一为四言古诗3首；卷二为拟古乐府60首；卷三为五言古体43首；卷四为七言古体20首；卷五至卷九，收五言律诗612首；卷一〇为五言排律16首；卷一一至卷一四，收七律368首；卷一五为五绝72首；卷一六是六言

① 《天一阁集》卷九。
② 《天一阁集》卷九。

6首；卷一七收七绝101首；卷一八至卷二三，收序文73篇；卷二四碑文5则；卷二五铭文4篇；卷二六收记4篇；卷二七至卷二八，收祭文与墓志铭34篇；卷二九尺牍6篇；卷三〇收启9篇；卷三一收议、说3篇；卷三二为杂著，计有综、诔、跋、赞等11篇。

范钦这部《天一阁集》，绝大部分为应酬之作，从质量、数量来看，可与屠大山相颉颃，却不能望张时彻之项背。这位著名刻书家生前未能亲手将他立言之作付梓印行。这项工作，最后是由范大冲完成的。

在整理诗文的过程中，范钦选出古乐府2首、七言古体1首、五言律诗12首、七言律诗9首、五言绝句3首、七言绝句4首，濡墨挥毫，用行草体写成诗翰长卷。全卷200余行、2000余字，装裱后长达5米，是名副其实的《自书诗翰长卷》。

范钦书法，擅长真、草、行诸体，醇正中和，温润婉畅，气度安闲，容止雍穆，自然合度，入规应矩，秀姿多态，劲藏于圆，气韵含蓄，刚柔互济，用墨均匀，字体整齐而有章法。这件墨宝，范钦写于万历九年（1581），是他晚年成熟之作，束之高阁400年，一旦亮相，震动书坛。书法大家沙孟海用“万历墨”为之题跋，称此卷当“与万卷图书并传不朽，亦盛世之佳话也”。陈从周教授则赋诗一首：“高阁凌云曲水涯，名园兰笔石阑斜。东南文物知何许，把卷低徊忆范家。”

不过，范钦百年之后最不放心的，无疑是天一阁藏书。他的措施，用另一位藏书家的话说：“藏书第一在好儿孙，第二在好屋宇。必须另构一楼，迥然与住房书室不相连接，自为一境方好。”[①]第二条范钦早就做到了，所以他把重点放在第一条，而且是放在孙子辈的媳妇身上。

范钦是古代少有的重视妇道又尊崇女性的士大夫。《天一阁集》中有许多这方面的诗文。他从妻子、姑母、屠大山夫人等熟悉的女性身上，发现妻道母仪的重要性。培养好儿孙，主要靠她们相夫教子来完成。因此，他在临终前一年，万历十二年（1584），“包办”了4岁孙儿汝楠的婚事，致书沈水部，亲自求婚：

① 祁承㸁手稿，转引自黄裳：《银鱼集》，生活·读书·新知三联书店1985年版，第227页。

> 某也敬慕令门，兼聆高谊。循名稽实，虽未匹驾于崔卢；引领输诚，则希缔盟于秦晋。猥廑葑菲之采，遂俞金玉之音。非分何当，拊心知感。况小孙年尚弱稚，未获师资。令孙女性本柔嘉，克闲姆训。顾兼葭之倚玉，已畅新欢；奚麟趾之呈祥，仍徼景福。[①]

这个女孩当时只有3岁，所谓“性本柔嘉，克闲姆训”，应该是指她的母亲。但后来的事实证明，范钦选对了孙媳，不仅范氏香火因她而得以承续，而且，天一阁也因她的儿子光文、光燮而开始扬名。

安排好这一切，范钦在告别人世之际，写下了一篇言简意赅、个性毕现的《自赞》：

> 尔负尔躯，尔率尔趋。肮脏宦海，隐约里闾。将为龂龂之厉？抑为嬛嬛之愚乎？古称身不满七尺而气夺万夫，陆沉人代而名与天壤俱，盖有志焉而未之获图也吁！

倘若把它译成白话文，大意就是：你的一生，对自己负责，走自己的路，在肮脏的宦海浮沉，在家乡的里闾隐居。那么，死后将成为愤激的厉鬼呢？还是做献媚的愚物？古人云：大丈夫立世，尽管身不满七尺，也应当气夺万夫；纵然沧桑变迁、朝代更易，其名声亦与天壤共存。唉！可惜你空怀壮志而未能成功。

这是一篇奇文，也许是文学史上绝无仅有的绝笔之作。像这样率性尽言、直抒胸臆的封建士大夫，历史上能有几个？

这也表明，范钦毕生追求的，确是建功立业治国平天下。他为中途罢官、壮志未酬而抱恨终生，死后也要化为厉鬼，饶不了那些陷害他的奸佞小人。但平心而论，他的政绩微不足道，即使继续从政，也无非是多了一个好官而已。

---

① 《天一阁集》卷三〇。

其实，历史常常是“有心栽花花不发，无意插柳柳成荫”。范钦肯定想不到，反而是那天一阁藏书楼，才是他对中华民族的最大贡献，他也将因它“而名与天壤俱”。

范钦有一位老友名戴静山。在他八十大寿的时候，范钦用其名而说开去，写过一篇很有见解的《静寿说赠太守戴公》：

> 静莫如山，刚贞厚重，与天地终始，故寿亦莫如山，于人也亦然。心之本体，浑沦无欲，湛焉、安焉、渊焉、一焉、虚焉，不见可静，亦无静之可名。及物感交形，引之而去。又多言伤气，多事劳形，多欲摇精，多思损神。夫膏以火销，兰以蹊折，烛以賈吹，杵以石啮，在物且然，而况人乎？故君子有创，于是清净以养湛，求无淆而已；敦裕以养安，求无扰而已；沉密以养渊，求无炫而已；专确以养一，求无歧而已。无将迎无固滞以养虚，求无窒而已。然又察几省事，约情用中，默以敛气则充，简以定形则逸，恬以摄精则凝，和以顾神则充，而货利、声容诸类莫之敢挠。故志虑坚恪，贞元媾会，不必修炼之工，导引之勤，而寿同山不难矣。①

但从范钦的绝笔《自赞》来看，他自己并没达到这样的人生境界。

万历十三年（1585）农历九月十九日，是范钦的八十大寿。人生七十古来稀，更有几人登耄耋？本应大大地庆贺一番。然而，此前三个月，刚过不惑之年的大潜忽然病逝，而且身后萧条，既没有子嗣，也没有什么功名，只考取应天副举、拣选教谕。白发苍苍的八旬老人一再为黑发人送终，此情此景，何以能堪？而挚友张时彻和屠大山也于几年前相继逝世，不复有七十大寿的盛况。幸亏有一位通家之谊的后辈才俊沈一贯，时任詹事府少詹事兼翰林院侍读学士、教习庶吉士，他专程从北京送来《少司马范东明八十序》祝寿。文曰：

> 今皇帝十有三载，而吾范司马八十寿，于是距翁成进士几一甲子，归

---

①《天一阁集》卷三一。

田亦余二纪矣。翁扬历中外，为国家劳臣久，而复有其林泉之乐，发鬓无恙，步履修然也。故颂美者皆举为介，而一贯则从馆局考世宗朝事，悉翁异时居镇所兴革，业已删次而千秋之。第言林泉，嘉、隆间吾郡人称三司马，谓翁与东沙张公、竹墟屠公也。张公自留京罢枢筦归，屠公龛定西南夷，而以事废，皆投闲啸咏，不复与食肉者谋。逮翁而鼎足焉。其间上下宇宙，振扬风雅，意欲跻两京六代而上之，而远近士归之如水。今三司马诗文并行于世，张取弘富，不下数千篇；屠取专诣，寄兴焉而止，而翁当两公间瓜分之也。

丰存礼先生博极群籍，尤精法书，而性与俗忤，人避之。虽臧获无复存，往往赖三司马举火，则尽则复输，直为三公临池耳，已庀其后事，综遗文，付剞劂，始知囊盖为丰先生聚不朽也。其怜才而笃于谊若此。比两司马之社寒，士独籍翁，翁益购天下奇书藏之，而复取不经见者副墨以广同好，于是四方又争受范司马嘉惠。翁之内外族望翁，翁悉割田给之，视贫富为差，何减翁家文正？而不欲以义名？曰："吾敢偭先君子乎"？今称寿在支属者十一，远近士十九，具以宠被之。故翁既丰于书矣，是焉知无二酉二室之藏、宛委之金弢玉版与嵇生所不及窥者，以禅翁之引年，盖先以三司马比踪洛社，而殿以一司马，齐契天隐，其永以表我东海也。

在一贯早承不遗，猥见翦拂，既辱姻娅之末，而一贯父亦八十有三，与翁比屋居。翁尝以餐和之绪出而相扶，偕之万龄，斯又不肖之愿，翁得无意乎哉！①

沈一贯文章不仅为范钦八十大寿增光添彩，而且第一次指出了范钦藏书印书及其天一阁藏书的贡献："翁益购天下奇书藏之，而复取不经见者副墨以广同好，于是四方又争受范司马嘉惠。"

但是，天下没有不散的筵席。寿辰过后第九天，范钦就带着丧子之痛苦和

① 〔明〕沈一贯：《喙鸣诗文集》文集卷三。沈一贯是著名诗人沈明臣的从子，与范钦交谊颇深，后来官至太子太保武英殿大学士。

《自赞》之愤懑与世长辞。

嗣后，光禄寺署丞范大冲向鄞县、宁波府、浙江布政使司呈文《大臣病故疏督抚》申请恤典：“故父范钦由嘉靖十一年进士授湖广随州知州，历升工部员外郎、郎中，江西袁州府知府，江西副使，整饬九江兵备，广西参政，江西按察使，调福建按察使，升云南右布政使，陕西左布政使，丁忧，起复补河南左布政使，升都察院右副都御史，巡抚南赣、汀、漳等处地方提督军务。嘉靖三十九年九月内升兵部右侍郎，被论回籍听勘，屡蒙抚按衙门先后勘明，至万历二年七月二十六日题奉圣旨：‘范钦既勘明无干，准致仕。’于万历十三年九月二十八日病故。冲思父任三品京堂，兼有南赣军功，例有恤典，呈乞转达等情到县。”

恤典是中国古代国家对已故官员及家属进行的褒奖和抚恤，包括赐祭葬、祠祀、荫子入监、赐给谥号等。明代的抚恤已经完全制度化，所有应该予以抚恤者，均在国家典制之内，包括范钦这样非在职的休致者。抚恤事宜均由所在部门及原籍地方官负责落实，但范钦三品以上属于高官，按例要奏请皇帝亲自裁决。所以，范大冲按规矩逐级上报，各级官府则按规矩审核。“据廪、增、附生员毛大坤、余暨等呈覆相同，又据该县里老邻佑陆伦等结勘无异，申乞转达等因到府。覆查得本官原任侍郎，实历三品，被论勘明，奉旨致仕，素行况协清议，照例应得恤典等因到司。先该本司左布政使余一龙看得已故原任侍郎范钦生平无故，出处甚明，历藩臬俱有声称，任巡抚尤多勋绩，行谊允孚于乡曲，著述见重于士林，致仕奉有钦依，被论委经勘结，相应呈乞，照例题请，俯赐恤典等因到臣。”

这位大臣就是时任兵部右侍郎兼右副都御史、巡抚浙江的温纯。为此，他撰写了《大臣病故疏督抚》上奏朝廷，略谓：

据此案查先为申饬恩例以杜滥冒事，该礼部题准今后两京大臣致仕在家病故于例应得恤典者，本处有司限三个月以里即与具奏，奏内止许直陈履历，听候处分。又为申定恤典条例，以一法守事，该本部题奉钦依，节开：被劾致仕，虽曾经指摘，然既奉有成命，则公论已明，生前人品自可概见，死后恤恩，理应给予等因，俱经通行钦遵在卷。今据前因，该臣会同巡按浙江监察御史王世扬议照，已故原任兵部右侍郎范钦，学博而宦履有声，才练而公议无玷，自州郡屡任藩臬，惠爱宜民，历督抚，晋贰夏卿，安攘树绩，虽经被论，旋已勘明，况奉特旨致仕，似与前例相合。既经该司查明，臣等辄敢遵例，具陈履历所有，应得恤典。伏乞敕下礼部再加查议，照例覆请定夺施行。

这一结论，可以说是官方对于范钦的盖棺定论。万历皇帝恩准“赐御祭，崇祀名宦乡贤祠”。

第十七章　石破天惊赖“四库”

范钦留下天一阁后而仙逝。他把藏书楼交给大冲而非大潜，这是不争的事实。但天一阁是如何交接的，说法却有两种版本，研究者亦有所争论。

一种见于全祖望的《天一阁藏书记》：“吾闻侍郎二子方析产时，以为书不可分，乃别出万金，欲书者受书，否则受金。其次子欣然受金而去。今金已尽而书尚存，其优劣何如也！”

另一种见于稍晚的屠可堂《双柏庐遗闻》：“范司马东明先生两子，长公光禄大冲，先司马婿也；次公文学大潜，为陆氏婿。析产时次公已卒，至戚闻、沈诸家将家资均分，别具万金，愿金者得金，不愿金者得天一阁书。长公愿得书，次公配陆愿得金，已处置当矣。陆误听人言，谓分资不公，欲重处置，屡与伯角，甚至成讼。闻、沈为之调停，陆坚不允。先辰州归田后，以情理相处，陆始允从。辰州另写分书，其首语曰：余与范司马东明先生道义交也。……此书尚藏天一阁。”

有的研究者各执一种观点，有的则把两种都给否定了，认为全祖望是“误听误记”，“使大潜蒙冤数百年”，而屠可堂的说法“也经不起推敲”，不足为凭。

这里的问题在于：万金与藏书各选其一的析产方法是否可信。全、屠的说法是指先后两次析产，还是仅一次？如果仅一次，那么是在大潜生前还是死后？

对于藏书家来说，真正的深谋远虑在于身后。如何使毕生的心血久聚不散、代代相传，是比防火、辟蠹更重要的问题，日夜萦绕在心，务求万全之策。元代学者赵孟頫在藏书卷末题辞曰：“吾家业儒，辛勤置书。以遗子孙，其志何如？后人不读，将至于鬻。颓其家声，不如禽犊。若归他室，当念斯言。取非其有，无宁舍旃！”[1]但以范钦对世事的洞明和人情的练达，早就看透：关键在于人，“第一是好儿孙”。如果儿孙不知书、不读书、不爱书，这样的警告又有何用？如果后代中没人能义无反顾、别无他求地承担这艰苦的藏书事业，这一切都将随着自己的生命而烟消云散！因此，他必定一直在考察这两个儿子究竟谁是最合适的接班人，抑或两个都可以？考察的结果，必定是认为其中一人不可能知书爱书，才会作出“书不可分”的决定。

关于大冲和大潜的资料极其有限，但是，大冲有著作《三史统类臆断》问世，大潜则没有；大冲由县学生入太学，大潜则连秀才也没考上；大冲授光禄寺大官署丞，大潜只是应天副举、拣选教谕。这些都是明确无误的事实。毫无疑问，大冲比大潜更爱读书做学问，更适合继承天一阁藏书。

正所谓“知子莫若父”，范钦对儿子的个性了如指掌。他的《示冲潜》，恐怕主要是冲着大潜而发的。他说大潜是持家无方的纨绔子弟，虽不中亦不远矣。因此，范钦首先规定“书不可分”、断绝大潜染指的念头，然后投其所好、用万金作交换的筹码。析产的难题也就迎刃而解，皆大欢喜了。

范钦的《告宗祖文》表明，他在夫人去世后不两年即已析产。天一阁藏书这么巨大的一笔产业，是不可能不包括在内的。而在此之前，范钦肯定已经想好了上述的析产方法，一次性解决。精明过人的范钦，决不会留下后遗症，等到弥留之际再让二子挑选。也就是说，在大潜生前那次析产，即已落实了天一阁的归属，不可能再有大潜死后的第二次。

所以，万金与藏书各选其一的析产方法是可信的。全祖望没有“误听误记”。而第二种版本的前半部分，无论是第一次还是第二次析产，都不可能。但后半部分陆氏要求重分、打官司的说法，恐怕八九不离十。因为范钦死后，两家的关系不好是显而易见的。大潜无后，而大冲有两个儿子，按理应该过继一个给大潜为嗣，然而查范氏家谱，事实上却没有，坤房的香火就此断绝了。当然，清官难断家务事，两家纠纷，孰是孰非，局外人无法说清。

---

① 叶德辉：《书林清话》卷一〇《藏书家印记之语》，辽宁教育出版社1998年版。

大潜先父亲而亡，表明范钦有先见之明。而大冲的所作所为，更表明范钦选对了接班人。

父亲去世后两年，大冲就编定《天一阁书目》并付梓印行，旨在发扬光大父亲之藏书精神。他在跋语中说：

冲先君宦游两京、各藩省几四十载，致政二十余载，享年八帙。生平孜孜，惟书籍是嗜，远购近集，旦录夕抄，积之岁月，仅盈箧笥，乃勉构天一阁以贮之，俱遗散也，其用心良苦且久矣。冲时过庭，绍闻先君珍藏之训，今遽仙逝，手泽维新，捧览悲恸，无以自存，惧岁久易湮，使先君生平八十年之精神，一旦置之灰土，能不痛哉！能不痛哉！适承闽中肖翁蔡太公祖面命云：“当付之剞劂，以广其传，人子事也，亦人子心也。”冲也敢不敬奉，乃诠次篇目而梓之。庶宇内贤达览者，知先君积累捃拾之勤，而子子孙孙亦应知祖上存蓄之不易，将殚力而世守之，无坠云尔。刻成，时万历丁亥岁午月午日，不肖孤光禄寺署丞大冲泣血百拜谨书。

这篇短文极其重要。它第一次披露了范钦在政务之余、军旅之暇、致政之后，始终念念不忘访书、抄书、藏书，又毫不含糊地说明了大冲根本没有封闭天一阁藏书的意思，而是恰恰相反，努力“广其传”，弘扬“先君生平八十年之精神”。

大冲是个孝子，非常尊崇父亲。原来，范氏公祠在鄞县西郊后莫家漕，奉南宋丞相范宗尹以下；范氏专祠在前莫家漕，奉迁鄞始祖范公麟以下十二世。而范钦谢世后，大冲就把月湖碧沚园辟为范司马祠，用巨块樟木雕成范钦塑像，供奉其中。这是一尊座像，范钦头戴乌纱官帽，身着朱红补服，广额丰髯，目光炯炯，伟岸威武，神韵充盈，形态栩栩如生。①

① 《屠氏先世见闻录》卷二称：“旧有樟木一本，生于樟村，亭亭直上。村民将伐之，一过客制止曰：此木二十年后当大显。其后公（屠大山）与大司马张公时彻相继谢世，两家公子谋肖公像，次第得木，询之即前本也。匠者视其理，盖是八十年物云。”大冲想必是仿效此举。范钦雕像至今犹存，可惜头部在“文化大革命”期间被烧毁。

大冲的最大贡献，是在遵从范钦“书不可分”的基础上，放弃万金与藏书各选其一的析产方法，改为家族共有共管天一阁，并且制定了“代不分书，书不出阁”的族规。

大冲和父亲一样，也有两个儿子——汝楠（1581—1622，字公定，号九如）和汝桦（1584—1652，字公吉，号穉光）——也面临着天一阁藏书的继承问题。事实上，明清时代流行“黄金满籯，不如一经”。因为“万般皆下品，惟有读书高”，家业相传，与其留给子孙大批钱财，不如传承求知长进的书籍。这既有儒家孝慈伦理观的烙印，又有读书做官、望子成龙心理因素的影响。范钦当年采取万金与藏书各选其一的方法，实在是不得已而为之。大冲则希望两个儿子及其后代都成龙、做官。于是，他作出了一个非常明智的决定：天一阁藏书不再作为财产再分配，归家族共有共管，并且规定只能在阁中研读，以免带出去散失。

大冲还很清楚，藏书是一项只有投入没有产出的事业，若无强有力的经济支撑，绝不可能长久地维持下去，诚所谓“藏书非好之与有力者不能”。因此，他又从自己名下拨出部分良田，作为藏书楼的公产，以田租收入，支付天一阁及其藏书的保管、维护、充实的费用。

范大冲于明万历三十年（1602）去世。20年后，长子汝楠也随之而去，而次子汝桦，则殁于清顺治九年（1652）。在这数十年中，改朝换代，天崩地解，兵荒马乱，烽火连天，江南地区不知有多少藏书楼毁于一旦。最令人痛惜的，便是与天一阁齐名的嘉兴项元汴的天籁阁。他的收藏，精妙绝伦，“三吴珍秘，归之如流”，却在顺治二年（1645）清兵攻入嘉兴之际，尽被千夫长汪六水掠去，藏书下落不明。黄宗羲在《天一阁藏书记》中也谈道：

> 以余所见者言之：越中藏书之家，钮石溪世学楼其著也。……崇祯庚午间，其书初散，余仅从故书铺得十余部而已。辛巳（1641），余在南中，闻焦（竑）氏书欲卖，急往讯之。……庚寅（1650）三月，余访钱牧斋，馆于绛云楼下，因得翻其书籍。……而绛云一炬，收归东壁矣。歙溪郑氏丛桂堂，亦藏书家也。辛丑（1661）在武林捃拾程雪楼、马石田集数部，

其余都不可问。……丙午（1666），余与书贾入山翻阅三昼夜，余载十捆而出。……吾邑孙月峰亦称藏书而无异本，后归硕夫。丙戌（1646）之乱，为火所尽。……

而汝楠与汝桦，正是因为谨守其父范大冲的训诫，书不出阁，低调应世，沉默而又坚固，使天一阁基本处于封闭状态，“是阁之书，明人无过而问者”，从而躲过了兵火丧乱种种劫难而巍然独存。

有趣的是，他俩的生育情况与父辈相同。汝桦无子，只有范钦亲自选定的孙媳沈氏，养育了光文、光燮（过继给叔父汝桦）、光交三个儿子，使范氏家族得以延续。兄弟三人也恪守“代不分书，书不出阁”的族规。光文和光燮，还为曾祖父的遗产做出了一定的贡献。

范光文（1600—1672），字耿仲。在范氏家族中，他是范钦之后的又一位进士（清顺治六年己丑科），授礼部主事，迁礼部文选司，曾为陕西省乡试正考官。他对天一阁的贡献，主要是在阁前构筑池亭。此园匠心独运，半亩方寸，九狮一象，曲径通幽，亭榭俱备，洞窍玲珑，池水清冽，长年不干，至今仍为园林专家所称赞。

范光燮（1613—1698），字友仲，号希圣老人，恩贡生。曾任嘉兴府学训导，升长治县丞，因疾乞休归里。他对天一阁的贡献是“该出手时就出手”，打破常规，引外姓人登阁观书，开始沟通天一阁与学术界的联系。登阁观书的外姓人，是浙东学派的领军人物黄宗羲。

黄宗羲（1610—1695）是余姚人，出身名门，早年时为父伸冤、在朝廷锥刺仇人；清兵南下时，组织子弟兵英勇抗击；失败后潜心学术，边著述边讲学，把民族道义、人格道德融化在学问中启世迪人，成为第一流的思想家和历史学家。他同时也是大藏书家，一生足迹所至，无不访书、抄书、购书、读书。所以，当他在康熙十二年（1673）来到甬上证人书院讲学，自然而然也希望能登上天一阁观书。

天一阁的种种清规戒律，按情理探析，应该是在清高宗乾隆皇帝褒扬天一阁之后的事情。当时，范氏家族也很简单，只有兄弟三人，大哥光文已经去世一年多了，小弟光交似乎默默无闻，光夑则尚未外出做官，天一阁的事务，也就由他说了算。

据嘉兴府合郡乡绅公撰《希圣先生范公小传》称，他经常与其兄读书天一阁。“披阅探索，深得精义奥旨，贯‘五经四书’而会其要。尝曰：士不希贤，贤不希圣，无志之甚也；寻章摘句，夸多斗靡，陋矣！”他与黄宗羲年龄相仿，对黄宗羲的人品、气节、学问，必定知之甚详，如果拒绝，岂非恰恰是“士不希贤，贤不希圣，无志之甚”的行为吗？事实上，他根本没有拒绝的意思，而是真诚欢迎。用黄宗羲的话说，非但“破戒引余登楼”，而且毫无保留地“悉发其藏”，提供各种方便。

黄宗羲学富五车，满腹经纶，登阁观书时，“凡经、史、地志类书，坊间易得者，及时人之集、三式之书”——即现今公认的天一阁特色收藏——他都轻轻放过，只挑“流通未广者”即秘籍孤本阅读，同时“抄为书目”。黄宗羲一面研读，一面编目，这段时间应该不会很短，使他收获匪浅。临别时，还希望“以暇日握管怀铅，拣卷小书短者抄之”。范光夑也痛快地一口答应了。

古代目录学，是在书多而乱的情况下，人们在对其进行整理的过程中产生，既用于图书管理，也是诵读之资、学问之本。因此，黄宗羲所编书目，很快就在士林中流传开去，引起广泛的关注。特别是著名藏书家昆山徐健庵，“使其门生誊写去者不知凡几”。从此，后来学者纷纷仿效为天一阁编目。黄宗羲开启了这方面的先河。

黄宗羲登阁后三年，范光夑去嘉兴任府学训导，其子范廷辅（字左垣）在此基础上重定《天一阁书目》，并托黄的友人王友三代为请求，用其大手笔撰写《天一阁藏书记》。

黄宗羲欣然允诺，提笔写道：“尝叹读书难，藏书尤难，藏书久而不散，则难之难矣！”而“天一阁书，范司马所藏也，从嘉靖至今，盖已百五十年矣”。在当时，还有什么评语比这更让人惊叹的呢？他又说，“屈指大江以南，以藏书名者不过三四家”，黄明立之千顷斋，曹秋岳之倦圃，徐健庵之传是楼，“三家之外，则数范氏”。

此文一出，天一阁果然是名声大振，轰动了江南士林，社会影响力迅速上升。许多藏书家、学问家兴奋不已，跃跃欲登。清代叶昌炽曾有诗曰：

烟波四面阁玲珑，第一登临是太冲。
玉几金峨无恙在，买舟欲访甬句东。

有一篇著名的当代散文也这样写道：“范氏家族的各房竟一致同意黄宗羲先生登楼，而且允许他细细地阅读楼上的全部藏书。这件事，我一直看成是范氏家族文化品格的一个验证。他们是藏书家，本身在思想学术界和社会政治领域都没有太高的地位，但他们毕竟为一个人而不是为其他人，交出了他们珍藏严守着的全部钥匙。这里有选择，有裁断，有一个庞大的藏书世家的人格闪耀。黄宗羲先生长衣布鞋，悄然登楼了。铜锁在一具具打开，1673年成为天一阁历史上特别有光彩的一年。”①

文学家的思维是允许天马行空的。然而，所谓“第一登临是太冲”，其实不确，此人应是黄宗羲的学生李邺嗣（1622—1680，号杲堂）。他为了编撰《甬上耆旧诗》（体例是先列传记，次选传主之诗作，亦文亦诗，诗传合璧），曾遍访宁波城里的藏书楼。因为与范氏“世有姻”，所以他说：“适选里中耆旧诗，公曾孙光燮为余扫阁，尽开四部书使观，因得郑荥阳、黄南山、谢廷兰、魏松云诸先生集诗，录入选中，俱前此选家所未见者，其有功于乡文献为甚大矣。”《甬上耆旧诗》的序文，作于康熙十三年（1674）孟春，由此可以推断李邺嗣登阁时间必定早于黄宗羲。甚至很有可能，正是他向老师推荐并代为向光燮提出登阁要求的。

李邺嗣也是个大文人，以诗歌著称于清初文坛。徐凤垣说他“几欲夺江南半壁以自霸”，钱仲联称之为甬上诗社中“艺术成就最卓越的诗人”。却谁也不承认“第一登临”属于他。个中原因，有专家作过中肯的分析：“一是他不如黄宗羲名气大，二是他登阁默默看书而已，不如黄宗羲抄有稀见书目流传甚广，

---

① 余秋雨：《秋雨散文》，浙江文艺出版社1994年版。

且后来又写有《天一阁藏书记》。”①

《甬上耆旧诗》还表明，李邺嗣不但是登上天一阁的首位外姓人，而且是有案可查的第二个运用范钦藏书并卓有成效的学者。不过，当时登阁次数最多的外姓人，似乎应推黄宗羲的私淑弟子，另一位大学问家全祖望。

全祖望（1705—1755，字绍衣，号谢山）与范氏家族的渊源，已如前述。他自幼遍读黄宗羲的著作，特别是《天一阁藏书记》，留下了深刻的印象，对天一阁及范氏家族充满了崇敬，并引为甬人的骄傲。他弱冠即登天一阁，博览群书，视之为求知的圣地，满怀感激之情。当他从京城落寞归来、再见天一阁时，温暖之情油然而生，曾赋诗《久不登天一阁，偶过有感》：

历年二百书无恙，天下储藏独此家。
为爱墨香长绕屋，只怜带草未开花。
一瓻追溯风流旧，十载重惊霜鬓加。
老我尚知孤竹路，谁为津逮共乘槎。

此后十年，他无数次登上天一阁，潜心于学术研究，同时仿效黄宗羲，写下了《天一阁藏书记》和《天一阁碑目记》作为回报。这“两记”，迄今仍是研究天一阁的必读之物。虞浩旭认为，至少具有以下三方面的重大价值：一是首次揭示天一阁命名的由来，提出了“天一生水”的观点，直接启发了清高宗乾隆皇帝。二是首次为天一阁碑帖编目，给后人提供了这方面的大量信息。三是提出天一阁藏书来源的一家之言，认为部分来自丰坊万卷楼。在天一阁的研究史上占有重要的地位。②

由于黄宗羲、全祖望等人的钦仰与宣介，在清初的藏书界、学术界天一阁已有了一定的知名度。但是，倘若没有编修《四库全书》这项空前绝后的文化工程，特别是乾隆皇帝的推崇，范钦及其天一阁的大名绝对不可能传遍五湖四

① 虞浩旭：《历史名人与天一阁》，宁波出版社2001年版，第140页。

② 虞浩旭：《历代名人与天一阁》，宁波出版社2001年版，第29—31页。

海，能否留存到今天，恐怕也是个问题。

清高宗弘历自命不凡，好大喜功，自称要“嘉惠艺林，启牖后学，公天下之好”，“用昭文治之盛”，决意编纂《四库全书》。它是中国最大的一部丛书，费时十数年，耗财以亿计，用人4000余，收录1503种图书，共计79337卷、36304册、230万页、99700余万字，主要汇集了中国18世纪以前的主要著作。其编修过程，虽有寓禁于征的邪恶意图和恐怖事实，但瑕不掩瑜，终究为中华文明的薪火相传和发扬光大作出了不可磨灭的贡献。

这项文化工程始于乾隆三十七年（1772）正月。乾隆皇帝向全国发出一道上谕，令各省官员广泛收集前代遗书和本朝著作，全部送到京城。可惜各省官员，以为是皇上一时的心血来潮，没当多大回事，一年过去了，呈上的书寥寥几本。殊不知这是乾隆“一石三鸟”的妙计：既可以粉饰自己，又可以网罗人才，更可以用官修钦定的方式，褒贬言论，规范人们的言行，稳固宝座。

臣下不明，龙颜大怒，下旨切责，限半年时间内必须进书，并特别提及：“江浙诸大省著名藏书之家，指不胜屈，即或其家散佚，仍不过转落人手，闻之苏湖间书贾书船，皆能知其底里，更无难于物色。督抚等果实力访觅，何遽终湮？”接着又专门谕示两江总督高晋、江苏巡抚萨载、浙江巡抚三宝，直接点名江浙著名收藏家献书：

> 昨以各省采访遗书，奏到者甚属寥寥，已明降谕旨，详切晓示，予以半年之限，令各督抚等作速办矣。遗籍珍藏，固随地俱有，而江浙人文渊薮，其流传较别省更多，果能切实搜寻，自无不渐臻美备，闻东南从前藏书最富之家，如昆山徐氏之传是楼，常熟钱氏之述古堂，嘉兴项氏之天籁阁，朱氏之曝书亭，杭州赵氏之小山堂，宁波范氏之天一阁，皆其著名者；余亦指不胜屈，并有原藏书目，至今尚为人传录者，即其子孙不能保守，而辗转流播，仍为他姓所有，第须寻原竟委，自不至湮没人间；纵或散落他方，为之随处纵求，亦不难于荟萃……[1]

---

[1]《办理四库全书档案》上册，乾隆三十八年三月二十九日谕。

这是乾隆第一次在上谕中提到天一阁。当时，主持范氏家族的是光燮之孙范懋柱（1721—1780，字汉荃，号拙吾），是一名生员（明经，邑博士），得知皇上点名促办、要天一阁应诏进书，自然是诚惶诚恐、无条件地执行。据光绪《鄞县志》记载："国朝乾隆三十九年，生员范懋柱，进呈书籍六百二种。附二老阁书九十四种，计五千二百五十八卷。"但据《四库全书总目提要》及《浙江采集遗书总录》统计，天一阁进呈之书共638种。其中入选《四库全书》"著录"类的96部，编入"存目"类的377部，合计473部，为所有私人藏书家之冠。

天一阁进献之书中，有两部还蒙乾隆亲笔题诗。一部是宋魏了翁纂《周易要义》（10卷），御题诗曰"四库广搜罗，懋柱出珍藏"。另一部是唐马终纂《意林》（5卷），上有"五卷终于物理论，太玄经下已亡之。设非天一阁珍弆，片羽安能忻见斯?"御题诗句。不过，天一阁进呈的书籍，大多如泥牛入海，未被发还，虽然乾隆曾答应会如数归还。

乾隆三十九年（1774）五月，乾隆欣然下诏道：今阅进到各家书目，其最多者如浙江鲍士恭、范懋柱、汪启淑，两淮之马裕四家，为数至五六七百种。皆其累世弆藏，子孙克守其业，甚可嘉尚。因思内府所有《古今图书集成》，为书城巨观，人间罕觏。此等世守陈编之家，宜俾专藏勿失，以永留贻。鲍士恭、范懋柱、汪启淑、马裕四家，著赏《古今图书集成》各一部，以为好古之劝。"

《古今图书集成》是康熙朝编纂的一部万卷类书，一向藏于皇家内府，普通人不得一见，如今由皇帝亲自赐给天一阁，不仅范氏家族引以为荣，亦为宁波政坛文人的盛事，推动浙东藏书再掀高潮。浙东另一藏书家、抱经楼主卢址，因羡天一阁拥有这部类书，竟跑到北京花巨资买来了《古今图书集成》底稿，藏于抱经楼。赐书与底稿，在甬上一地竞美一时，传为艺林佳话。

这时，乾隆对天一阁更加关注了。仅隔一个月，又下旨谕示杭州织造寅著：

> 浙江宁波府范懋柱家所进之书最多，因加恩赏《古今图书集成》一部，以示嘉奖。闻其家藏书处曰天一阁，纯用砖甃，不畏火烛。自前明相传至

今，并无损坏，其法甚精。着传谕寅著前往该处，看其房间制造之法若何。是否专用砖石，不用木植。并其书架款式若何。详细询查，烫成准样，开明丈尺，呈览。寅著未至其家之前，可预邀范懋柱与之相见，告以圣旨：因闻其家藏书房屋、书架造作甚佳，留传经久。今办《四库全书》，卷帙浩繁，欲仿其藏书之法，以垂久远。故令我亲自看明，具样呈览。尔可同我前往指说。如此明白宣谕，使其晓然，勿稍惊疑，方为妥协。将此传谕知之。仍著即行覆奏。

原来，《四库全书》卷帙浩繁，乾隆早就在考虑修成后的存放问题。听说天一阁屹立200余年，猜想其中必有奥秘，于是下了这么一道详细的谕旨，命寅著前往宁波，调查天一阁的建筑构造。寅著接旨，火速赶往宁波，按照乾隆的吩咐执行办理。随后具文上奏：

天一阁在范氏宅东，坐北向南。左右砖甃为垣。前后檐，上下俱设门窗。其梁柱俱用松杉等木。共六间：西偏一间，安设楼梯。东偏一间，以近墙壁，恐受湿气，并不贮书。惟居中三间，排列大橱十口；内六橱，前后有门，两面贮书，取其透风。后列中橱二口，小橱二口。又西一间，排列中橱十二口，橱下各置英石一块，以收潮湿。阁前凿池。其东北隅又为池。传闻凿池之始，土中隐有字形，如“天一”两字，因悟“天一生水”之义，即以名阁。阁用六间，取“地六成之”之义。是以高下、深广及书橱数目、尺寸，俱合六数。特绘图具奏。

寅著无疑是个聪明人，能确切地领会乾隆的旨意。他发现天一阁只是一幢普通的江南民居，并非乾隆想象中“专用砖石，不用木植”，而是恰恰相反，“专用木植，不用砖石”。其所以长期不倒，无非是家人小心保护而已。他肯定非常失望，而且知道皇帝也会失望，甚至会怪罪自己办事不力，所以，必须加上一些玄虚的奥秘，使天一阁变得如有神佑。

寅著也肯定知道全祖望关于“天一生水”的说法，但阁成在先，命名在后，显然不够神秘，于是改为“传闻凿池之始，土中隐有字形，如‘天一’两字，因悟‘天一生水’之义，即以名阁”。至于建筑结构“六”的现象，倒真是受了《易经》的影响，这在古代建筑中有例可寻。于是他想出一个“地六成之”，与“天一生水”相对应，从而把天一阁的命名、形制与中国最古老最神秘的《易经》结合起来了，虽然有点含糊其辞。

乾隆果然很欣赏“天一生水，地六成之”的说法，是年秋天起，即下令仿范氏天一阁之制，建造内廷四阁和江浙三阁，并在有关诗文中反复宣示。

例如其《文源阁记》云：“藏书之家颇多，而必以浙东范氏天一阁为巨擘，因辑《四库全书》，命取其阁式，以构庋贮之所。即图以来，乃知其阁建自明嘉靖末，至于今二百一十余年，虽时修葺，而未曾改移。阁之间数及梁柱宽长尺寸，皆有精义，盖取‘天一生水，地六成之’之意。于是就御园隙地，一仿其制为之，名之曰文源阁。”

又如在《御制诗》五集《趣亭》之“书楼四库法天一”句下，乾隆注曰：“浙江鄞县范氏藏书之所名天一阁，阁凡六楹，盖取‘天一生水，地六成之’，为厌胜之术，意在承德文津阁藏书。其式可法，是以创建渊、津、源、溯四阁，悉仿其制为之。”

此外，乾隆所以命名内廷四阁为文渊、文津、文源、文溯，江浙三阁为文汇、文澜、文宗（镇江多水，“淙”去水而宗），也是从“天一生水”而来：

文之时义，大矣哉！以经世，以载道，以立言，以牖民。自开辟以至于今，所谓天之未丧斯文也。以水喻之，则经者文之源也，史者文之流也，子者文之支也，集者文之派也。流也、支也、派也，皆自源而分。集也、子也、史也，皆自经而出。故吾于贮四库之书，首重者经。而以水喻文，愿溯其源。且数典天一之阁，亦庶几不大相径庭也夫。

——乾隆《文源阁记》

四阁之名，皆冠以文，而若渊、若源、若津、若溯，皆从水以立其义者，盖取范氏天一阁之为，亦即见于前记矣。若夫海渊也，众水各有源，而同归于海，似海为其尾，而非渊不知尾闾何泄，则仍运而为源，原始反终，大易所以示其端也。津则穷源之径而溯之，是则溯也，津也，实已迨源之渊也。水之体用如是，文之体用顾不如是乎？

——乾隆《文溯阁记》

为了表彰天一阁的特殊贡献，乾隆皇帝又于乾隆四十四年（1779）六月，赐《西域得胜图》32幅，上有御笔题字（至今尚存阁中）；乾隆五十二年（1787）二月，再赐《金川得胜图》12幅（已于光绪年间散佚）。

古往今来，藏书楼成千上万，试问有哪家得到过皇帝的如此关注和推崇？在封建社会，这是空前绝后的胜事、至高无上的殊荣。范钦及其天一阁，从此石破天惊，誉满神州。

第十八章　天下藏书只一家

天一阁经过清高宗皇帝的褒扬和赏赐，等于有了一顶至高至大至尊的护身符。在封建社会，除了造反起义和外来侵略者，谁会去怠慢、破坏皇帝倍加恩宠的东西呢？连贪官污吏、土豪劣绅也不敢轻易前去巧掠强夺。有清一代，天一阁基本完好，这在一定程度上，得益于乾隆的影响力。

但中国的事情，若与皇室沾边，就不免要染上官气，端架子，逐渐失去原有的民间性和活力，变得高高在上，不可亲近。范钦的后人们，在这无形然而强大的习惯势力下，也不得不制定严格的族规，努力把藏书束之天一高阁，令渴望研读的学者们可望而不可即，只剩下敬仰的分。而当时最有力的推动者，是浙江巡抚阮元。

阮元（1764—1849），字伯元，号云台，是一位学者型的高官，自乾隆六十年（1795）至嘉庆十四年（1809），先后担任浙江学政和浙江巡抚，其间非常关心天一阁藏书事业，曾数次督促范氏族人编录完成《宁波范氏天一阁藏书目》。1808年《书目》付印，他为之作序。序言中首次披露了范氏家族管理天一阁的规定："子孙各房相约为例：凡阁橱锁钥，分房掌之；禁以书下阁梯，非各房子孙齐至，不开锁。"同时公布了对于违规者的惩罚措施：

> 子孙无故开门入阁者，罚不与祭三次；
>
> 私领亲友入阁及擅开书橱者，罚不与祭一年；
>
> 擅以书出借者，罚不与祭三年；

典鬻者，永摈逐不与祭。

在封建宗法制社会，这样的惩罚可谓最大的屈辱。不予参加祭祖大典，就意味着他在家族血统关系上出现了危机，比杖责鞭笞之类还要严重。

本来，随着家族的繁衍支蔓，怎么使范氏世谱中每一家每一房都严格地恪守先祖的规范，实在是一个艰难课题。家族传代是一种不断分裂、异化、自立的生命过程。让后代的后代接受某位祖先的强硬指令，而且需要终生投入，其难度简直无法想象。如今，问题迎刃而解了。天一阁藏书楼对于范氏后代来说，变成了一个“宗教式”的朝拜对象，必须诚惶诚恐地维护和保存。

许多研究者认为，这些禁约早在范钦的第二、第三代即已制定并执行了，然而没有任何文字材料可以证明。相反，全祖望说过：“是阁之书，明时无人过而问者。康熙初，黄先生太冲始破例登之。于是，昆山徐尚书健庵闻而来抄，其后登斯阁者万徵君季野。又其后，则冯处士南耕，而海宁陈詹事广陵纂《赋汇》，亦尝求之阁中。”又说，“予之登是阁者最数，其架之尘封，衫袖所拂拭者多矣”。深入领会这段话的意思，显然是指明末清初，天一阁处于养在深闺人未识的状态，并不是因为禁约而把来访者挡在门外。对于慕名来访的学者，一般都能满足其登阁的要求，在阁中可以自由开启那些尘封的书橱。

所以，这些惩罚措施很可能是在阮元的督促下制定的。因为在他登阁前不久，钱大昕和袁枚都不甚费事就登阁观书了。

乾嘉学派的巨子钱大昕（1728—1804），先是在乾隆四十八年（1783）夏出游天台时路过宁波，在老友李汇川的介绍下，“亟叩”天一阁，主人很快就为这个不速之客“启香橱而出之”。当时，范氏家族已发展到第八代，有范懋柱、范懋敏等44人。如果“非各房子孙齐至，不开锁”，要在极短时间内，让这44人迅速到齐并且一致同意恐怕是做不到的。

四年后，他应邀来甬修《鄞县志》，便又重登天一阁。其时，据《天一阁碑目序》载，“海盐张芑堂以摹《石鼓文》寓范氏，而侍郎之八世孙苇舟亦耽法书，三人者晨夕过从，嗜好略相似，因言天一阁石刻之富不减欧赵，而未有目录传诸世，岂非阙事？乃相约撰次之。拂尘去蠹，手披目览几及十日”。他们三人的活动，看来是相当自由的，否则，这本学术价值极高的《天一阁碑目》，也许就难产了。

有一位同时期的苏州藏书家吴翌凤（1742—1819），在《东斋脞语》中说过：“明季藏书，浙中为盛，而鄞县范氏天一阁尤富，立法亦尽善。其书借人，不出阁，子孙有志者，就阁读之，故无散佚之患。”试想，如果必须要各房子孙天天集合起来才能开锁取书，“其书借人”和“就阁读之”的事情还能做吗？

最后一位登阁的大学者是袁枚，时间在乾隆六十年（1795）春，亦曾赋诗一首：“久闻天一阁藏书，英石芸香辟蠹鱼。今日椟存珠已去，我来翻撷但唏嘘。”诗末注曰：“橱内所存宋版秘抄俱已散失。”[①]可见当时天一阁的书橱都为袁枚打开了，允许随意翻撷。他也不曾遇到家族共管的种种麻烦手续。

第二年，嘉庆元年（1796），阮元趁来甬主试之机，首次登上天一阁，立刻表现出异乎寻常的热情。当官的人，最看重皇帝的态度，为使天一阁对得起“奉诏旨之褒”，他究竟对范氏族人施加了什么影响，当然是个谜，但过了11年，由他来公开这些禁约，则是有目共睹的事实。两者之间，有无联系，怎能不让人好奇？

阮元对范氏族人编录的书目非常不满，责其“遗漏良多”，数易其稿。而对他们自觉地遵守族规禁约，则是赞赏有加，指出：“夫祖父非积德则不能大其族，族大矣而不能守礼读书，则不肖者多出其间。今范氏以书为教，自明至今，子孙繁衍，其读书在科目学校者，彬彬然以不与祭为辱，以天一阁后人为荣。每学使者按部必求其后人优待之。自奉诏旨之褒，而阁乃永垂不朽矣。”

在封建宗法制社会，宗族的威力仅次于皇权——钱绣芸悲剧的根源即在于此——试问，看了这些禁约，有哪个外姓人敢贸然提出登阁的要求？又有哪个范氏族人敢贸然答应登阁的要求？

30年后，道光九年（1829），范氏族人再接再厉，又制定了一份开宗明义、考虑周到的禁约：

---

① 〔清〕袁枚：《到西湖住七日即渡江游四明山赴克太守之招》，《小仓山房诗集》卷三六。

阁上敬贮宸翰秘书得胜图，凡登阁者各宜祗懔，毋得轻亵。

司马公藏书历三百载，乾隆甲午年间荷蒙绘图烫样进呈，叠叨恩赐奖励，俾远祖德泽弥彰，凡属后嗣，益宜谨慎，永昭世守。

书阁建造历有年所，虽时经修理，总恐日久难支。今春会同子姓筹费鸠工，需用繁多，程工浩大。后人因修理之维艰，益思创建之非易，宜各恪遵勿替。

阁上门槛橱门锁钥封条，房长每月会同子姓稽考，并察视漏水鼠伤等情，以便即行修补。

阁下每月设立巡视二人，其护程及阁下各门锁钥归值月轮流经管。如欲入内扫刷以及亲朋游览，值月者亲自开门，事毕检点关锁。倘阁下稍有疏失，损坏花木器物，罚不与馂一次。

阁下阁几、大座、茶几、矮方、八仙桌毋得借用及移置厅堂，所有乌木大公式亦不许借用。

阁下六间并前后游巡明堂，俱不得堆积寄放物件，暂行工作及护程上挂晒衣裳，犯者罚不与馂二次。

前后假山植有花木，今春略为增莳。如子姓攀折伤毁，罚不与毁一次。

花坛假山及一应石砌毋得扒掘损坏、捶臼捣衣，违者罚不与毁一次。

池水为一门仰给，如有向池水洗淤及游泳，犯者罚不与毁二次。

总门内外不得安放凳桌，堆积物件，致碍行走。

写有上述内容的禁牌，如今也保存在天一阁里。照此执行，天一阁的书卷气就被官气所掩盖了，变成一个文人免进、供人瞻仰的圣地。鄞县有首打油诗："积德与儿孙，儿孙享其福。积书与儿孙，儿孙不能读。试看当年范司马，藏书空满天一阁。"这是当时的事实，但也冤枉了范钦。

在探讨天一阁发展史的时候，有的学者以黄宗羲破例登阁的时间康熙十二年（1673）为界，把前期定为全封闭时期，后期定为半封闭时期。但是，从学者登阁研读的情况、范氏家族日益严厉的禁约来看，这顺序应该颠倒过来。前期是半封闭，后期是全封闭，其分界线则应改为阮元登阁的1796年。

试问，从道光元年（1821）至宣统三年（1911），天一阁何曾有过“其书借人”和“就阁读之”的事情？何曾见过天一阁藏书为学术研究做贡献的记载？阮元之后，得以登阁的只有达官贵人，如浙江布政使刘喜海、宁绍台道薛福成，偶尔也有达官贵人介绍的仰慕者，如缪荃孙，是借了内兄宁波太守夏闰枝的光。他们算是其中的佼佼者，等而下之，就很卑鄙了。“到宁波作过官的，如吴引孙有福读书摘，沈德寿抱经楼，都有天一阁的细胞在他们藏书里称霸着。”[①]

天一阁这种严密的全封闭状态，持续到了民国时期。郑振铎在《录鬼簿》一书题跋中说到，1931年，他和赵万里、马隅卿从北京南下访书，专程到宁波，“日奔走谋一登天一阁，而终格于范氏族规，不得遂所愿，盖范氏尝相约，非曝书日，即子孙亦不得登阁也”[②]。

有的学者从另一个角度探讨天一阁的发展历程，认为从明嘉靖至清乾隆的230年是兴盛时期，乾隆以后至中华人民共和国成立前的150多年是逐渐衰落时期。此说正好与前期是半封闭，后期是全封闭的看法相吻合。造成这种变化的原因，固然有时代社会的大背景，而清朝官方的介入，也应承担“捧杀”的责任。

但是，在这全封闭的逐渐衰落时期，范钦的后人们，对于他的崇敬和保护天一阁藏书的决心并没有逐渐衰落，而是持之以恒。一代又一代，都是好儿孙，恪守家族藏书遗规，忠实履行保管藏书职责。特别是1840年以来，他们仍以百折不挠的精神，在社会人士的大力支持和共同努力下，使天一阁渡过了一个个难关，坚持到中华人民共和国成立。“世泽长期子姓贤”，自大冲以下的范氏后裔，实属难能可贵，令人肃然起敬。诚如钱大昕在《天一阁碑目序》中所言：“顾（王世贞）弇山园书画不五十年尽归他姓，而范氏所藏，阅三百年手泽无恙，此则后嗣之多贤，尤足深羡者矣。”[③]

咸丰十一年（1861），太平天国军队进驻宁波，天一阁成了马厩。当地小偷乘混乱之际，拆毁阁后墙垣，潜运藏书，论斤贱卖。当时天一阁已传至十世孙

---

① 赵万里：《重整范氏天一阁藏书纪略》。

② 郑振铎：《西谛书话》。

③ 又有《题范氏天一阁》诗曰：“聪听先人训，遗留后代贤。”

范邦绥（1817—1868），他是范家最后一名进士（咸丰六年〔1856〕丙辰科），以知县分发四川，因生性廉介、耻于干谒而告归。据《天一阁见存书目・跋》，其时正在山中躲避战乱，“得讯大惊，即间关至江北岸。闻书为洋人传教者所得，或卖诸奉化唐岙造纸者之家，急借资赎回。寇退，又偕宗老多方购求，不遗余力，而书始稍稍复归。其有散在他邑不听赎取者，则赖郡守任丘边公葆诚移文提牍，还藏阁中”。可惜卖给造纸商人的珍贵书籍，因抢救不及已变作造纸原料。有个奉化人，出数千金购买天一阁散出之书，不料家遭火灾，书屋全毁。

清末民初，大批书商到宁波收购古籍。据陈乃乾《上海书林梦忆录》记载，当时“凡江浙及北方书贾，每年常株守其地。其时生活程度低廉，住宁波城内旅馆中，开大房间，连膳食每月仅十八元。本地掮客甚多，每日奔走四乡，苟有发见，尽是明刻棉纸。故流寓书贾，无不利市百倍”。

商人唯利是图，1914年，竟有人指使窃贼高手薛继渭从天一阁屋顶潜入宝书楼，以枣充饥，白昼蜷伏，入晚行窃，按图索骥，窃取阁藏图书。东垣之外为小仓弄口湖西河，有同伙驾扁舟接运，行窃多日而外面毫不知晓，致使善本古籍被窃1000多部，阁藏精粹损失近半。尔后，范钦十二世孙盈爌在上海市肆发现了被窃之书。他当时任鄞县地方法院录事，立即与兄长玉森偕宗老奔走官厅，多方呼吁，自上海至杭州，呈请追还阁中失窃之书。结果，窃贼薛继渭虽被抓获，古籍秘本却无法追回了。后来，商务印书馆搜集了数百种，藏于涵芬楼。1932年，因“一・二八”之役，不幸又遭日机轰炸而被焚毁。

在社会动荡、物欲横流的民国初期，藏书家的后裔大都抵挡不住金钱的诱惑。宁波原有卢址所建抱经楼和郑性所创二老阁，曾与天一阁鼎足而立。1916年，卢氏后人以5万银元的价格，将56378卷藏书悉数出售，遍散各地。二老阁的藏书和书版，由郑性七世孙公议卖给上海书贾，楼阁也于1943年被郑家拆毁变卖。

当时的范钦后人们，生存条件甚至不如郑、卢二姓。1908年3月，缪荃孙登阁观书，按规定须由范氏子孙从书橱中取书，但“范氏子见书而不能检”，因为他“目不知书”。也就是说，范氏后人已经穷到无钱上学不识字了。1933年7月，赵万里专程来甬，登天一阁观书。按照范氏族规，须由族人在场监视，可他们不去工作，家里就揭不开锅，只好请赵万里解决吃饭问题。据《宁波日报》报道：“此次赵氏来甬编订图书目录，所费实达二百元。盖该阁为范氏六房所共有，每房长管钥匙一把，而六房中子姓大半式微，故每日之伙食不得不由赵氏供给。”

但是，即使到了无米之炊的地步，他们对祖宗范钦及其遗产依然是“富贵不能淫，贫贱不能移”，绝对不步二老阁和抱经楼的后尘出售天一阁藏书。当家族实在无力支撑时，只能依靠社会力量。

就在赵万里登阁观书后不久，一场飓风降临宁波，吹倒了天一阁的东墙，书楼遭到一定程度的破坏。当时的范氏家族已经无力修复，于是，他们求助于宁波地方热心人士，向社会发起募捐，集资2万余银元，和鄞县文献委员会共同参与修葺，对天一阁进行了一次大修。藏书移至月湖碧沚范钦祠堂和阁旁中堂，由族人日夜轮流守护。

天一阁维修历时三年，全部落成时，抗日战争已经开始。范氏家族又在宁波地方人士的帮助下，先将部分精本移至鄞西茅草漕范大冲墓庄，一年后，再将其他明刻本、明抄本藏于鄞南茅山范钦墓庄。1940年，宁波沦陷前夕，国民政府教育部下令拨款，在浙江图书馆和鄞县文献委员会工作人员的协助下，把天一阁全部藏书分装23只大木箱，用卡车运至浙南龙泉县福泽乡石达石村租屋存藏。范氏家族推定范召南会同管理。书去楼空的天一阁，由其十二世孙范盈洼看管。族里支付不起生活费，他靠种菜摆摊度日。后来，日军登上天一阁，但见宝书楼荡然无物，只好空手而回。

1945年8月，日本投降。次年冬，藏书运回巍然屹立的天一阁，在阁内公开展出数天。380年前，这里珍藏着范钦的7万余卷图书，历尽风霜雪雨、兵火丧乱，此时尚存1.3万余卷。郭沫若曾说：

> 明州天一富藏书，福地琅嬛信不虚。
> 历劫仅存五分一，至今犹有万卷余。

这是范氏家族十三代传人前赴后继、坚持不懈而创造的文化奇迹。他们无一不是范钦的好儿孙。他们也无一不是儒学大师黄宗羲的“好学生”。170年前，黄宗羲在《天一阁藏书记》中不仅慨叹“读书难，藏书尤难，藏之久而不散，则难之难矣”，而且郑重勉励范钦后人“韩宣子聘鲁，观书于太史氏，见《易象》与《鲁春秋》，曰：‘周礼尽在鲁矣！’范氏能世其家，礼不在范氏乎？幸勿等之云烟过眼，世世子孙如护目睛。”这个“礼”造就了好儿孙，好儿孙造就了天一阁藏书久而不散的辉煌。正是“人间庋阁足千古，天下藏书只一家”。

展览结束，范氏家族的历史使命也结束了。他们与时俱进，把天一阁交给了社会。三年后，正当“钟山风雨起苍黄，百万雄师过大江”之际，周恩来同志专门指示，一定要注意保护宁波天一阁的馆舍与藏书。从此，天一阁迎来了空前大发展，欣欣向荣，蒸蒸日上。

范钦及其后裔所创造的天一阁藏书文化，一直吸引着专家学者的关注和持续的兴趣。天一阁的存在堪称中国文化史上一大奇迹，其历史又典型地表现了中国文化保存和流转的艰辛历程，其中有一个古老民族对文化的渴求，而这种渴求又是何等悲怆和神圣，发人深省。

1996年是天一阁建阁430周年，数十位学者汇聚天一阁，举行研讨会，其中一篇名为《论天一阁及其在世界图书馆史上的地位》的文章，特别引人瞩目。

论者设立了六条标准：“1.藏书楼成立的时间，即以1566年为标准；2.现在仍然存在，并继续发挥作用的；3.连续发展，没有中断过的；4.保持原貌原样，没有重建过的；5.长期为私有或家族共有的；6.独立实体，没有解体、分流过的。”他以此为据，综合研究和探索天一阁在世界图书馆史上的地位。其结论是：

> 首先，在中国乃至亚洲，天一阁是现存历史最悠久，连续发展，保存原貌原样，且有独立实体的最古老的图书馆。天一阁是中国人的骄傲，不仅代表中国，也代表亚洲。
>
> 其次，在全世界，天一阁是现存世界上最古老的三个家族图书馆之一。另外两个，是意大利的马拉特斯塔图书馆和美第奇家族图书馆。它们都是文艺复兴时期建立的，从建立至今连续发展，没有中断过，仍保持原有建筑与藏书。因此，在世界图书馆史上的地位，天一阁是“探花”。

最后，天一阁是一个私人家族的图书馆，近400年的时间里由范钦及其后裔维持，经受住了沧海桑田的自然变化，改朝换代的社会变迁，没有中断、没有重建、没有解体，使藏书楼保持原貌原样，久藏不散，这就是范氏家族的可贵精神，对于今天的图书馆人来说，仍然值得学习、深思，发扬天一阁人的办馆精神。①

岁月流逝，又是十易春秋。曾记得20世纪初，宁波太守夏闰枝曾经忧心忡忡："再阅百年，遗书尽入虫腹，天一阁其泯灭乎！"如今看来真是杞人忧天，天一阁非但没有泯灭，依然屹立于月湖之畔。

范钦若地下有知，想必会笑逐颜开、为天一阁的流传而欣慰万分了。范钦对于中华民族文化的贡献，郭沫若所题对联可谓切中肯綮：

好事流芳千古，
良书播惠九州。

① 原载于宁波出版社1996年版《天一阁论丛》。

大事年表

明正德元年（1506）　1岁

出生于宁波府鄞县西门外后莫家漕范宅。

明正德七年（1512）　7岁

祖父范祈由岁贡任江西饶州德兴县司训。

明正德十一年（1516）　11岁

祖父范祈病逝。

明嘉靖二年（1523）　18岁

补博士弟子员。

明嘉靖四年（1525）　20岁

娶袁氏。

明嘉靖七年（1528）　23岁

参加浙江戊子科乡试，考取第70名举人。

明嘉靖十一年（1532）　27岁

二月，参加全国壬辰科会试，考取第178名贡士。三月，殿试二甲第38名，赐进士出身，观政礼部。冬，出任湖广随州知州。

明嘉靖十五年（1536）　31岁

夏，升任工部员外郎，离随赴京。

明嘉靖十六年（1537）　32岁

在工部营缮司分管内外庙宫，发现权臣武定侯郭勋贪污巨额公款，与同年兼同事俞咨伯、顾一江共同揭发，反遭诬陷，受廷杖，下诏狱。

明嘉靖十八年（1539）　34岁

洗清冤情，擢升工部郎中。

明嘉靖十九年（1540）　35岁

外放江西袁州知府。

农历三月十九日，子大冲出生。

明嘉靖二十年（1541）　36岁

在袁州府署大厅前建造“戒石亭”。此外，任内先后重修韩文公祠、城楼、箭楼、军器库、教场、粮仓等建筑。

明嘉靖二十三年（1544）　39岁

升任江西九江兵备副使。

农历六月十一日，子大潜出生。

明嘉靖二十五年（1546）　41岁

调任广西参政。

明嘉靖二十六年（1547）　42岁

以参政分守广西东南要地桂平，统管该地区的军政事务，发现广西瑶族特产中药材灵香草能为书籍防蠹灭虫。

爱子大德夭亡，赋诗《哭德儿六首》。

明嘉靖二十八年（1549）　44岁

升任福建提刑按察使。为抗倭名将卢镗鸣冤，力救其不死。

离桂时带走大批灵香草，用于辟蠹灭虫。

明嘉靖三十年（1551）　46岁

农历二月二十九日，叔父范琚病逝。

明嘉靖三十一年（1552）　47岁

八月，任壬子科福建乡试监试官。

明嘉靖三十二年（1553）　48岁

年初，升任云南右布政使。先送家眷回宁波，吊唁去世的姑父黄宗钦。

明嘉靖三十三年（1554）　49岁

春，陟陕西左布政使。

农历七月十四日，其父范璧病逝。同月，其母亲王氏宜人相继而逝。接到讣闻后，立即奔丧丁忧。

明嘉靖三十四年（1555）　50岁

在家中丁父母忧。

明嘉靖三十五年（1556）　51岁

继续在家中丁父母忧。

与屠大山结为秦晋之好，长子大冲与大山女儿结婚。

明嘉靖三十六年（1557）　52岁

丁忧期满，起补河南左布政使。

明嘉靖三十七年（1558）　53岁

八月，主持戊午科河南乡试，任提调官。

九月，擢升为都察院右副都御史，巡抚江西南安、赣州，福建汀州、漳州，广东南雄、韶州、惠州、潮州各府，及湖广郴州地方，提督军务。

明嘉靖三十八年（1559）　54岁

奏请增设参将一员，驻扎赣、闽、粤、湘四省交界处会昌；又奏请江西袁（州）临（川）二府行广盐，以济军费。

三次奏请议处有司官员，以资安攘。

明嘉靖三十九年（1560）　55岁

七月，擒大盗冯天爵。

八月，升北京兵部右侍郎。与广东左布政使杨伊志交接完毕，由赣赴京。

十月，回籍听勘。

明嘉靖四十年（1561）　56岁

与张时彻和屠大山组建东山诗社，人称“东海三司马”。

侄子子虚早逝。

明嘉靖四十一年（1562）　57岁

农历八月十五日，长兄范镛逝世。

明嘉靖四十二年（1563） 58岁

冤案澄清，诏许冠带致仕。

大冲之妻屠氏病故。

明嘉靖四十五年（1566） 61岁

天一阁（当时名十洲阁）落成。

明隆庆五年（1571） 66岁

请宁波知府王原相为天一阁藏书楼题额“宝书楼”。

致书王世贞，约定互相借抄书籍。

明万历二年（1574） 69岁

七月二十六日题奉圣旨：“范钦既勘明无干，准致仕。”

明万历三年（1575） 70岁

季弟范钧病逝。

农历四月十五日，夫人袁氏去世。

长孙汝栊以痘夭。

明万历四年（1576） 71岁

大冲与大潜赴应天府乡试，名落孙山。

是年，为两子两女析产。

明万历五年（1577） 72岁

次婿陆启威英年早逝。

明万历六年（1578） 73岁

撰《告宗祖文》。

明万历九年（1581）　76岁

长孙汝楠出生。

明万历十二年（1584）　79岁

为其孙汝楠聘沈大若之孙女为妻。

次孙汝桦出生。

明万历十三年（1585）　80岁

次子大潜病逝。

农历九月二十八日申时与世长辞。

参考文献

〔明〕范钦：《天一阁集》，明万历刻本。
〔明〕高时等：《奏进郭勋招供》，明嘉靖（或隆庆）刻本。
〔明〕范钦：《范司马奏议》，明万历刻本。
〔清〕范上林编：《鄞范氏宗谱》，清乾隆钞本。
《鄞县志》，清光绪刻本。
〔明〕张时彻：《芝园定集》，清四库全书存目本。
〔清〕李邺嗣等：《甬上耆旧诗》，清四库全书存目本。
骆兆平：《天一阁丛谈》，中华书局1993年版。
虞浩旭主编：《天一阁论丛》，宁波出版社1996年版。
虞浩旭：《历代名人与天一阁》，宁波出版社2001年版。
袁慧：《范钦评传》，宁波出版社2003年版。
任继愈主编：《中国藏书楼》，辽宁人民出版社1999年版。
傅璇琮主编：《中国藏书通史》，宁波出版社2001年版。
张显清等：《明代政治史》，广西师范大学出版社2003年版。
〔清〕徐兆昺：《四明谈助》，宁波出版社2000年版。
俞福海主编：《宁波市志》，中华书局1995年版。
《宁波市志外编》，中华书局1998年版。
冯贞群编：《鄞范氏天一阁书目内编》，宁波钧和印刷公司1940年版。
〔明〕范钦：《范钦集》（上下册），袁慧点校，浙江古籍出版社2012年版。

修订后记

《天一阁主——范钦传》有幸列入浙江文化名人传记丛书，于2006年出版。是年，适逢范钦诞辰500周年暨天一阁创立440周年，宁波市隆重举行纪念、研讨活动，并将此书作为礼物赠送来宾。借此东风，拙著产生了一定影响，中央电视台曾据此拍摄成三集专题片《风雨天一阁》。范钦其天一阁，向来是图书馆学和藏书文化研究的显学，我虽然做过一任宁波大学图书馆馆长，却是这方面的门外汉，从未涉猎。然而，也许正因为此，我只能用外行的“第三只眼”来审视探索现成的史料，不经意间看到了一些专家们忽略的事物，提出了一些有新意的观点。

今年，《天一阁主——范钦传》又有幸列入浙江文化名人传记修订及精选系列。根据要求，这次着重对原著的第十章、第十一章、第十六章和大事年表加以修订，因为发现了一些新的史料，如范钦奏议、被劾因果、致仕时间，以及范钦生前对其藏书的最早评价等。其间，由于我曾罹患眼疾、动过手术，现在视力极差，修订审核的大量工作都有赖于我的学生韩波讲师，因而同为本书作者。同时，我也要感谢项目总负责人卢敦基研究员，此书的两个版本，都得到了他的大力支持。

戴光中

壬寅冬至于甬江东岸